기후위기 시대의 기후·에너지법

기후위기 시대의 기후·에너지법

- 공공선택이론에 기반한 온실가스 감축 실패
사례 분석과 법·정책 대안의 모색 -

박 지 혜

경인문화사

서 문

'탄소중립'이라는 생소한 슬로건이 빠르게 일상에 침투하고 있는 요즘입니다. 반가운 일이지만 기후·에너지 문제를 걱정하고 같이 고민해온 동료들마저도 때로는 걱정스러운 눈으로 묻습니다. '탄소중립, 그게 정말 가능한 일이야?' 지난 2020년 국가 온실가스 배출량이 감축목표를 1억 톤이나 초과하였고, 코로나 사태의 긴 터널을 지나면서 감소했던 배출량이 다시 고개를 들고 있음을 알고 있기에 더욱 불안한 마음이 드는 것인지도 모르겠습니다. 하지만 빠르게 가시화되고 있는 기후위기의 현실을 감안할 때 지금 우리가 제기해야 마땅한 질문은 우리는 어떻게 그 길을 갈 수 있을까 하는 것이 아닐까 생각합니다.

이 책은 탄소중립이라는 목표를 향해 나아가야할 길에 대한 법률가의 고민을 담은 첫 번째 결과물입니다. 2021년 8월 발표한 박사학위 논문인 「기후위기시대의 에너지 법·정책 - 공공선택이론에 기반한 온실가스 감축 실패 사례 분석과 법·정책 대안의 모색」을 수정·보완하였습니다. 1990년대 이후 유엔 기후변화협약의 탄생으로 촉발된 한국의 기후·에너지 법·정책 형성 과정을 짚어 보았으며, 공공선택이론의 선행 연구를 바탕으로 도출한 분석틀을 활용해 그간 한국 정부의 온실가스 감축 실패 사례를 분석하여 앞으로 기후·에너지 법·정책의 발전을 위해 참고할만한 의견을 제시해보고자 하였습니다.

온실가스 감축을 위해서는 기후정책의 목표에 맞게 주요 배출 부문인 에너지 부문의 정책이 조정되어야 할 것입니다. 많은 국가에서 탄소중립 정책의 가장 중요한 부분이 바로 에너지전환 정책이라는 것은 바로 이러한 조율의 중요성을 보여준다 할 것입니다. 그러나 한국에서는 최근까지도 대규모 석탄발전설비가 건설되고 있고, 국가 단위 배출권거래제가 도입되었으나, 전환부문에 대한 영향력이 전혀 발휘되지 못하고 있으며, 온실가스 감축계획의 도출에 있어 지속적인 어려움이 관찰되고 있습니다. 이러한 사례들을 분석한 결과, 한국에서 그간의 온실가스 감축 실패를 초래한 기후 정책과 에너지 정책간 조율 실패의 근원에는 산업계의 지대추구 행위가 상당히 노골적으로 진행되어 온 가운데, 관련 정책 결정 과정에서 느슨한 환경 규제를 희망하는 부처 관료의 재량 극대화 행동이 관료 실패를 야기하고 있으며, 이러한 정부 실패를 견제할 수 있는 강력한 온실가스 감축정책에 대한 대중의 희망, 환경단체의 요구 등이 조직적으로 정책 과정에 반영될 수 있는 절차의 미비 등의 문제가 자리하고 있음을 확인할 수 있었습니다.

앞으로 온실가스 감축이라는 성과를 거두기 위해서는 이러한 현실의 문제를 극복할 수 있는 든든한 버팀목이 필요합니다. 이 책은 기후·에너지법이 그러한 역할을 수행해야 하며, 수행할 수 있다는 생각에 기초하고 있습니다. 2021년 9월 「기후위기 대응을 위한 탄소중립·녹색성장 기본법」이 제정되었고 이에 따라 새로운 기후·에너지 법·정책 체계를 실효성있게 현실에서 구현해야 하는 과제가 부상하고 있습니다. 과거 「저탄소 녹색성장 기본법」 체제하에서 이루어진 온실가스 감축실패의 원인을 찾고자 기획된 본 연구에서 제시한 분석과 아이디어들이 새로운 기후·에너지법을 고안해 내는데 조금이나마 보탬이 되기를 바랍니다.

도대체 왜 우리나라는 온실가스를 감축하지 못하는 것일까? 왜 국가 온실가스 감축목표를 법제화한 국가에서 지금 이 시점에 대규모 석탄발전소의 건설이 진행되고 있는 것일까? 현장에서 실무를 하면서 느꼈던 안타까움을 학문적 연구의 성과물로 담아낼 수 있도록 이끌어 주신 허성욱 지도교수님, 논문심사과정에서 냉철한 비판과 함께 따뜻한 격려 역시 잊지 않으셨던 조홍식 교수님, 이재협 교수님, 소병천 교수님, 황형준 박사님께 진심으로 감사드립니다. 지난 수년간 바쁜 시간을 쪼개가며 함께 환경법, 에너지법 공부를 함께 해온 공법 교실 선후배님들, 짧지 않은 시간 서로 의지해가며 같은 길을 걸어가고 있는 활동가님들께도 감사의 마음을 전합니다. 오랜 기간 함께 활동할 수 있는 든든한 동료가 되겠습니다.

특히 새로운 목표를 향해 나아갈 수 있도록 용기를 불어넣어 주고 힘을 보태주는 인생의 벗 응진과 이 세상 하나뿐인 우주에게도 사랑하고 또 고맙다는 말을 전하고 싶습니다. 그리고 이 모든 과정을 묵묵히 지켜보면서 아낌없이 응원하고 배려해주신 부모님께도 평소 많이 하지 못했던 사랑한다는 말씀을 건네고 싶습니다. 마지막으로 지금 이 순간에도 맹방해변을 지키며 삼척화력 건설중단을 온 몸으로 외치고 계신 삼척의 주민들께 연대의 마음을 전합니다.

2022년 가을
아차산 아랫동네에서
박지혜

목 차

제3장 해외 사례 연구

제4장 한국의 기후·에너지 법·정책과 정부 실패

제1장
서 론

제 1 절 연구의 배경 및 목적

1. 연구의 배경

기후위기는 현 세기 인류가 직면한 문제 중 가장 해결이 시급한 문제이다. 기후변화에 관한 정부 간 패널(Intergovernmental Panel on Climate Change, IPCC)[1]이 최근 제6차 평가보고서 제1실무그룹 보고서에서 확인한 바에 따르면 지구의 온도는 이미 산업화 이전 대비 1.09℃ 상승했으며, 지금도 10년에 약 0.2℃의 속도로 꾸준히 증가하고 있다.[2] 상당수 전문가는 강한 태풍이나 가뭄 등 극단적인 기상현상의 증가, 임계점(tipping points) 위험[3] 등을 거론하며 앞으로 더욱 가속화될 기후변화의 위험을 앞다투어 경고하고 있다.[4] 인류와

---

1) IPCC는 기후변화에 관한 과학적 사실과 함께 기후변화의 사회경제적 영향이나 잠재적 대응 요소들에 대한 검토를 위해 국제연합(UN)에 의해 1988년 설립되었다. IPCC 평가보고서는 기후변화와 관련하여 현존하는 과학연구를 종합하여 평가 분석한 결과를 담은 것으로, 각 정부 대표들의 검토와 승인 절차를 거치는 만큼 기후변화에 관한 가장 객관적이고 과학적 사실을 담고 있다고 평가된다.

2) IPCC, 「Climate Change 2021 : The Physical Science Basis (Summary for Policymakers)」, 2021, 5면.

3) 빙하·빙상 면적 감소, 해류의 흐름변화, 산림 면적의 감소 등이 비가역적인 형태로 나타나면서 기후 시스템 전체가 비가역적으로 변화하는 위험을 의미한다(Timothy M. Lenton, Johan Rockström, Owen Gaffney, Stefan Rahmstorf, Katherine Richardson et al., Climate tipping points - too risky to bet against, Nature Vol. 575, Issue 7784, November 29, 2019, 592-595).

4) 2019년 11월 153개국 과학자 1만 1,000명은 '기후비상사태(climate emergency)'를 선포하고 전 세계가 중대 조치를 취할 것을 촉구하고 나섰다. 이후 2021년 9월까지 2800명의 과학자들이 위 선언에 동참하였다(William J Ripple, et al., World Scientists' Warning of a Climate Emergency 2021, BioScience,

생태계가 겪게 될 유례없는 속도와 규모의 환경 변화 가능성을 고려
한다면 이제는 '기후변화(climate change)'가 아닌 '기후위기(climate
crisis)'에 대비해야 한다는 것이다.

   점점 뜨거워지는 지구는 많은 생명을 멸종위기에 몰아넣고 있을
뿐만 아니라 인류의 지속가능한 생존을 위협하는 요인이 되고 있다.
지난 2018년 다보스포럼에서는 극심한 기상이변, 자연재해 등 기후
변화로 인해 현재 나타나는 현상뿐만 아니라, 앞으로 인류가 기후변
화 대응에 실패할 위험을 세계 경제가 직면한 주요 위험요인으로 제
시하기도 했다.5) 이러한 문제 제기에 화답하듯 각국 정치 지도자들
은 앞다투어 기후위기에 대한 적극적인 대응을 천명하고 있다. 영국,
캐나다, 프랑스 등 각국 의회에서 기후비상사태를 선언하고 나선 데
이어 2019년 11월 유럽의회(European Parliament)는 유럽과 전 세계에
기후·환경 비상 사태를 선포하고 유럽연합 모든 회원국이 행동에 나
설 것을 촉구하는 결의안을 채택하였다.6) 2020년 6월까지 영국, 프
랑스, 덴마크, 칠레, 파키스탄, 네팔 등 73개 국가가 2050년 탄소중립
(Net-Zero)을 선언했으며, 한국의 226개 기초자치단체를 비롯하여 전
세계 1,732개 지방정부가 기후비상사태를 선언하고 나섰다.7)

   이러한 현상은 결코 낯선 것이 아니다. 기후변화 대응 필요성에
대한 전 지구적 합의와 정치적 선언의 역사는 수 십년을 거슬러 올
라간다. 지구 기온의 변화가 심상치 않다는 것을 알아챈 과학자들은
1979년 2월 제1차 세계기후회의(World Climate Conference, WCC)를
개최하였다. 세계기상기구(World Meteorological Organization, WMO)

Vol. 71, Issue 9, September 2021, 894-898).

5) European Parliament, "The European Parliament declares climate emergency"
   (Press release), November 29, 2019.
6) 한국은행, 「2020년 이후 글로벌 경제 향방을 좌우할 주요 이슈(1)」, 국제경
   제리뷰 제2020-1호, 2020. 1. 2, 12면.
7) 2020. 9. 22. 기후위기 비상 대응 촉구결의안(의안번호: 제2104133호).

후원으로 열린 첫 기후회의에서 과학자들은 인간 활동에 의한 기후 변화의 가능성에 주목하게 되었다. 1988년 IPCC가 창설되어 1990년 1차 평가보고서(AR1)를 발간하였으며, 같은 해 10월 개최된 제2차 세계기후회의(WCC)에서는 기후변화에 대한 기본조약에 관한 논의가 처음 이루어졌다. 이러한 과학적 논의를 바탕으로 1992년 브라질의 리우데자네이루에서 개최된 유엔환경개발회의(United Nations Conference on Environment and Development, UNCED)에서는 기후변화로 인류의 생존이 위협받지 않기 위해서는 공동의 대응이 필요하다는 전 지구적 공감대를 확인하고, 기후변화에 관한 국제연합 기본협약(United Nations Framework Convention on Climate Change, 이하 '기후변화협약')을 채택하였다. 기후변화협약은 "인간이 기후 체계에 위험한 영향을 미치지 않을 수준으로 대기 중의 온실가스 농도를 안정화"하는 것을 목표로 제시했으며(기후변화협약 제2조), 1994년 3월 21일 발효되어 현재까지 197개 국가가 가입하였다.[8]

전 지구적인 온실가스 감축 행동에 대한 합의는 1997년 제3차 당사국총회(일본 교토)에서 처음 이루어졌다. 교토의정서(Kyoto Protocol)는 2008년부터 2012년까지를 제1차 공약기간으로 설정하고, 경제협력개발기구(OECD) 회원국 및 유럽연합 회원국(당시 15개국) 등 일부 선진국에 동 기간 1990년 배출량 대비 평균 5.2%의 온실가스를 감축할 의무를 부여했다. 2015년 제21차 당사국총회(프랑스 파리)에서는 선진국과 개발도상국 간의 합의를 통해 "지구 평균 기온 상승을 산업화 이전 수준 대비 2℃보다 현저히 낮은 수준으로 유지하고, 1.5℃로 제한하기 위해 노력"하기로 했으며,[9] 이를 위해 "모든 당사국이

---

8) UNFCCC, "Status of Ratification of the Convention", https://unfccc.int/process-and-meetings/the-convention/status-of-ratification/status-of-ratification-of-the-convention (접속일: 2020. 10. 27.).
9) 제21차 당사국총회에서의 합의를 담은 파리협정(Paris Agreement) 2조 1항

자발적으로 감축의무를 선언하고 이행"하는 새로운 기후변화협약 체제를 출범시켰다.

그러나 문제는 이러한 국제적 차원의 합의와 정치적 약속에도 불구하고, '온실가스 감축'이라는 성과가 가시적으로 나타나지 않고 있다는 점이다. 2019년까지 최근 10년간 전 세계 온실가스 배출량은 이산화탄소 환산톤 기준으로 연평균 1.4% 증가하였다.[10] 코로나 사태의 영향으로 2020년 배출량은 약간 감소하였지만, 그 영향은 일시적인 것에 불과했다.[11] 현재 6차 종합보고서를 작성중인 IPCC는 이번 세기 중반까지 현 수준의 온실가스 배출량을 유지한다면 2021~2040년 중 1.5℃ 이상 상승할 가능성이 높다며 지구온난화의 시계가 계속 앞당겨지고 있다는 비관적인 전망을 내놓기도 하였다.[12]

한국 정부 역시 이러한 온실가스 감축 실패의 문제에서 자유롭지 못하다. 한국은 지난 2009년 최초의 국가 온실가스 감축목표를 확정하고 2010년 「저탄소 녹색성장 기본법」 시행령(대통령령 제22124호, 2010. 4. 13. 제정)에 반영함으로써 본격적으로 온실가스 감축정책의 수립과 이행에 나섰다. 온실가스·에너지 목표관리제, 배출권거래제 등 온실가스 감축을 촉진할 제도적 기반을 구축하는 한편, 국가 온실가스정보센터 등 관련 전문기관과 정부 조직을 갖추기도 했다. 제21차 당사국총회(프랑스 파리)를 앞둔 2015년에는 2030년 국가 온실

은 지구 평균기온 상승을 억제하기 위한 목표 외에도 기후변화에 대한 적응 능력의 증진과 기후 회복력의 촉진을 위해 노력할 것(2조 1항 (b)), 각국의 재정적 흐름이 온실가스 배출량 감축 및 기후변화 적응과 합치되는 방향으로 이루어지도록 할 것(1항 (c)) 등을 목표로 제시하고 있다.

10) 2019년에는 대규모 산불 등의 영향으로 전년 대비 2.6% 증가해 역대 최고치인 591억 톤에 달하는 온실가스가 1년 동안 배출된 것으로 추산된다. UNEP은 아시아, 아마존 등에서 발생한 산불의 증가를 그 원인으로 분석했다(UNEP, 「Emissions Gap Report 2020」, December 2020, XIV면).

11) UNEP, 「Emissions Gap Report 2022」, 2022, XVI면

12) IPCC, 앞의 보고서, 14면.

가스 감축목표를 정함으로써 장기적인 기후 정책의 목표를 다시 한 번 확인하고 이를 반영해 「저탄소 녹색성장 기본법」 시행령을 개정하였다.

그러나 최근까지도 한국의 국가 온실가스 배출량은 2009년 처음 국가 온실가스 감축목표를 설정한 이후 2018년까지 한 해도 빠짐없이 계속 증가했다. 이러한 배출 증가 추이에 대해 국제 사회 역시 심각한 우려를 표명하고 있다. 한국은 2019년 UNEP에 의해 파리협정 이행을 위해 전 세계에서 더 많은 감축 노력을 기울여야 할 7개 국가 중 하나로 언급되기도 하였다.13) 2020년의 온실가스 배출량은 648.6백만 톤으로 2020년 감축목표를 1억 톤 이상 초과하는 등 감축목표 달성 실패가 명확한 상황이다.14)

2. 연구의 목적

어떻게 하면 이러한 현실을 극복하고 국가 온실가스 감축정책이 성과를 낼 수 있을 것인가? 기후변화 문제는 아무도 소유권을 주장할 수 없는 공유지가 각자의 이윤극대화 동기에 따라 이용되어 황폐해지기 쉬운 것처럼 인류가 공유하는 대기 중으로 각자가 마음껏 온실가스를 배출하는 행태가 계속된 데 그 근본적인 원인이 있다. 이와 같은 '시장 실패(market failure)' 문제에 대한 해결을 위해 정부의 역할을 기대했으나, 정부가 그 역할을 제대로 수행하지 못하는 가운데, 외부불경제의 과다 공급, 공공재의 과소 공급이 계속되고 있는 것이 오늘날 지구가 처한 현실이다. 본 연구는 그간 한국의 온실가

---

13) 한국 외에 언급된 국가는 호주, 브라질, 캐나다, 일본, 남아프리카공화국, 미국 등이다(UNEP, 「Emissions Gap Report 2019」, November 2019, 8).
14) 환경부, "온실가스 배출량 2018년 이후 2년 연속 감소 예상"(보도자료), 2021. 6. 7.

스 감축정책의 형성과 집행 과정에 대한 분석을 통해 온실가스 감축과 관련한 실패의 원인을 진단하고, 국내외 사례 분석과 비교법 연구를 통해 해결 방안을 모색함으로써 기후 및 에너지 법·정책의 효과적인 규율 방안을 제안하는 것을 목적으로 한다.

효과적인 기후변화 대응을 위해서는 장기 목표의 달성도 중요하지만, 우선 단기적으로 온실가스 배출량 감축을 반드시 이루어야 한다. 이는 기후변화로 인한 사회적 비용을 줄이기 위한 합리적인 선택이다. 전 지구적인 감축 행동에 대한 논의가 가속화되던 2006년에 영국 경제학자인 스턴(Lord Nicholas Stern)이 작성한 '기후변화의 경제적 영향에 대한 보고서(The Stern Review)'는 기후변화로 인한 리스크에 대해 제대로 대응하지 않는다면 그 피해 비용이 전 세계 GDP의 5%에서 20%에 이를 수 있지만, 만약 전 세계적으로 온실가스 감축 대책을 시행한다면 그 비용은 전 세계 GDP의 1% 수준에 불과할 것이라며 기후변화 대응을 위한 조기 행동을 통해 오히려 경제적 이익을 도모할 수 있다는 연구 결과를 처음으로 제시하였다.[15] 이러한 연구 결과에는 최근까지도 많은 경제학자들이 동의하고 있다. 2021년 뉴욕대 법학대학원 산하 정책연구소(Institute for Policy Integrity)가 전 세계 경제학자들을 대상으로 시행한 설문조사 결과, 조사에 참여한 738명의 경제학자 중 74%가 바로 지금 즉각적이고 과감한 행동으로 온실가스를 줄이는 것이 향후 기후변화 대응 비용을 줄이는 것이라는 데 동의하는 것으로 나타났다.[16] 한국환경정책·평가연구원(現 한국환경연구원) 역시 별도의 저감 조치 없이 현재의 배출 추세를 유지하는 경우 2100년까지 한국의 기후변화로 인한 피해 비용은 국

---

15) Nicolas Stern, The Economics of Climate Change: The Stern Review, Cambridge University Press, January 2007.

16) Peter Howard, Derek Sylvan, 「Gauging Economic Consensus on Climate Change」, Institute for Policy Integrity, March 2021.

내총생산(GDP)의 약 4.3%에 이를 것이지만, 탄소중립을 실현한다면 피해 비용을 1.3%로 줄일 수 있다는 분석을 제시하기도 하였다.[17)]

　빠른 기후변화 대응은 사회 정의 측면에서도 필요한 조치이다. 사회경제적으로 취약한 계층의 경우 바이러스, 폭염 등 위해(risk) 요인에 노출되기 쉬우며 의료기관 등에 대한 접근성이 떨어지므로 기후변화에 더욱 취약하기 때문이다.[18)] 이와 같은 이유로 지난 2020년 12월 농민, 축산어민, 노동자, 청소년 등 기후위기 취약 계층을 대표하는 시민 41명이 국가인권위원회 진정을 통해 기후위기로 인한 인권 침해에 대한 조사와 권고를 요구하기도 했다.[19)] 최근 독일 헌법재판소의 연방기후보호법 위헌 결정에서 확인한 바와 같이 현세대가 지속적인 온실가스 배출 증가를 방관하며 기후위기에 대한 대응을 미래로 미루는 것은 미래 세대의 자유와 권리에 대한 심각한 제약을 가져올 수밖에 없어 심각한 세대 간 불평등의 문제를 초래한다.[20)] 이미 시민적·정치적 권리에 관한 국제규약(International Covenant on Civil and Political Rights, ICCPR)에서는 생명권(right to life)에 대한 일반 논평을 통해 "기후변화를 비롯한 환경오염, 지속 불가능한 개발이 현재 세대는 물론이고, 미래 세대의 생명권에 심각한 위협이며,

17) 채여라, 김용지, 김대수, 「온실가스 배출경로에 따른 기후변화 피해비용 분석」, KEI포커스 제8권 제13호(통권 67호), 2020. 7. 31, 13면.
18) 채여라, "탄소 중립 VS 현상 유지…시나리오 별로 살펴보니", 대한민국 정책브리핑, 2020. 12. 11. https://www.korea.kr/news/contributePolicyView.do?newsId=148880881 (최종접속일: 2021. 6. 19.).
19) 진정인들은 농축산 관련 업무 종사자, 어업 종사자, 노동자(가스검침원, 배달노동자, 방송노동자, 건설노동자), 해수면 상승지역의 거주민, 일반 소비자, 기후 우울증 등 건강상 피해자, 청소년 등으로 구성되었다(녹색법률센터, "농민, 노동자, 청소년 등 기후위기로 인한 인권침해에 대해 국가인권위원회 진정 제기"(보도자료), 2020. 12. 16.).
20) 1 BvR 2656/18, 1 BvR 96/20, 1 BvR 78/20, 1 BvR 288/20, 1 BvR 78/20, 관련 상세한 내용은 제3장 제2절 제1항 '4.탄소중립목표의 법제화' 참조.

정부는 공적·사적 행위자가 야기하는 피해, 환경오염 및 기후변화로부터 환경을 보호하기 위해 적극적인 조치를 취함으로써 생명권을 존중하고 보호할 의무를 이행할 수 있다"라며, 기후위기로부터의 보호가 생명권의 보호영역에 속한다는 것을 확인한 바 있다.21)

특히 지난 2018년 IPCC에서 1.5℃ 특별보고서를 발간한 직후22) 전 세계 주요 국가들은 '탄소중립'을 새로운 국가 목표로 선언하고 기후위기 대응을 강화하는 추세에 있으며, 이제는 탄소국경조정제도(Carbon Border Adjustment Mechanism, CBAM)와 같이 고탄소 배출국가에서 생산된 제품에 대해 상응하는 비용 부담을 요구하는 새로운 정책까지 추진되고 있다. 따라서 저탄소 전원믹스를 갖추는 것은 현실적으로 지금까지 수출 주도 경제성장 전략을 추구해 온 한국의 국가 경쟁력에 직결되는 문제이기도 하다.

그럼에도 현재 한국의 정치 과정을 통해 탄생한 기후 및 에너지법·정책은 온실가스의 실질적인 감축을 이루어내지 못하고 있으며, 이는 앞서 제시된 바와 같은 과학적 분석에 의해 도출되는 합리적인 감축정책의 수준에 훨씬 못 미치는 것이다. 최근 한국에서는 그간의 온실가스 감축에 관한 정부 실패를 인정하고 새로운 기후위기 대응 정책을 수립하기 위한 논의가 그 어느 때보다 활발히 진행되고 있

---

21) Human Rights Committee, General Comment No. 36 (2018) on article 6 of the International Covenant on Civil and Political Rights, on the right to life, para. 62, U.N. Doc. CCPR/C/GC/36, Oct. 30, 2018.

22) IPCC 1.5℃ 특별보고서에 따르면, 1.5℃ 상승 시에는 기후변화로 인한 생물다양성, 해수면 상승, 기반시설 등의 피해에 대한 리스크가 크게 줄어들고, 기후변화 위험에 노출된 취약 계층이 2050년 최대 수억 명 이상 줄어들 수 있다. 1.5℃ 제한 목표를 달성하기 위해서는 전 세계적인 온실가스 배출을 2030년까지 2010년 대비 최소 45%까지 감축해야 하며, 2050년까지는 이산화탄소 배출과 흡수가 서로 상쇄되는 이른바 '순배출 제로(Net-Zero)'를 달성해야 한다(IPCC, 「지구온난화 1.5℃ 특별보고서 요약보고서(국문판)」, 2018, 4-12면 참조).

다. 지난 2020년 10월 28일 대통령이 시정연설을 통해 "국제사회와 함께 기후변화에 적극 대응하여, 2050년 탄소중립을 목표로 나아갈 것"을 선언하고 나선 것을 계기로[23] 이러한 탄소중립 목표를 법제화하고 온실가스 감축을 촉진하기 위한 제도적 기반을 마련하기 위한 노력에 착수하여 2021년 5월 국무총리와 민간전문가 1인을 공동위원장으로 하고, 18개 중앙행정기관장과 기후, 에너지, 산업, 노동 분야 전문가 그리고 시민사회, 청년 등 각계를 대표하는 민간위원 77명을 포함한 총 97명(위원장 포함)의 위원으로 구성된 탄소중립위원회를 발족했다.[24] 2021년 9월 국회에서는 「기후위기 대응을 위한 탄소중립·녹색성장 기본법」이 통과되어 세계에서 14번째로 '2050년 탄소중립' 목표를 법제화한 국가가 되었다.[25] 탄소중립위원회는 2050 탄소중립 실현을 위한 장기적 방향성에 대한 논의 결과를 압축하여 2021년 10월 "탄소중립 시나리오"를 발표하기도 하였다.

'탄소중립'이란 에너지 연소 등으로 인한 온실가스 배출량을 모두 흡수하거나, 상쇄하여 순배출량이 0이 되게 하겠다는 것이다. 이는 단순 계산하더라도 2018년 727.6 백만톤에 이르는 온실가스 배출을 22.7백만톤(약 3.1%)씩 매년 감축해야 달성할 수 있는 야심찬 목표이다. 감축 시점을 뒤로 미룰수록 미래 세대의 감축 부담은 점점 늘어나고 감축 비용 역시 증가할 수 밖에 없다. 따라서 이제는 그간의 온실가스 감축 실패 상황에서 벗어나 지속적으로 국가 온실가스 배출

23) 청와대, "2021년도 예산안 시정연설", 2020. 10. 28,
https://www1.president.go.kr/articles/9398 (최종접속일: 2021. 7. 25.)
24) 국무조정실, "김부겸 국무총리, 2050 탄소중립 대전환 향한 닻 올린다"(보도자료), 2021. 5. 29. 탄소중립위원회는 2022년 3월 탄소중립기본법 시행에 따라 지난 10월 '2050 탄소중립녹색성장위원회'라는 명칭으로 새롭게 출범하였다.
25) 환경부, "탄소중립 세계 14번째 법제화…탄소중립기본법 국회 통과" (보도자료), 2021. 9. 1.

량의 감축을 이루어 낼 수 있도록 법·정책적 대응 방안을 강구하는 것이 무엇보다 필요한 시점이다. 본 연구는 한국의 온실가스 감축 실패 문제에 관해 공공선택이론에 기반한 사례 연구를 통해 온실가스 감축정책의 효과적인 규율 방안을 제안함으로써 이러한 논의에 기여하고자 한다.

제 2 절 연구의 대상

급격한 변화없이 안정된 기후는 모든 생명 유지의 기반이 되는 지구적 공공재(public good)에 해당한다. 공공재의 특성상 안정된 기후의 혜택은 온실가스 감축과 같은 추가적인 노력과 비용을 지불하는지 여부와 상관없이 공유된다. 따라서 온실가스 감축에 참여해야 하는 많은 국가, 기업, 국민에게는 무임승차(free ride)의 유인이 상당히 존재한다. 그리고 이런 무임승차 유인은 집합적인 기후변화 대응 노력을 어렵게 한다. 이와 같은 이유로 앞서 살펴본 바와 같이 기후변화 문제는 인류가 직면한 가장 거대한 '시장 실패(market failure)'로 평가되기도 한다. 그리고 이러한 시장 실패를 교정하기 위한 정부의 개입은 당연한 것으로 보인다.

그러나 이러한 정부의 개입은 '정부 실패(government failure)'의 가능성을 안고 있는 만큼 주의를 요한다. '시장 실패'를 치유하기 위한 정부의 개입이 오히려 사회적 비효율을 초래하는 현상을 흔히 '정부 실패(government failure)'라고 칭한다. 특히 한국 정부가 온실가스 감축 의지를 국내외에 천명하고 관련 정책을 꾸준히 도입해 왔음에도 실질적으로 온실가스 감축을 전혀 이루어내지 못한 것은 현재의 온실가스 감축을 뒤로 미루는 것과 마찬가지인데, 빠른 온실가스 감축이야말로 기후변화로 인한 사회적 비용을 줄이기 위한 합리적인 선택이라는 경제학적 연구 결과에 반해 사회적 비효율을 발생시킨다는 점에서 그 자체로 '정부 실패'에 해당한다.

이러한 정부 실패의 문제는 주요 배출 부문에 대한 감축정책 실패의 문제로 환원해 볼 수 있다. 급격한 기후변화의 문제는 적응

(adaptation)과 완화(mitigation) 측면에서 정부의 대응을 요구한다. 기후 정책은 이러한 요구에 따라 달성하고자 하는 국가 온실가스 감축목표와 대응 전략 방향, 구체적 이행 수단 등을 주요 내용으로 한다. 그에 따라 에너지, 산업, 농업 등 유관 분야별로 부문별 감축 전략 방향이 수립되면, 그에 맞는 정책 수단을 선택하게 되고, 해당 정책을 시행함으로써 의도한대로 소기의 성과를 거두는 과정을 상상해 볼 수 있다([그림 1] 참조).

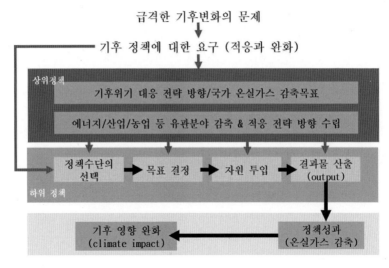

[그림 1] 연구의 대상: 기후·에너지 정책의 조율 과정

이때 분야별 감축전략 방향에 따라 해당 부문의 정책 수단을 선택하는 과정에서 기존의 정책을 수정하거나 폐기하는 등의 현상이 나타났고, 이를 통해서 온실가스 감축 성과가 있었다면, 기후 정책과 부문별 감축정책 간의 '조율'이 성공적으로 이루어졌다고 평가할 수 있을 것이다. 그러나 만약 온실가스 감축목표를 수립하고 부문별 전략을 통해서 이러한 목표 달성 수단을 갖추었음에도 '온실가스 감축'

이라는 성과가 나타나지 않았다면, 이는 곧 부문별 전략이 제대로 수립되지 않았다는 점, 곧 기후 정책과 분야별 감축정책과의 조율이 제대로 이루어지지 않았다는 강력한 징후가 된다.

이 연구에서 초점을 두고자 하는 문제는 '한국 정부의 온실가스 감축 실패' 문제이다. 정책학적 관점에서 특정 정책이 실패했는가에 대한 판단은 다양한 기준에 따라 이루어질 수 있다. 일례로 선스테인(Cass R. Sunstein)은 규제입법의 성공 여부를 판단함에 있어 '어떠한 규제가 목표로 하는 바를 달성했는가', 그리고 '그 목표를 최소한의 비용으로 달성했는가'와 같은 두 가지 기준을 제시하였다. 이때 규제 실패의 원인은 규제 입법 단계에서 법규 자체가 규제 상황에 비추어 적절하게 형성되지 못했다던가, 규제 집행 단계에서 적절하게 집행되지 못했다는 측면에서 찾을 수 있다.26)

규제 실패에 관해 한국적 상황에 맞는 독자적인 판단 기준을 수립하려는 시도는 정책학 분야에서 꾸준히 이루어져 온 것으로 보인다. 환경규제의 관점에서는 (i) 환경 법규 자체가 적정한가, (ii) 환경 법규의 양적 확대 및 규율밀도·복잡성의 증대 경향이 환경정책의 목표에 비추어 바람직한가, (iii) 환경법의 집행이 실효적인가, (iv) 환경법이 비공식적으로 회피되고 있는 것이 아닌가, (v) 적정한 구제 방안을 마련하고 있는가와 같이 규제의 입법과 집행 단계에서의 실패 여부에 대한 규범적 판단 기준이 제시되기도 했다.27) 이러한 규범적 판단 기준에 따라 특정 정책의 성패 여부를 판단한다면 평가자가 취하는 관점에 따라서 정책의 성패에 대한 평가도 다양하게 제시될 수

---

26) Cass R. Sunstein, After the Rights Revolution: Reconceiving the Regulatory State, 1990, 75-84 참조.

27) 홍준형, 환경법, 서울:박영사, 1994, 1055-1056면(김유환, 환경법규에 있어서의 규제실패와 법적 대응, 환경법연구, 제16권, 1994, 110-166면에서 재인용).

있을 것이다.

그러나 이러한 기존의 논의에 비추어 살펴보건데, 한국의 온실가스 감축정책은 정부가 2010년 「저탄소 녹색성장 기본법」 제정 이후 관련 정책 기반 구축과 이행을 위해 꾸준히 투자했음에도 스스로 정한 감축목표를 달성하기는커녕, 배출량 자체가 꾸준히 증가해왔다는 점에서 '정책 성과'가 전혀 나타나지 않았으므로 규범적 기준을 동원하지 않더라도 그 자체로 분명한 '정부 실패' 사례에 해당한다. 정책 목표로 정한 바를 전혀 달성하지 못했다면, 목표 달성 과정의 효율성과 같은 후속 기준에 대해서는 논할 수도 없기 때문이다. 국내외를 막론하고 기후위기 문제에 대한 가장 효율적인 해결방식은 빠른 온실가스 감축에 있다는 여러 경제학자의 분석 결과를 고려하면 이러한 온실가스 감축 실패는 그 자체로 새로운 경제적 비효율을 발생시켰다. 따라서 본 연구에서는 한국의 온실가스 배출량 증가는 그 자체로 '정부 실패(Government Failure)'의 문제에 해당한다고 보고, 온실가스 감축정책 추진 과정을 분석 대상으로 삼아 지난 10여 년 간 계속되어 온 '온실가스 감축에 관한 정부 실패'라는 거대한 현상의 원인을 분석하고, 해결 방안을 모색해 보고자 한다.

[표 1] 한국의 부문별 온실가스 배출추이(1990~2019년)

분야	'90년	'00년	'10년	'17년	'18년	'19년	'90년 대비 '19년 증감률
총배출량	292.1	502.7	656.0	710.7	727.0	701.4	140.1%
순배출량	254.4	443.7	601.3	668.2	685.0	661.8	160.1%
에너지	240.3	411.6	565.7	615.6	632.6	611.5	154.5%
산업공정	20.4	50.9	52.9	56.5	55.8	52.0	154.3%
농업	21.0	21.4	22.1	21.0	21.1	21.0	-0.03%
폐기물	10.4	18.9	15.4	17.7	17.5	16.9	60.4%
LULUCF	-37.7	-59.0	-54.8	-42.6	-42.1	-39.6	5.0%

출처: 국가 온실가스 인벤토리 1990-2019 공표

한국의 온실가스 배출 추이를 살펴보면, 2019년 기준 배출량의 87.2%를 차지하는 에너지 부문의 배출량이 1990년 대비 약 2.5배 이상 증가해 전체 온실가스 배출량의 증가를 견인해 온 것으로 평가된다. 주요 감축 수단으로 도입된 배출권거래제가 도입된지도 7년여가 경과하였으나 발전 부문 등 주요 배출부문의 감축을 제대로 이끌어 내지 못하고 있다.

따라서 본 연구에서는 온실가스 감축정책과 연관성을 지닌 여러 정책 분야 중 에너지 부문과의 조율을 중점적인 연구 대상으로 상정하였다. 에너지 분야와의 조율 실패는 그간 온실가스 감축 실패의 원인으로 자주 언급되어 왔다.[28] 이러한 문제를 제대로 파악하기 위해 그간 온실가스 감축정책의 발전 과정을 연혁적으로 분석하고, 에너지 정책과의 조율에 실패했던 순간들에 주목해 해당 결정의 과정에서 참여자들의 자기 이익 추구 행동 양상을 살펴보았다. 온실가스 감축목표의 수립과 관련한 일련의 과정에 대한 연혁적 분석 결과에 따르면 국가 온실가스 감축목표가 제시된 이후인 2010년을 전후해 오히려 대규모 석탄화력 발전소의 건설을 대거 허가한 사례, 대표적인 감축 수단으로 배출권거래제의 도입을 결정했으나 배출권을 대규모로 무상할당하는 등 상당히 느슨한 형태로 타협안을 마련한 뒤에야 배출권거래제 출범이 가능하게 된 사례, 2030년 국가 온실가스 감축목표에 대한 연도별 이행계획을 수립하는 과정에서 전환 부문의 추가 감축량에 대한 감축 수단에 합의하지 못한 채로 2030 온실가스 감축 로드맵을 발표할 수밖에 없었던 사례 등 기후·에너지 정책 간 조율 실패의 순간들이 발견된다. 이러한 사례들을 통해 온실가스 감축 실패의 원인을 분석하고 해결책을 모색해 보고자 하였다.

---

28) '제2차 기후변화대응 기본계획(2020~2040년)'에서는 기존 기후변화대응 계획의 총괄 및 조정 기능 부족 문제를 주원인으로 분석하였다(대한민국 정부, 「제2차 기후변화대응 기본계획」, 2019. 10, 28면).

지난 2020년 대통령이 2050년 탄소중립을 선언한 뒤 「기후위기 대응을 위한 탄소중립·녹색성장 기본법(법률 제18469호 2021. 9. 24. 제정)」이 제정되는 등 현재 한국은 기후·에너지 법·정책 체계를 개편하는 과정에 있다. 본 연구에서는 특히 최초의 기후법이라고 할 수 있는 「저탄소녹색성장기본법(법률 제9931호 2010. 1. 13. 제정)」 시기를 중심으로 이러한 두 정책 영역간의 조율문제에 관하여 살펴보았다. 과거의 법체계하에서 기후정책과 에너지정책간의 조율을 어떻게 법적으로 규율하였는지, 실제 관행은 어떻게 변화하였는지를 중심으로 연구를 진행함으로써 향후 기후·에너지 법·정책의 진화 발전에 있어 유의미한 시사점을 얻어보고자 하였다.

제 3 절 연구의 방법

본 연구는 기후위기 시대 온실가스 감축정책의 효과적인 규율 방안을 제안함에 앞서 우선 현행 법·정책에 따른 온실가스 감축 추진 과정에서 기후·에너지 정책 간 조율 실패의 문제 상황을 분석하여 그 원인을 먼저 찾아보고자 하였다. 특히 공공선택이론(public choice theory)의 관점에 기초해 정책 시장 참여자의 의견 표명, 주요 행동 양상 등을 분석함으로써 정책 결정에 영향을 미친 요인을 파악해 보고자 하였다.

1970년대 이후 전 세계적으로 사회문제를 해결하는 존재로 여겼던 정부가 오히려 비효율과 불공정의 문제를 야기한다는 인식이 확산되기 시작했다. 전통적인 관료제 패러다임의 행정학에 대한 회의가 깊어지면서 새로운 행정이론에 대한 탐색이 시작되었고, 일찍이 관료제에 대한 비판적 시각을 견지했던 공공선택이론은 학계 내외에서 폭넓게 주목받게 되었다.[29] 새로운 행정이론 대부분은 공공선택이론의 입장을 받아들였고, 이러한 관점에서 정부 실패에 대해 그간 다양한 연구가 이루어져 왔다. 이를 통해 공공선택이론은 '정부 실패'의 원인에 대해 상당히 설득력 있는 설명을 제시해왔다. 정치인, 관료, 이익집단 등 정부 정책의 형성 과정에서 활동하는 모든 주

---

[29] 대표적인 예로 영국의 대처 수상은 니스카넨의 이론에 심취해 고위 공직자들에게 그의 저서를 필독할 것을 지시하였다고 한다(Patricia W. Ingraham, Play it Again, Dam: It's still not right: Searching for the right notes in administrative reform, *Public Administration Review*, Vol. 57, Issue 4, July 1997).

체는 사익 추구 동기에 따라 활동하며, 그러한 개인의 합리성 추구
가 전체 집단으로서의 합리성을 보장해 주지 못하기 때문에 정부 실
패가 발생할 수밖에 없다는 것이다.

본 연구에서는 이러한 공공선택이론의 선행 연구에서 발견한 정
책 시장 참여자의 자기 이익 추구 성향에 주목하였다. 그러한 양상
이 한국의 온실가스 감축정책 수립과 이행 과정에서도 확인되는지
를 살피기 위해 사용할 수 있는 분석틀을 도출하였다. 그리고 이러
한 분석틀을 활용해 우선 해외 주요 국가들의 온실가스 감축정책 이
행 과정에서 드러난 기후·에너지 정책 간의 조율 실패 사례 등을 살
펴봄으로써 공공선택이론의 관점에서 문제를 정의하고 분석하는 것
이 가능하며, 그 결과로 기후 및 에너지 법·정책의 규율에 관해 유효
한 시사점을 줄 수 있는지를 확인하였고 같은 방식으로 국내 사례
연구를 진행하였다.

이러한 분석을 위해 기후·에너지 정책의 추진 경과를 담은 기존
국내외 문헌, 연구보고서, 정부정책 보고서, 보도자료, 신문기사 등
다양한 문헌 조사를 수행하였다. 생물다양성, 지구온난화 등 환경 이
슈는 문제 인식에 대한 합의가 전문가들 사이에서도 쉽지 않고, 문
제의 범위가 광범위하며, 그 해결을 위해서 때로는 막대한 경제적
비용 부담이 발생한다는 점에서 다양한 이해관계와 가치관을 가진
행위자들 간에 역동적인 정치 과정이 수반된다. 특히 배출권거래제
라는 기후 정책의 형성 과정에 대해서는 한국에서 배출권거래제가
정책의제화하는 단계에서부터 최종적으로 제도 도입이 결정되기까
지의 논의 과정과 참여자들간의 동태적 상호 작용 및 관계 구조에
대해 분석한 선행 연구가 다수 존재한다.30) 이와 같은 연구 자료들

---

30) 변종립(2010)은 정책네트워크와 정책옹호연합모형을 결합한 분석틀을 사
  용해 1997년 2월부터 2009년 12월 「저탄소 녹색성장 기본법」이 국회를 통
  화하기까지 시기별로 외적요인 및 내적요인의 변화에 따른 정책네트워크

은 배출권거래제는 물론이고 온실가스 감축을 둘러싼 정책 시장 참여자들의 신념, 욕구, 행위 동기 등에 대한 나름의 분석과 근거를 제시하고 있어 본 연구에서도 중요한 참고자료가 되었다. 이외에 최근의 정책 결정과 관련하여서는 정책 결정 과정에서 직·간접적으로 참여하여 체득한 경험과 정보를 통해 자료를 보충하였다.

이러한 연구 방법과 관련해서는 1차 자료보다는 문헌 자료와 같은 2차 자료에 많은 부분 의존할 수밖에 없었다는 점에서 그 정확성과 관련한 한계가 분명히 존재한다. 그러나 정책 시장 참여자들의 자기 이익 추구 성향의 경우 인터뷰, 설문조사 등과 같은 직접 조사를 통하여 1차 자료를 확보하더라도 그 내용을 제대로 파악하기 어려운 한계가 존재할 것으로 예상되는 만큼 이와 같은 한계는 광범위한 2차 자료 조사를 통해서 극복해 보고자 하였다.

의 특성과 유형변화를 분석하였다. 한진이·윤순진(2011), 이유현·권기헌(2013)의 연구 역시 정책네트워크 이론에 근거한 분석틀에 따라 정책참여자들에 대한 인터뷰, 언론 보도 내용에 대한 정량적인 분석 등을 통해 배출권거래제의 도입 과정에 관해 분석하였다.

제 4 절 연구의 구성

본 연구는 총 6장으로 구성되어 있다. 제1장 서론 이후에 시작되는 제2장에서는 그간 공공선택이론의 관점에서 이루어진 정부 실패에 관한 이론적, 실증적 탐구의 결과를 살피고, 온실가스 감축정책의 수립과 이행에 있어 정부 실패에 관한 사례 분석을 위한 분석틀을 도출한다. 공공선택이론은 정치적 의사결정이 실제 현실 세계에서 일어나는 방식을 분석하는데 활용할 수 있는 연구 이론이다. 경제학적 관점에서 도출된 최적의 정책이 실제 현실에서 이행되는 과정의 문제에 관한 공공선택이론의 기존 연구 검토를 통해 사례 연구를 위한 분석틀을 도출하는 것은 물론, 사례 연구 결과 발견되는 문제의 해결 방안을 도출해 내는 데 적절한 지침을 얻고자 하였다.

제3장에서는 온실가스 감축에 있어 비교적 성공적인 결과를 거두어 온 독일, 영국, 프랑스 등 유럽 국가들의 사례에 대한 심층적인 분석을 시도하였다. 온실가스 감축정책을 한발 앞서 추진해온 국가들을 대상으로 에너지 부문 감축정책의 실패에 관한 사례 연구를 진행함으로써 앞서 도출한 분석틀의 유효성을 검토하고, 이러한 실패를 극복하고 에너지 부문의 온실가스 감축을 이끌어 내기 위한 각국의 법·정책적 대응 노력을 비교 검토한다. 이러한 연구를 통해 한국의 기후·에너지 정책 조율 문제 해결을 위한 현실적인 시사점을 얻고자 하였다.

제4장에서는 한국의 기후·에너지 법·정책의 연혁과 현황에 대한 사례 연구를 수행하였다. 우선 한국에서 온실가스 감축정책의 추진 과정과 온실가스 감축 실패 원인을 연혁적으로 살펴보았다. 그리고

그간 온실가스 감축정책의 추진 과정에서 에너지 정책과의 조율에 실패한 순간들을 주요 분석 대상으로 선정하고, 제2장에서 도출해낸 분석틀에 기초하여 각 사례별로 주요 참여자들 간의 자기 이익 추구 행동과 견해 표명의 내용 등을 살펴봄으로써 기후·에너지 정책 간 조율 실패의 원인을 진단하고 개선 방향을 제시하고자 하였다.

제5장에서는 앞서 제4장에서 도출한 개선 방향을 바탕으로 기후 및 에너지 법·정책에 대한 새로운 규율 방안을 제안해 보고자 하였다. 공공선택이론 관점의 기존 연구는 물론 온실가스 감축에 있어 비교적 성공적인 결과를 거두어 온 독일, 영국, 프랑스 등 유럽의 국가들을 대상으로 제3장에서 수행한 해외사례 연구 결과를 참고하여 기후·에너지 법제, 국가 온실가스 감축정책의 개선 방향에 관한 나름의 의견을 제시하였다.

제6장에서는 논문 전체의 결론을 요약적으로 서술했으며, 연구의 의의와 한계에 대해서도 간략히 논하였다.

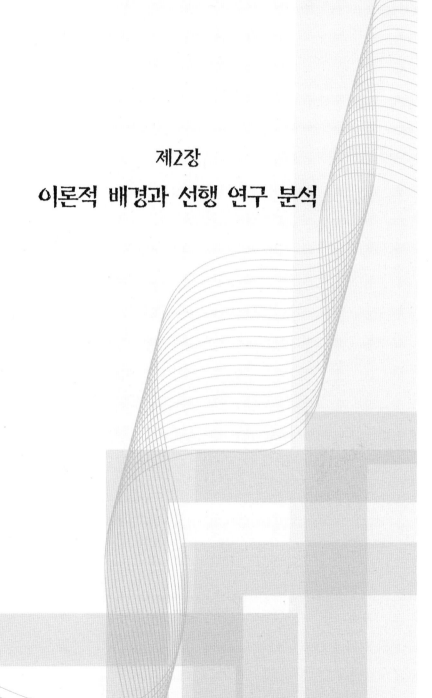

제2장

이론적 배경과 선행 연구 분석

제 1 절 서 론

본 연구는 그간 온실가스 감축정책 추진 과정의 문제와 해법을 모색함에 있어 공공선택이론(public choice theory)의 관점을 채택하였다. 공공선택이론은 경제학적 원리와 방법론을 기초로 정치적 의사결정이 실제 일어나는 방식에 관한 연구 이론이다. 미국의 정치학자 밀러(Dennis Mueller)는 공공선택이론이란 '비시장적 의사결정(nonmarket decision-making)에 관한 경제학적 연구 또는 정치학에 대한 경제학의 적용'이라고 정의하였다.[1] 공공선택이론 연구자들은 정치 과정에 참여하는 모든 개인, 즉 정치인, 정부 관료, 지대추구자, 투표자 등이 어떤 입장을 취할지를 어떻게 결정하는지, 그리고 그 결과가 공공정책에 주는 함의는 무엇인지 현실적인 관점에서 검토한다. 경제학이 일정한 가정하에서 최적의 정책을 제안하는 데 몰두한다면, 공공선택이론은 최적의 정책이 현실에서 이행되기 위한 조건에 대해 고찰함으로써 현실적인 함의를 제공한다.[2]

---

1) 아래와 같은 밀러의 정의는 공공선택이론에 대한 정의로 가장 널리 인용된다: "Public choice can be defined as the economic study of non-market decision-making, or simply the application of economics to political science. The subject matter of public choice is the same as that of political science: the theory of the state, voting rules, voter behaviour, party politics, the bureaucracy, and so on. The methodology of public choice is that of economics, however. The basic behavioral postulate of public choice, as for economics, is that man is an egoistic, rational, utility maximizer." (Lionel Orchard & Hugh Stretton, Public choice, *Cambridge Journal of Economics*, Vol. 21 Issue 3, May 1997, 409).

2) Randall G. Holcombe, Make Economics Policy Relevant: Depose the Omniscient Benevolent Dictator, *The Independent Review*, Vol. 17, Iss. 2,

공공선택이론의 연구는 크게 세 가지 영역으로 구분할 수 있다. 첫 번째는 민주적 의사결정 과정에서 투표자들의 선호가 결집되는 방식이다. 두 번째는 정부가 운영되는 규칙들에 따라 정치 과정이 공공정책을 산출하는 방식이다. 세 번째는 정부가 운영되는 규칙, 소위 헌법적 제약들이 설계되는 과정이다.3) 사회 전체의 선호를 반영하는 정치 과정의 문제를 어떻게 이해할 것인가에 대한 문제는 정부가 운영되는 규칙을 어떻게 헌법적으로 통제할 것인가에 관한 연구로 자연스레 이어졌다.

본 연구는 공공선택이론의 세 가지 영역 중 두 번째 영역에 속한다. 기후·에너지 정책이 형성 및 집행되는 과정에서 정부 실패의 문제를 살펴보고, 개선 방안을 제안하는 데 목적이 있다. 따라서 제2장에서는 본격적으로 현실의 문제를 살펴보기에 앞서 사례 연구를 위한 분석틀(Analysis Framework)의 도출을 위해 공공선택이론의 기존 연구 결과를 살펴보기로 한다.

October 2012.
3) 랜들 G. 홀콤(Randall G. Holcombe), 황수연 역, 공공선택론: 고급 개론, 리버티, 2019, 8면.

제 2 절 공공선택이론의 의의

제 1 항 공공선택이론의 기본 가정

1. 방법론적 개인주의(Methodological Individualism)

공공선택이론은 고전적 정치경제학에서 채택한 방법론적 개인주의에 기초해있다. 방법론적 개인주의는 모든 사회현상에 대한 분석의 출발점을 '개인(individual)'으로 인식하는 데서 출발한다. 사회적 총합은 단지 개인이 행한 선택과 행동의 결과로서만 고려될 수 있다는 것이다. 이러한 관점에 따르면 집단 자체로서는 선택하지 못하고 행동도 하지 못하므로 그러한 것처럼 가정해 분석하는 것은 과학적 규범(scientific canon)에 어긋난다. 어떤 집단의 선택 내지는 의사결정은 어떤 집합체(collectivity)가 마치 하나의 유기체인 것처럼 스스로 선택하고 행동한 것으로 받아들이기보다는 개인의 선택과 행동의 결과로서 나타난 집단적 현상으로 인식되어야 한다고 보는 것이다.[4]

방법론적 개인주의는 결국 개인의 '동기'에 주목하여 이를 규범적으로 판단하기보다는 사실로서 수용하고 이를 통해 정치적·사회적 '제도'의 기능원리를 분석하며, 이 분석 결과를 토대로 정책적 함의를 제시하는 것을 의미한다.[5] 이러한 가정은 그간 경제학에서 일반적으로 활용되어왔다.[6]

---

4) 김정완, 신행정도시 건설의 공공선택론적 분석, 한국정책과학회보, 제10권 제4호, 2006.
5) 김윤권, 「공공선택론에 입각한 역대정부의 성공 및 실패사례 연구」, 한국행정연구원, 2010, 23면.

2. 경제적 인간(Homo Economicus)

공공선택이론은 그 분석 대상인 개인을 자기 이익을 추구하는 존재로 간주한다. 모든 인간은 금전적으로 환산될 수 있고, 가중치가 부여된 구성인자들로 이루어진 금전적인 부의 극대화를 꾀하는 구체적인 효용함수의 도출이 가능한 경제적 인간으로 간주된다.[7] 자기애를 추구하고 가능한 한 최대한의 효용을 얻고자 하며, 비용과 편익의 고려를 통해 결정하고 행동하는 것이 개인으로서 '보통' 사람들의 기본적인 속성이라면, 이러한 속성은 경제시장은 물론이고 정치시장에서의 행위에도 그대로 반영된다고 보는 것이 자연스럽다는 것이다.

따라서 공공선택이론에서는 공적 결정을 담당하는 정치가, 관료 역시 자기 이익을 추구한다고 가정한다. 정치가는 공익의 대변을 위해서가 아니라 정치적 주도권 확보와 득표극대화를 위해서 행동하고, 관료는 예산과 재량의 극대화를 도모하고, 일반 국민은 효용을 극대화하는 소비자로서 행동한다는 것이다. 특정 정책 결정과 관련해 긴밀한 이해관계를 가진 이익집단은 정부 정책이 편익은 특정 집단에 집중되지만, 관련 비용은 여러 집단, 때로는 전 국민이 나누어 부담하게 되는 특성이 있다는 점 등을 이용해 자신의 편익을 극대화하려는 지대추구적인 속성을 가진다.

이러한 자기 이익 추구의 가정은 항상 모든 사람이 그러한 가정 하에 행동하는 것은 아니라는 것을 보여 주는 일련의 사례들 때문에 그 유효성에 간혹 의문이 제기되기도 한다. 그러나 이러한 가정을 채택하는 것은 이것이 반드시 인간 행위에 대한 가장 정확한 모형이

---

6) 소병희, "공공선택론의 이해", 공공선택의 이론과 응용, 서울:봉명, 2006, 59면.
7) 소병희, 공공선택론의 이해와 정책학 분야에서의 응용, 한국정책학회보, 제5권 제2호, 1996.

기 때문만은 아니라 할 것이다. 이러한 가정하의 분석은 사익 추구
의 상황에서 제도가 어떠한 결과를 낳을 수 있는지를 제시함으로써
제도가 사익의 추구를 공익의 진작으로 전환시키는 데 어떤 역할을
할 수 있는지를 모색하는데 도움을 줄 수 있다는 데에 그 유용성이
있다.8)

제 2 항 공공선택이론의 전개

공공선택이론(public choice theory)은 이와 같은 경제학적 원리와
방법론을 기초로 비시장(non-market)에서 이루어지는 사회적 차원의
선택과 결정에 대해 연구한다. 앞서 살펴본 바와 같이 경제학적 방
법론이란 인간 행위의 합리적 선택 이론과 마찬가지이기 때문에, 공
공선택이론은 '합리적 선택의 정치학'이라고 불리기도 한다. 여기서
합리성이란 목적 자체의 합리성에 대한 성찰이나 평가를 생략하고
오직 주어진 목적에 가장 적합한 수단의 선택만을 논한다는 점에서
도구적 합리성을 의미한다.

공공선택이론 초기 연구자들은 현대 민주주의 사회에서는 총생
산의 상당 부분이 시장이 아닌 정치 제도(political institutions)를 통해
배분된다는 점에 주목하면서 이러한 정치 제도의 완전성에 대해 연
구하였다. 공적이고 정치적인 사안에 대해 사회 구성원 각각의 선호
가 드러나게 만드는 대표적인 방법은 '투표'이다. 민주주의 사회에서
가장 보편적으로 사용되는 과반수투표제는 평균적으로 보아 각 구

---

8) Geoffrey Brennan & James Buchanan, The normative purpose of economic
'science': Rediscovery of an eighteenth-century method, *International Review
of Law and Economics*, Vol 1, Iss. 2, December 1981; 소병희, 앞의 논문
(2006), 60면.

성원의 의사가 가장 잘 관철되는 의사결정 방법이지만, 가부 동수일 때 확실하게 집단의 의사를 결정하기 위해서는 별도의 조치가 있어야 한다는 점, 그리고 투표의 역설이 일어날 수도 있다는 점 등 잘 알려진 문제들이 존재한다.

1951년 애로우(Kenneth Arrow)는 이러한 과반수투표제의 약점들을 보완해 사회적 의사결정 방법이 갖추어야 할 공정성 요건을 i) 모든 선호의 무차별 수용(unrestricted domain), ii) 무관한 대안으로부터의 독립성(independence of irrelevant alternatives), iii) 파레토 원칙(weak Pareto principle), iv) 비독재(non-dictatorship) 등 네 가지로 제안하였다. 사회적 의사결정 방법은 논리적으로 가능한 개인의 모든 선호를 수용해야 하며, 의사결정의 대상이 되는 현안과 관계없는 제3의 요인에 대한 선호가 의사결정에 영향을 주어서는 안되고, 사회 구성원 모두의 선호가 x보다 y를 선호한다면, 사회적으로도 x보다 y가 선호되어야 하며, 어떤 특정인의 선호가 곧 사회적 선택을 결정해서는 안된다는 것이다.[9] 이는 의사결정 과정의 공정성을 담보하는 동시에 사회적 선호를 드러내는 정치 제도로서의 도구적 합리성을 담보하기 위한 조건이다.

그런데 애로우는 이러한 네 가지 공정성 요건을 충족시키는 의사 수렴방법은 존재하지 않는다는 것을 수학적으로 증명하였다(소위 불가능성 정리(Impossibility Theorem)).[10] 의사 수렴 과정에서 특정인이나 특정 집단의 독재적 영향력을 어느 정도 감수하거나, 혹은 다른 세 가지의 공정성 요건 중 어느 하나를 완화한다면 나머지 다른 전제조건들을 지킬수는 있었지만 그에 따라 의사결정 과정의 효율

---

9) 이정전, "합리적인 개인 대 비합리적인 사회", 공공선택의 이론과 응용, 서울·봉명, 2006, 119-121면 참조.

10) Kenneth J. Arrow, Social Choice and Individual Values, New Haven: Yale University Press, 2012.

성, 자원배분의 효율성, 민주주의 원칙 중 어느 하나 또는 그 이상이 희생되는 결과가 발생하였다. 이러한 연구 결과는 민주적인 방법을 통한다면 공공의 문제에 대해 국민의 의사를 공정하게 수렴해 그에 맞게 국가 정책을 합리적으로 추진할 수 있다는 민주주의의 이상이 한낱 환상에 불과하다는 것을 암시하는 것이기에 상당히 큰 반향을 일으켰다.[11]

이후의 연구들은 현실에서 의사결정 제도의 단점을 어떻게 보완할 것인가에 주목하였다. 1962년 뷰캐넌(James Buchanan)과 털럭(Gordon Tullock)은 단순 과반수투표제에 대한 연구를 통해 다수파의 착취를 막기 위한 투표제도의 설계를 제안하였다.[12] 이들에 따르면 진정으로 정당한 집합적 결정, 즉 공익에 일치하는 결정은 모든 투표자가 만장일치로 지지하는 결정이다. 결정에 있어 고려되지 않는 외부비용(external cost)이 없기 때문이다. 그러나 만장일치 규칙은 지나치게 많은 의사결정비용(decision-making cost)을 수반한다. 따라서 뷰캐넌과 털럭은 외부비용과 의사결정비용의 합인 사회적 상호의존 비용을 최저로 하는 적정 의사 결정규칙이 채택되어야 한다고 주장하였다. 이후 뷰캐넌은 선거 체제에서 다수파의 착취, 정치가와 관료의 자기 이익 추구, 이익집단의 권력 등이 공공의사결정에 미치는 잠재적 역할에 관한 꾸준한 연구를 통해 1986년 노벨 경제학상을 받았다.[13]

---

11) 허성욱, 공법이론과 공공정책 I-공법이론 연구방법론으로서 공공선택론, 법경제학연구, 제6권 제2호, 2009, 150-164면 참조.
12) 제임스 뷰캐넌(Buchanan, James M.), 고든 털럭(Tullock, Gordon), 전상경, 황수연 공역, 국민합의의 분석: 헌법적 민주주의의 논리적 기초(The Calculus of Consent: Logical Foundations of Constitutional Democracy), 서울: 시공아카데미, 1999; 최광, 황수연, "공공선택론의 개념적 고찰", 공공선택의 이론과 응용, 서울·봉명, 2006, 22-26면.
13) 에이먼 버틀러(Eamonn Butler), 황수연 역, 공공선택론 입문, 리버티, 2013,

이후 공공선택이론은 경제학뿐만 아니라 다양한 사회과학 연구자들에게 급속도로 각광받기 시작하였다. 투표자들은 정부 정책의 수요자이지만 유일무이한 존재는 아니다. 점점 더 많은 이익집단이 특정 정책의 도입에 관한 자신들의 선호를 정책 결정 과정에 반영하기 위해 행동에 나서고 있다. 정부 관료들이나 정치인들 역시 정책의 공급자이자 수요자로서 행동한다. 오늘날 공공선택이론은 다양한 경제학적 방법론을 활용해 공적 영역에서의 정책 결정과 관련한 문제의 본질을 진단하고, 제도 개선을 위한 처방을 제시하는 학문으로 발전해 나가고 있다.

한국에서도 민주적 선거가 활성화된 1980년대 후반부터 국민의 선택을 분석하는 시도가 증가하고 있고 공공선택이론과 관련한 연구 역시 다양화되고 있다. 초기에는 공공선택이론의 내용과 철학에 대한 소개부터 투표 행태에 대한 분석, 정부 예산 결정 과정에 대한 분석 등이 주류를 이루었으나, 2000년대 후반부터는 행정수도,14) 주택,15) 부동산 개발16) 등 개별 공공정책 결정과 관련한 사례 연구, 이와 관련한 이익집단의 지대추구 행위에 관한 사례 연구17) 등이 등장

24면.

14) 김정완(2006)은 행정수도 이전과 관련해 정부 실패의 모형을 제시하면서 이익집단의 지대추구와 정부부문의 지대 옹호 및 재정착각 유도, 그리고 일반국민의 합리적 무지로 인한 정부 실패의 메커니즘을 제시하였다(김정완, 앞의 논문, 2006).

15) 유현종(2007)은 공공선택이론의 틀을 이용해 주택정책의 실패원인을 진단하고 사회적 합의를 가능케 하는 정보체계의 구축을 제안하였다(유현종, 주택정책에 관한 사회적 의사결정과 공공선택적 접근: 개인의 선택과 정부규제에 대한 비판적 검토, 행정논총, 제45권 제2호, 2007).

16) 김현정, 고동완(2008)은 주인-대리인 이론을 토대로 비시장부문인 정부가 관광지 개발을 수행하는 정당성을 확보하게 된 과정부터 정부 개입과 실패에 이르게 되는 전개과정을 분석하였다(김현정, 고동완, 비시장실패 이론에 의한 공공주도형 관광지 개발의 과정 분석, 국토연구, 2008).

17) 지종화(2005)는 IMF 이후 정부가 추진한 벤처기업 육성정책 과정에서 벤처

하고 있다. 이러한 연구는 합리적 개인주의의 기초하에 사회적 문제
의 조정 기제로서 시장, 관료제, 네트워크 등의 기제를 어떻게 설계
할 것인지와 관련해 현실적 시사점을 제시하곤 한다.[18]

제 3 항 공공선택이론의 채택

본 연구에서 주목하는 온실가스 감축정책은 산업활동, 운송 및
교통 등의 분야에서 에너지 사용으로 인한 온실가스 배출과 기후변
화 문제와 같이 당초 의도하지 않은 외부성(externality) 문제가 발생
함에 따라 이러한 에너지 사용 행위 자체를 규제하고자 하는 것으로
공익적 목적의 경제 규제에 해당한다. 이러한 규제의 문제를 체계적
으로 분석함으로써 누가 규제로 인한 비용을 부담하고 누가 혜택을
누릴 것인지, 이를 고려할 때 규제가 어떤 형태로 이루어지는 것이
효율적인지 등과 같은 문제에 해답을 얻기 위한 이론적 시도는 다양
한 관점에서 이루어져 왔다.[19]

우선 공익이론(Public Interest Theory)은 규제가 언제 어떤 방식으
로 만들어지는가의 문제에 대해 규범적 분석에 의존한다. 이러한 입

기업이 연구 및 신기술의 개발보다는 지대추구에 몰입하는 현상이 두드
러지고 있음을 보여주었다 (지종화, 벤처기업의 지대추구 과정에 관한 연
구: 김대중 정부시기 5대 벤처게이트를 중심으로, 한국지방정부학회 학술
대회자료집, 2005).

18) 이명석, 거버넌스의 개념화: 사회적 조정으로서의 거버넌스, 한국행정학
보, 제36권 제4호, 2002.

19) 규제에 관한 여러 가지 이론을 체계적으로 분류해 제시한 선행 연구로
Steven P. Croley, Theories of Regulation: Incorporating the Administrative
Process, *Columbia Law Review*, Vol. 98, No.1, January 1998; 허성욱, 경제규
제행정법이론과 경제적 효율성, 서울대학교 법학, 제49권 제4호, 2008 등
참조.

장에 따르면 규제는 '시장 실패'의 교정에 대한 공공의 수요에 대응해서 만들어지는 것이다. 만약 시장이 자연독점의 상태에 있다면, 시장이 스스로 생산적 효율성과 배분적 효율성을 함께 달성하는 것이 불가능하고, 가격규제와 시장진출입규제를 통해서 사회적 후생의 증가를 가져올 수 있으므로 이러한 규제 수요에 부응해서 규제가 이루어지게 된다는 것이다. 이에 대해서는 현실에서 사회적 후생의 증가를 가져오는 규제가 좌절되는 경우와 같이 이러한 이론에 부합하지 않는 많은 실증적인 증거가 발견된다는 점, 규제에 대한 공공의 수요가 어떻게 실제 규제로 이어지는지, 왜 이론적으로는 사회적 후생의 증가를 가져오는 규제가 현실에서는 좌절되는지에 대해 아무런 논리적 근거를 제시해 주지 못한다는 점 등이 문제로 지적된다.[20]

이에 반해 공공선택이론(Public Choice Theory)은 시장에서 재화를 거래하듯이 규제에 관한 결정도 규제에 대한 수요와 공급이 만나는 곳에서 시장원리와 같은 방식으로 이루어진다고 본다. 규제를 통해 창출되는 이익이 큰 규제 수요자가 그 경제적 동기에 따라 특정 규제를 요구하고, 규제를 만들어낼 권한을 지닌 규제 공급자인 의회나 행정부는 자신의 효용을 극대화하는 방식으로 규제 공급과 관련한 결정을 내린다는 것이다. 이러한 공공선택이론의 접근은 실제 정책이 형성되는 과정에서 행위 주체들의 선택에 주목함으로써 특정 규제의 탄생 근거에 관해 '공익'에서 한발 더 나아가 납득할 만한 설명을 제시해 준다는 점에서 유용성이 있다.

특히 스티글러(George Stigler)는 규제 시장에서 이익집단(interest group)의 역할에 주목해 규제는 소득의 극대화를 추구하는 이익집단의 수요에 따라 공급된다는 가설을 세우고 이를 입증해 냈다. 이러한 모델에 따르면 규제는 이익집단들이 사회의 다른 구성원으로부

---

20) 허성욱, 앞의 논문, 666-667면.

터 자신들에게도 경제적 이익을 이전시키는 수단으로 이해할 수 있다.[21] 스티글러로부터 시작된 규제에 대한 경제적 분석은 규제 현실을 잘 반영한 이론으로 크게 주목받았다. 그러나 동시에 규제 공급자인 입법자의 유인구조를 지나치게 선거를 중심으로 단순화하였다는 점, 입법부와 행정부 간의 주인-대리인 문제, 이익집단의 집합 행동유인 등과 관련한 가정이 일관성이 없거나 지나치게 낙관적이라는 점 등이 지적되었다. 또한, 이익집단이 규제를 통해 과도한 이익을 얻는다고 하여 규제없이 모든 것을 시장에 맡기는 것이 사회적 효용의 총합을 더 진작시킨다는 주장으로 귀결되기 쉬우나 꼭 현실적으로 그러한 결론을 기대할 수 있는 것은 아니라는 점 등이 비판의 대상이 되어왔다.[22]

베커(Gary Becker)는 스티글러의 이론에서 한발 더 나아가 이익집단간의 경쟁에 초점을 둔 다원주의적인 모델을 개발하였다. 다양한 그룹이 원하는 규제를 얻기 위해 경쟁하는 상황에서 규제는 어느 한 그룹의 이해관계만을 반영한 것이 아니라 모든 그룹의 요구를 반영해 결정된다.[23] 때로는 이러한 다원주의적인 모델에 따르더라도 결국 입법자와 규제자에 대한 영향력이 높고, 다른 그룹과의 이해관계가 유사한 이익집단 쪽에 압도적으로 기울어진 규제가 만들어질 수도 있다. 신다원주의 이론(Neo Pluralist Theory)은 이러한 문제를 들어 규제 결정 과정에서 특정 이익집단의 과도한 영향을 제어해야 한

---

21) George J. Stigler, The Theory of Economic Regulation, *The Bell Journal of Economics and Management Science*, Vol. 2, No. 1, Spring 1971; George J. Stigler, Free Riders and Collective Action: An Appendix to Theories of Economic Regulation, *The Bell Journal of Economics and Management Science*, Vol. 5, No. 2, Autumn 1974.
22) Croley, 앞의 논문(1998), 40-50.
23) Gary S. Becker, A Theory of Competition Among Pressure Groups for Political Influence, *Q.J. Econ.* Vol. 98, 983.

다는 입장을 취하였다.

규제의 형성과 관련한 위와 같은 일련의 이론은 규제 현실과 정치 과정의 변화를 반영해 더욱더 세밀하게 발전해 왔다. 그러나 현실 속에서 규제는 다양한 배경하에 탄생하므로 어느 한 이론으로 모든 규제에 관해 설명하기 어렵다. 본 연구에서는 연구 대상으로 삼은 국가 온실가스 감축정책의 실패, 특히 기후 정책과 에너지 정책 간의 조율 실패 문제의 특성을 고려해 분석틀을 도출함에 있어 공공선택이론을 채택하였다. 온실가스 배출행위의 외부성(externality)으로 인해 정부의 시장 개입이 정당화되고, 정부 주도하에 새로운 정책과 규제의 도입이 추진되었지만, 결과적으로 온실가스 감축이라는 성과로 이어지지 않는 현실의 이면을 탐구하고 해결책을 제시하는 것을 핵심 내용으로 하는 만큼 공익이론과 같은 규범적 관점의 채택을 통해 얻을 수 있는 시사점은 제한적일 수밖에 없다. 또한 현재까지의 온실가스 감축정책은 규제자와 피규제자간의 교환 행위, 규제기관 내의 역학관계 등이 반영된 결과로 생각되므로 피규제자 그룹 내에서의 집단간 경쟁에 주목하는 신다원주의적인 모델보다는 규제자와 피규제자 간의 관계에 주목하는 전통적인 공공선택이론의 모델을 채택해 문제를 정의하고 분석하는 것이 오늘날 우리가 처한 규제 현실에 적합할 것으로 생각하였다.

그간 수많은 정치적 선언과 그에 따른 정책적 시도에도 불구하고 우리는 온실가스 감축을 이루어내지 못하였다. 온실가스 감축목표와 감축정책 결정, 에너지 정책과의 조율 과정은 의사결정 절차 밖에 놓여있는 시민이 보기에는 정체를 알 수 없는 커다란 "암흑 상자"처럼 별도로 존재해 왔다. 공공선택이론은 오랜 실증연구의 전통을 바탕으로 그러한 암흑 상자 내의 과정을 밝혀내고자 시도해 왔다는 점에서 본 연구에서 주목하는 위와 같은 현실의 문제를 분석하고 개선 방향을 도출하는 데 많은 시사점을 줄 수 있을 것으로 기대된다.

국제사회에서 선진국과 개발도상국을 막론하고 온실가스 감축을 위한 행동에 나서기로 하는 신기후체제가 도래하기까지 수 십년간의 기후 협상 과정은 기후변화 대응과 관련한 국가 간의 지역간의 상반된 견해와 이익간의 조율을 이루어내는 과정으로 요약해 볼 수 있다. 협상 타결을 위하여 각국 정부는 다른 주체들이 가지는 고유의 이해관계에 대한 분석과 물밑 교섭을 벌이곤 한다. 국내에서 기후 정책을 수립하고 추진하는 과정에서도 위와 같은 노력이 필요하다. 그간의 기후정책 결정 및 집행과정에 관한 공공선택이론 관점의 분석은 이러한 점에서 앞으로 우리나라의 기후정책 수립과 이행에 있어 현실적인 시사점을 줄 수 있으리라고 생각한다.

제 3 절 정부 실패와 공공선택이론

이하에서는 '정부 실패'에 관한 공공선택이론의 기존 연구를 검토함으로써 기후·에너지 정책 간의 조율 실패에 관한 사례 연구에 활용할 수 있는 분석틀(Analysis Framework)을 도출해 보고자 하였다.

제 1 항 정부 실패의 원인

전통적인 후생경제학은 공공재(public good), 외부성(externalities), 자연독점과 같이 소위 '시장 실패(market failure)'로부터 발생하는 자원배분의 비효율 문제를 치유하는 데 있어 정부의 역할을 강조하고 정부 개입의 정당성에 대한 이론적 근거를 제공하였다. 그러나 현실적으로 정부 개입이 증가하면서 '시장 실패'의 치유를 위해 시작된 정부의 개입이 오히려 사회적 비효율을 초래하는 현상에 주목하게 되었는데, 이러한 현상을 시장 실패와 대비하여 '정부 실패(government failure)'라고 칭한다. 정부 실패는 흔히 특정 집단에만 특혜를 주는 정부 사업이나 불필요한 공공기관의 증대, 왜곡된 규제를 통한 자의적 시장 개입 등의 형태로 드러난다.[24] 이 현상은 1970년대 영국, 미국 등을 중심으로 정부정책의 실패로 인한 사회적 비용 증가와 관련한 실증연구 결과들이 제시되면서 주목받기 시작했다.

공공선택이론에서는 그간 이러한 정부 실패는 공공정책의 결정

---

24) 소병희, 정부 실패, 서울·삼성경제연구소, 2007, 83면.

에 있어 시장 실패의 치유라는 공익적인 동기보다 정치인, 관료, 이
익집단의 사익 추구 동기가 작용한 결과라고 보고, 개인의 합리성
추구가 전체의 합리성을 보장해 주는 것은 아니기에 정부 실패는 발
생할 수밖에 없다고 주장한다. 이러한 정부 실패 현상을 입법, 행정
의 영역을 중심으로 살펴보면, 정치인의 득표극대화 전략에 따라 공
공재의 과도한 공급 약속이 등장하게 되는 입법 실패(legislative
failure), 효율적인 정책 집행 유인(incentive)의 부재로 인한 관료 실패
(bureaucratic failure), 특정 이익집단의 지대추구 행위로 인한 실패
등으로 구분해 볼 수 있다.[25] 각 분야별로 정치적 과정으로서의 정부
개입 과정에서 참여자들의 자기 이익 추구가 정부 실패에 미치는 영
향에 관한 공공선택이론의 기존 연구 결과를 요약적으로 정리하면
다음과 같다.

1. 정치인의 득표극대화 추구

국민의 대표인 국회의원 등 정치인들은 선거를 통해 선출되는 만
큼 득표극대화 성향이 존재하고, 이러한 동기에 따라 행동할 수 밖
에 없다. 공공선택이론의 기존 연구들은 이러한 정치인들의 득표극
대화를 위한 행동이 현실에서 국가 예산의 부분적이거나 전체적인
확대, 선심성 공공인프라 투자 사업의 등장, 주기적인 경기부양책과
긴축정책의 반복으로 인한 경제적 비효율 등의 문제 현상으로 나타
나는 것에 주목하였다. 정치인들이 잘 조직되고 목소리가 큰 이익집
단의 요구에 집중하거나, 본인이 대표하는 지역구의 이해관계에 충
실한 나머지 국가 전체적으로는 혜택보다 비용이 더 큰 사업을 지지
하거나 선거를 위한 인기영합적인 정책을 내놓기 쉽다는 것이다.[26]

---

25) 이현국, 공공선택 행정이론의 철학적 기초, 한국행정학회 하계학술대회발
　　표논문집, 2010.

일찍이 노드하우스(William D. Nordhous)는 선거에 승리하려는 정부 또는 정당이 선거 직전에는 실업률의 감소, 가처분소득의 증가 및 복지혜택의 가시적 증가를 통해 경기를 부양하려는 정책을 펴는 반면, 선거 이후에는 앞선 정책의 부작용으로 발생하는 물가상승 등의 당면과제를 수습하기 위해 긴축 정책을 시행하게 되는 행태를 반복함으로써 경기가 변동한다는 정치적 경기순환주기(Politically Induced Business Cycle, PBC) 가설을 주장하였다. 노드하우스는 이러한 정치적 경기순환주기의 발생으로 인해 경제적 비효율이 발생한다고 주장했으며, 다양한 국가를 대상으로 PBC 가설의 타당성을 입증하기 위한 연구를 진행하였다. 노드하우스의 PBC 가설은 이후 투표자의 선호, 정당과 정치인의 목표, 경제구조 등에 관한 다른 가정에 기반한 다양한 가설로 진화, 발전했으며 이를 바탕으로 선거가 경제에 미치는 영향에 대한 다양한 실증연구가 이루어지게 되었다.[27]

정치인의 득표극대화 동기에 따른 행동의 또 다른 대표적인 사례로 이른바 '포크배럴(pork barrel)' 현상을 들 수 있다. 포크배럴의 사전적 의미는 '돼지여물통'을 지칭하는데 미국 의회에서 정부 자금을 타내기 위해 경쟁하는 의원들의 행태를 풍자하는 표현으로 정치인이 자신의 정치적 기반이 되는 지역을 위해 중앙정부의 예산을 과도하게 투입하도록 하는 현상을 일컫는다. 이는 정치인들이 전국 단위로 징수된 세금을 이용해 특정 지역에 투자를 유인함으로써 선거에서 유리한 위치를 차지하려는 '자원배분의 정치(distributive politics)'의 전형적인 형태로 자원의 효율적 배분, 지역균형발전 및 재정건전성의 관점에서 공공지출에 대한 결정시 억제·방지해야 할 매우 중요한 문제이다.[28] 이러한 동기에 따라 공공사업에 대한 의사결정이

---

26) 에이먼 버틀러, 앞의 책, 109-111면.
27) 이은국, 정치적 경기순환주기가설의 스펙트럼 분석: 한국의 사례, 한국행정학보, 제33권 제3호, 1999.

이루어지는 경우 사회적으로 꼭 필요한 사업보다는 정치인이 개인
적으로 정부 예산의 증액에 관여했음을 증명해 보이기에 용이하고,
투표자들에게 더 공헌을 인정받을 수 있는 형태의 사업이 선택되는
경향이 있으며, 일단 투자를 유치하고 보자는 생각에서 사업을 선택
하기 때문에 사업의 집행이나 완결 가능성도 과소평가되는 등의 부
작용이 존재하기 때문이다.29)

　　포크배럴 현상의 양상과 원인을 실증적으로 파악하고자 하는 연
구는 미국을 중심으로 꾸준히 이루어져 왔다.30) 최근에는 한국에서
도 포크배럴 현상에 대한 실증 연구를 통해 문제를 파악하고 대안을
제시하기 위한 노력이 일부 이루어지고 있다. 이종연(2014)은 한국의
공공인프라 지출 결정에 대한 연구를 통해 정치인들이 일관적으로
사회적 최적 수준의 공공인프라 공급량을 초과하는 포크배럴 지출
을 할 유인을 가진다는 것을 밝혀냈다. 연구에서는 대안으로 포크배
럴 지출의 억제를 위해 '매니페스토(manifesto)'의 확대 등 투표자의
'이념적 투표(ideological voting)'를 제한할 수 있는 제도의 강화, 국회
내에서 다수당이 되기만 하면 얻을 수 있는 이득 및 권한의 상대적
축소, 대규모 공공투자사업의 예비타당성조사에 대한 정치적 영향
억제 등을 제안하였다.31) 홍윤표(2020)는 2011년부터 2018년까지 8년
간의 예산, 추경, 결산자료를 종합하여 포크배럴 현상의 대표적 사례

---

28) 이종연, 「공공인프라투자의 지역안배와 포크배럴」, KDI 정책연구시리즈
　　2014-10, 한국개발연구원, 2014. 12, 3면.
29) 홍윤표, 국회 예산심의과정에서의 정치적 배분과 예산집행, 서울대학교
　　(행정학박사 학위논문), 2020, 18-19면.
30) 대표적인 포크배럴 사례는 '보스턴 고속도로 지하화 프로젝트(일명 Big
　　Dig)'다. 5.6km 길이의 고속도로를 지중화하는 것을 핵심 내용으로 하는
　　이 프로젝트는 1982년 계획 당시 28억 달러가 들 것으로 예상했으나 실제
　　완공될 때까지 146억 달러의 예산이 투입됐다 (매경이코노미, "新 경제용어
　　포크 배럴(Pork barrel)", 제1615호, 2011. 7. 20.; 이종연, 앞의 보고서, 1면).
31) 이종연, 앞의 보고서 참조.

라 할 수 있는 '선심성 지역예산사업' 편성이 상당부분 실제로 이루어지고 있으며 그로 인해 예산편성, 예산심의 및 확정, 예산집행의 과정에 정치순환주기(PBC)가 발생하고 있음을 밝혀내고, 이러한 문제를 해결하기 위해 예산심의 과정의 투명성을 강화하는 등의 제도적 대안을 제안하기도 했다.32)

2. 정부 관료의 예산·재량극대화 추구

정부 관료들 역시 자기 이익을 추구하는 존재이므로, 자신의 신분, 권한, 보상과 직접 관련된 정책 결정에 몰입하려는 동기가 있다. 털럭(Gordon Tullock)은 홍콩, 중국, 한국 등 동아시아 지역에서 외교관으로 근무했던 자신의 경험에 기반해 관료들의 자기 이익 추구 성향에 관하여 초기 논문을 썼다. 뷰캐넌은 털럭의 이와 같은 주장에 동조하면서 정부 관료들이 자기 이익 추구 성향에 따라 정부 부문의 규모와 범위를 확대하는데 강한 이해관계를 갖고 있다는 주장을 체계화했다.33)

한편 니스카넨(William Niskanen)은 관료들의 행위를 추동하는 요인은 관련 예산의 확보에 있고, 때로는 자신들이 독점적으로 가진 정보를 적극적으로 이용해 관련 예산을 극대화하기 위해 노력한다는 점을 들추어냈다.34) 정부 관료들의 행동 동기는 봉급, 수당, 승진, 권력, 명성, 존경 등과 같은 사익이지만, 이러한 것들이 해당 부처의 예산과 높은 상관관계가 있어서 관료제는 예산을 극대화하는 방향으로 움직인다는 것이다.

---

32) 홍윤표, 앞의 논문 참조.
33) 에이먼 버틀러, 앞의 책, 116면.
34) William A. Niskanen, Bureaucrats and Politicians, *Journal of Law & Economics*, Vol. 18, No. 3. December 1975.

공공서비스의 공급에 있어 해당 서비스에 대한 정책을 관장하는 행정부처는 독점공급자로서의 지위를 누리고 있다. 니스카넨의 예산 극대화 모형에 따르면 관료제의 예산 및 규모는 관료제 서비스로부터의 사회적 잉여가 관료들에게 월급을 지급하는 등의 방식으로 완전히 흡수될 때까지, 그리하여 소비자의 사회적 잉여가 사라지는 지점까지 팽창한다.[35] 의회는 이러한 움직임을 견제할 수 있는 위치에 있지만, 의회와의 관계에서 관료들이 정보 우위에 있는 가운데, 의회에서 정책의 공급은 수요자의 관점에서 정책 한 단위의 추가비용과 추가편익을 교량해 정하는 것이 아니라, 연간 예산과 총 산출물을 교량하는 방식으로 정해지고, 이러한 예산을 결정하는 과정은 해당 부처의 이해관계에 가장 관심을 가지는 소관 위원회와의 협의 하에 정해지기 때문에 효율적인 견제에 어려움을 겪을 수 밖에 없다. 더군다나 이러한 정부 정책의 산출물은 일반 상품과 같이 소비자가 선택하는 과정을 거치는 것이 아니고, 또 그 효과를 쉽게 평가하기 어렵기 때문에 정부 관료들은 더욱 더 많은 재량을 가질 수 있다.

니스카넨은 1971년 처음 위와 같은 예산극대화 모형을 내놓은 이후 접하게 된 비판적 연구의 일부를 수용하여 20년 후인 1991년에 내놓은 논문에서 관료들이 단순히 모든 예산의 극대화를 추구하기보다는 재량하에 놓인 '재량예산'의 확대를 추구하며, 의회 역시 그 재량예산의 일부를 자신의 이익을 위해 확보하기 위해 능동적으로 행동한다는 점 등을 추가해 모형의 일부를 수정하기도 하였다.[36] 이러한 니스카넨의 연구는 정부 예산의 팽창이나 기능의 확대와 같은 현상의 원인을 외부환경이 아니라 정부 관료들의 행태에서 찾고자 한 시도로 정부 팽창의 요인을 합리적으로 분석하고 제시했다는 점

---

35) 최광, 황수연, 앞의 논문, 40면.
36) 이영조, 최희경, Niskanen의 관료의 예산극대화 행태모형에 대한 평가, 한국행정논집, 제7권 제1호, 1995. 6, 62-68면.

에서 큰 의의가 있다. 이러한 니스카넨의 관료 행동 모형에 대해 많은 국가에서 실증 연구가 이루어졌다. 한국의 경우, 강윤호(1999)가 1990년대 중앙정부와 일부 지방 정부에서의 예산요구 행태 등을 대상으로 분석한 결과, 중앙정부는 물론 지방 정부 관료들 역시 예산 극대화 행태를 보이는 것으로 나타났다.37)

3. 이익집단의 지대추구

현실적으로 규제입법이 이루어지는 과정에 대한 실증적 연구에 따르면 입법 과정은 이익집단들의 자기이익 추구 행동에 많은 영향을 받는다. 일반적으로 정부는 시민에게 세금을 납부하게 하고, 규제에 따르도록 강제할 수 있기 때문에, 이익집단들은 다른 그룹을 희생시키고 자신들에게 편익을 제공하는 방향으로 정부를 움직이고자 하는 유인을 가진다. 예를 들어 기업들은 더 많은 보조금, 세액공제, 혹은 경쟁자들에 더 많은 비용을 발행시키는 규제를 얻기 위해 노력할 유인을 가진다. 이러한 이익의 이전은 수혜자들에게는 이익(rents)이 되지만 국민 경제 전체적으로 총 산출물에는 아무런 이익이 되지 않는다.

이러한 이익추구로 인한 사회적 손실의 존재는 어느 시장에서든 독점 특권을 부여할 때 사회적 후생이 감소하는 현상으로부터 간단히 이해될 수 있다. 독점으로 감소하는 소비자 잉여의 일부분은 독점이윤의 형태로 생산자에게 이전되지만(Tullock Rectangle), 이는 독점적인 권한을 얻기 위해 소비되는 경우가 다반사이고, 일부분(소위 'Harberger's triangle')은 누구에게도 이전되지 못하고 사장되어 사회적 후생손실(Deadweight loss, dwl)을 발생시킨다.

---

37) 강윤호, 한국 관료의 예산 극대화 행태: '관료제와 대의정부'의 중앙 및 지방정부에의 적용가능성 검정, 지방정부연구, 제3권 제2호, 1999. 12.

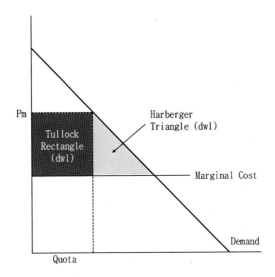

[그림 2] 독점으로 인한 사회적 후생손실

　틸럭은 정부의 규제나 특혜에 의해 인위적으로 독점권이 허용될
경우, 이러한 인위적인 독점권을 획득하기 위해서 이익집단들이 압
력을 가하는데 지출한 비용은 생산 활동을 위한 것이 아니라 비생산
활동인 독점권 획득을 위한 것이기 때문에 사회적으로 낭비라는 점
을 직관적으로 제시했다.[38] 크루거(Anne Kruger)는 틸럭이 제시한 이
러한 종류의 활동을 지대추구 행위(rent-seeking activity)라고 명명하
였다. 크루거에 따르면 지대추구행위는 사회 구성원 각자의 경제적
이익을 증대시키기 위해 정부의 개입이나 중재를 얻어서 다른 사회
구성원으로부터 부의 이전을 꾀하는 사회적으로 낭비적인 활동이다.
크루거는 1970년 인도 경제를 사례로 한 연구를 통해 독점적인 수입
면허를 얻기 위해 사업자들이 지불하는 지대추구 비용의 크기가 전

---

[38] Gordon Tullock, The Welfare Costs of tariffs, monopoly, and theft, *Western Economic Journal*, No. 5, 1967.

체 GNP의 15%에 이른다는 점을 밝혀냈다.[39]

이러한 지대추구 행동은 경제 규제 내용에 영향을 미치게 될 수밖에 없는데,[40] 앞서 살펴본 바와 같이 스티글러는 규제는 자기 소득의 극대화를 추구하는 이익집단들의 수요에 부응해서 공급된다는 가설을 세우고 실증적인 연구를 통해 입증하였다. 의사들이나 제약회사들과 같은 전문가 집단들에 집중된 이익은 정치가들에게 로비할 강력한 유인을 만들어내고, 그에 따라 해당 이익집단에 특히 도움이 되는 방향으로 규제가 만들어진다는 것이다. 이를 스티글러는 규제적 포획(regulatory capture) 상태라고 지칭하였다. 펠츠만(Sam Pelzman)은 스티글러의 기본적 모델에 입각해 실제로 어떤 이익집단들이 규제를 지배하게 되는지를 설명하는 경제학적 모델을 고안해냈고, 결국 규제는 더 강한 선호를 가지고 잘 조직된 이익집단들의 이익을 증진시키는 방향으로 만들어진다는 사실을 밝혀냈다.[41] 즉 규제를 통해서 분산된 이익을 가지는 다수의 구성원으로 구성된 이익집단으로부터 소수의 집중된 이익을 가지는 구성원을 가지는 이익집단으로 부의 이전이 일어나게 되는 것이다.

이러한 이익집단의 지대추구 현상은 초기에는 통상정책, 독과점 정책의 국면에서 논의되었다. 그러나 점차 재분배정책, 보건의료정책, 노인복지 정책 등 사회보장정책에서도 지대추구 현상에 대한 논의가 발전하게 되었다. 이러한 사회보장정책은 사회후생의 총 크기를 증진한다기 보다는 비용부담 계층으로부터 잠재적 수혜자 계층에게 부의 이전이 이루어지도록 함으로써 일종의 초과 이득을 안겨

---

39) Anne Kruger, The political economy of the rent-seeking society, *American Economic Review*, Vol 64, 1974.
40) 허성욱, 경제규제행정법이론과 경제적 효율성, 서울대학교 법학, 제49권 제4호, 2008, 668면.
41) Sam Pelzman, Toward a More General Theory of Regulation, *Journal of Law and Economics*, Vol. 19, August 1976.

주는 제도적 상황을 초래하므로 지대추구 행위를 유발할 수 있다는 것이다.[42]

4. 일반 시민의 합리적 무지

이러한 가운데 일반 시민의 합리적 무지(rational ignorance)는 정부 실패를 부추기는 요인이 된다. 애로우의 제자 다운스(Anthony Downs)는 일반적인 투표자들의 경우 어떠한 대안을 지지할 것인지 결정하는데 필요한 정보를 구하는데 드는 비용은 크지만, 그에 반해 자신의 결정으로 투표나 선거의 결과가 바뀔 것으로 기대할 수 없기 때문에 투표에 참여하지 않거나, 소속 정당에 근거하여 선택하는 등 어떠한 정책 결정에 임할 때 '무지' 상태를 자발적으로 선택한다고 보고, 이것은 투표자 개인에 있어서는 합리적 선택이라는 점에서 '합리적' 무지라 칭하였다.[43]

관료들의 예산극대화, 이익집단의 지대추구 활동에 대해서도 일반 시민은 같은 입장에 있을 가능성이 크다. 일례로 새로운 사업 경비 조달에 있어 조세보다는 공채에 의존하고 사업 기간도 장기를 지향하는 공공사업의 경우 그 소요 비용이 시간적·공간적으로 분산되므로 국민은 자신들의 정확한 부담 규모를 추산하지 못하는 재정착각(fiscal illusion) 상태에 빠지기 쉽다. 정부 관료와 이익집단의 지대추구 활동에 대해 일반 시민이 정보를 수집하여 파악하려면 개인적으로 부담해야 하는 시간과 경비 등이 정보의 파악으로부터 기대되는 사회적 이득보다 너무 크기 때문이다. 그러므로 보통 시민들은

---

42) 박민정, 의료정책변화의 지대추구론적 분석, 한국행정학보, 제40권 제2호, 2006.
43) 앤터니 다운즈(Anthony Downs), 김인권, 안도경 공역, 민주주의 경제학 이론(An Economic Theory of Democracy), 서울: 나남출판, 1997.

그런 정보를 수집하려고 별도의 노력을 기울이지 않게 되고, 개인으로서는 그냥 모르는 체하고 있는 것이 가장 합리적인 선택이 된다.

제 2 항 온실가스 감축과 '정부 실패'에 관한 선행 연구 검토

이상의 연구 결과들을 종합해 보면 정부 실패는 일반적으로 정치인이나 규제기관의 정부 관료들이 선험적으로 존재하는 공익을 추구하는 것이 아니라 각자의 효용 극대화를 추구하는 가운데, 정책 결정 과정에서 이들에게 효율적인 정책을 추구할 유인이 존재하지 않기 때문에 발생한다. 이익집단의 지대추구 유인이 존재하는 상황에서 소규모 집단의 조직화된 로비가 이루어지고, 이러한 이익집단의 요구가 정부 관료와 정치인의 자기 이익과 부합하게 된다면, 일반 시민들이 합리적 무지 상황을 선택한 가운데 이익집단을 시발점으로 하여 정부 실패가 야기되는 메커니즘 역시 상정해 볼 수 있다.

온실가스 감축의 문제 역시 이러한 메커니즘에 따라 정부 실패를 유발할 수 있는 요인이 다수 존재하는 것으로 보인다. 정부 관료에게 효율적인 정책 대안 추구에 관한 유인이 미약한 가운데 기후·에너지 정책을 통해 창출되는 경제적 이익을 독점하거나, 온실가스 배출과 관련해 기존의 시장내 지위를 유지·강화하고자 하는 일부 기업 등이 가지는 지대추구 동기가 강하게 존재하기 때문이다.[44] 실제로 전 세계적으로 온실가스 감축정책의 도입 과정에서 규제의 지연 또는 실패 현상이 종종 나타났으며 그 원인으로 정책 시장 참여자들의 자기 이익 추구 행동에 주목한 연구도 일부 이루어져 왔다.

---

44) David Anthoff & Robert Hahn, Government failure and market failure: on the inefficiency of environmental and energy policy, *Oxford Review of Economic Policy*, Volume 26, Number 2, 2010, 198.

현재 온실가스 감축에 있어 가장 앞선 행보를 보이고 있는 유럽연합 역시 일부 사례 연구에 따르면 배출권거래제(Emissions Trading System, ETS) 시행 초기에는 정보 비대칭성, 작동범위의 불완전성, 집행기관의 무능, 산업계와의 결탁 등으로 인해 배출권거래제가 효율적으로 작동하지 않았으며 감축 효과 역시 미미했다는 지적이 존재한다.[45] EU ETS 1기(2005~2007년)와 2기(2008~2012년)의 배출허용총량은 회원국에 의해 수립된 국가할당계획(National Allocation Plan)에 따라 상향식(Bottom-up)으로 설정되었다. 이때 각 회원국이 추정된 배출량에 기반해 배출권을 할당하면서 EU ETS 1기에는 거래제 참여기업의 배출총량보다도 많은 양의 배출권이 배분되었다. 이러한 사실이 드러난 2007년 9월, 톤당 30유로에 달했던 배출권 가격이 0.2유로까지 하락하는 등 한때 EU 배출권 시장은 붕괴의 위험을 겪었다.[46] 3기부터는 유럽연합 전체의 배출허용총량을 유럽연합 집행위원회에서 결정하는 방식으로 변경하고, 각 회원국의 배출권 할당 규칙 역시 EU ETS 지침(Directive 2009/29/EC)과 집행위원회의 결정(Commission Decision 2011/278/EU)에 따라 결정된 부문별 벤치마크를 기준으로 시행하게 하는 등의 제도 개선을 추진하였다. 유럽연합은 이러한 규정의 제·개정시 다양한 이해관계자와 논의를 진행하고 있으며 그 과정에서 진행된 논의사항을 상세히 기록·공개함으로써 제도 운영과 관련한 불필요한 사회적 비용의 발생을 예방하고, 당초 의도한 바대로 대상 기업의 감축 행동을 유인하고자 노력하고 있다.[47]

---

45) 이정은, 조용성, 이수철, 한국형 온실가스 배출권 거래제도 활성화를 위한 EU 및 일본 사례 비교 연구, 한국기후변화학회지, 제6권 제1호, 2015, 11면.
46) Brian Andrew, Market failure, government failure and externalities in climate change mitigation: The case for a carbon tax, *Public Administration and Development*, December 28, 2008.
47) 손인성, 김동구, 「EU 배출권거래제 4기의 핵심 설계 변화 분석과 국내 배출권거래제 3기에의 시사점」, 에너지경제연구원 (수시연구보고서 20-02),

일본의 배출권거래제에 관한 연구에서도 제도 설계와 관련한 정책 시장 참여자들의 자기 이익 추구는 제도의 성패를 가늠하는 요소로 확인되었다. 일본은 2005년부터 자발적 참여에 기반한 온실가스 배출권거래제도를 운영해왔음에도 교토의정서에 따라 약속한 온실가스 감축에 실패하였다. 이는 온실가스 배출권거래제의 도입과 시행 과정에 드러난 정치적 이해관계의 대립 등이 영향을 미친 것으로 분석된다.48) 미국의 경우 2009년부터 북동부 9개주를 시작으로 지역 단위 배출권거래제가 도입되면서 배출권거래제의 전국적 확대와 관련한 논의가 있어 왔는데, 다양한 이해관계의 대립으로 국가 단위 배출권거래제 도입은 좌절되었다.49)

배출권거래제 뿐만 아니라 화석연료 부과금, 탄소세 등 여타 시장 기반의 온실가스 감축정책의 경우 경제적 효율성 측면에서 단연 효과적이라고 판단되지만, 현실에서는 도입이 좌절되거나, 오랜 논쟁을 겪고 나서야 도입되는 현상이 관찰된다. 그간 이러한 현상에 대해 이루어진 선행 연구에서는 위와 같은 정책 도입 논의 과정에서 정책 시장 참여자들간의 이해관계 대립에 주목하였다.

우선 유럽의 환경정책 도입 과정을 대상으로 분석한 결과에 따르면 피규제자인 사업자는 물론 정부 관료, 환경단체, 시민 등 대부분의 정책 시장 참여자들은 시장 기반 규제가 자기 이익에 부합된다고 인식하지 못하며 이것이 제도 도입 지체를 유발하는 원인이 되어 왔다.50) 미국의 경우 효과적인 온실가스 감축정책 도입에 실패한 이유

2020. 7.

48) Sven Rudolph & Friedrich Schnedier, Political barriers of implementing carbon markets in Japan: A public choice analysis and the empirical evidence before and after the Fukushima nuclear disaster, *Environmental Economics and Policy Studies*, Vol 15, Issue 2, April 2013.

49) Gordon Brady, Climate politics, strategic behaviour, hold-outs, free riders, and rent-seekers, *Economic Affairs*, Vol 31 Issue 2, June 2011, 4-9.

중 하나로 이익집단 정치(interest group politics)의 전통을 지적한 연구,[51] 부시행정부 집권 당시 공화당과 민주당의 기후변화에 대한 인식 격차가 증가하고 있다는 점을 지적하며, 그러한 인식 격차를 극복하는 것이 효과적인 온실가스 감축정책 도입에 중요하다는 점을 보여 주는 연구[52] 등이 존재한다.

한국의 경우 온실가스 감축정책과 관련한 실증 연구의 대부분은 특정 감축 제도와 관련한 문제의 진단과 대안 제시를 중심으로 이루어졌다. 권태형(2015)은 발전차액지원제도(Feed-in Tarrif, FIT)와 공급의무화제도(Renewable Portpolio Standard, RPS) 등 신재생에너지 지원 정책 설계 과정에서 발전사업자와 정부 간의 정보 비대칭 문제, 발전사업자의 지대추구 동기 등을 근거로 정부 실패 가능성을 지적하고 개선 방향을 제시하고자 하였다.[53] 진상현(2019)은 경제 규제가 아닌 환경 규제에서도 규제자가 피규제자에 포획될 수 있으며, 이는 제도의 효율성과 정부 개입의 효과를 반감시킨다는 선행 연구의 결과에 주목했다. 그리고 한국의 배출권거래제를 대상으로 제도 도입 및 설계과정에서 배출권거래제 시행유보, 제도 거래, 주무관청의 변경 등의 현상이 나타났음을 들어 규제적 포획(regulatory capture) 상태가 발생했다고 판단하였다.[54]

---

50) Andrea Kollmann & Friedrich Schneider, Why does environmental policy in representative democracies tend to be inadequte? A preliminary public choice analysis, *Sustainability*, Vol. 2 Issue 2, 2010.

51) Gary Bryner, Failure and opportunity: environmental groups in US climate change policy, *Environmental Politics*, Vol 17 Issue 2, 2008.

52) Riley E. Dunlap & Araon M. McCright, A widening gap: Republicatn and Democratic Views on Climate Change, *Environment: Science and Policy for Sustainable Development*, August 7, 2020.

53) 권태형, 신재생에너지 지원 정책과 지대추구: 국내 발전차액지원제도와 공급의무화제도 사례, 행정논총, 제53권 제2호, 2015. 6 참조.

54) 진상현, 한국 탄소 배출권 거래제의 규제포획에 관한 연구, 환경정책, 제27

　　이러한 선행 연구는 정치인, 정부 관료, 사업자, 환경단체, 시민 등 정책 시장 참여자들의 고유한 선호가 온실가스 감축정책의 도입은 물론이고, 도입 이후 성과를 결정하는 중요한 요인이라는 점을 확인했다는 데 큰 의의가 있다. 또한, 정책 시장 참여자들 각자의 자기 이익 추구가 정책 목표 달성을 촉진하는 방향으로 작동하도록 법·정책을 설계하는 것이 중요하다는 점을 분명히 보여 준다. 그러나 대부분의 연구는 이익집단의 자기 이익 추구로 인한 문제를 드러내는 데 만족한 나머지 대안을 모색하는 것에 인색하거나, 특정 제도와 관련한 대증적인 처방을 내놓는 것에 그칠 수밖에 없었다는 점에서 한계점을 가진다. 또한 개별 정책 단위를 넘어서 온실가스 감축목표의 달성과 관련한 정부 실패 내지는 실패 가능성에 주목한 실증연구는 아직 이루어지지 못한 것으로 판단된다.

권 제1호, 2019. 3 참조.

제 4 절 분석틀(Analysis Framework)의 도출

공공선택이론은 정부 주도로 이루어지는 공공재의 공급, 해로운 외부성(externalities) 문제의 해소를 위한 정책 결정을 사적 재화가 거래되는 시장에서 이루어지는 결정과 유사하게 보고 분석한다. 이 시장에서 공공정책의 수요자들인 일반 투표자들은 선거를 통해 선출된 국회의원과 정치인들이 중위 투표자의 수요에 맞는 정책을 채택하면 이를 그대로 정부 관료들이 집행하고 그 과정을 입법자들이 감시함으로써 수립된 정책이 제대로 이행되기를 기대한다.

그러나 기존의 공공선택이론 연구에 따르면 정책 시장에서 참여자들이 자신의 효용 극대화를 위해 합리적 선택을 추구하는 가운데, 다수의 일반 투표자들은 합리적 무지 상태에 놓이기 쉽고, 정치인들은 득표극대화 동기, 관료들은 조직과 예산 극대화 동기, 이익집단의 지대추구 동기 등에 따라 움직이는 상황이 관찰된다. 이러한 상황에서는 정부의 개입이 오히려 사회적 비효율을 초래하는 정부 실패가 나타나기 쉽다. 이러한 연구를 통해 공공선택이론 연구자들은 시장 실패(market failure)에 대한 교정을 통해 사회 후생을 향상시키는 데 광범위한 정부 개입이 필요하다는 지배적인 견해에 도전하였다. 정부 개입하에서도 외부성, 정보독점 등의 문제는 여전히 발생하였다. 따라서, 외부불경제의 감축과 공공재의 공급에 있어서 후생경제학에서 도출된 효율적 배분의 달성은 기대하기 어려웠다. 공공결정의 승자독식 현상은 문제에서 벗어나는 것을 훨씬 더 어렵게 했다.

온실가스 감축정책과 관련해서도 마찬가지 문제를 확인할 수 있다. 그간의 과학적 연구결과들이 한결같이 빠른 온실가스 감축이 기

후변화로 인한 사회적 비용을 줄이기 위한 가장 합리적인 선택임을
확인하고 있음에도[55] 강력한 감축정책에 대한 다배출업종의 반발,
단기적인 비용 상승에 따른 여론의 악화 등을 지나치게 걱정한 나머
지 최적보다 완화된 수준에서 감축정책이 시행되고 있는 것이다.[56]
그 이면에는 선행 연구에서 일부 확인된 바와 같이 기후·에너지 정
책의 형성 과정에서도 정부 관료의 예산 및 재량극대화 성향, 이익
집단의 지대추구 행위, 정치가의 득표극대화 성향, 일반 시민의 합리
적 무지 등과 같은 요인들이 역할을 했을 것으로 생각된다.

　지금까지 살펴본 정부 실패에 관한 공공선택이론의 기존 연구를
종합해 보면 정부 실패는 정책 추진 단계에 따라 국회 입법 단계에
서의 실패, 행정입법과 집행과정의 실패로 구분해 볼 수 있을 것이
다. 특히 현대 사회에서 이익집단의 지대추구가 활발히 이루어짐에
따라 어느 단계에서 정책이 형성·집행되는지를 불문하고 이익집단
에 의해 입법과 행정의 실패가 촉발되는 현상이 자주 관찰되는 점에
주목한다면 이익집단의 지대추구로 인한 실패는 별도의 유형으로
구분해 살펴 볼 필요가 있다. 이하에서는 온실가스 감축 실패 문제

---

55) Nicolas Stern, The Economics of Climate Change: The Stern Review,
　　Cambridge University Press, January 2007; 채여라, 김용지, 김대수, 앞의 논
　　문 등 참조.
56) 일례로 안정영·오형나(2014)는 영국의 탄소가격하한제(Carbon Price Floor)
　　를 소재로 한 연구를 통해 강력한 온실가스 저감정책이 청정에너지와 기
　　술에 대한 투자 유인에 성공한다면 해당 국가의 산업 부문이 국제시장에
　　서 경쟁력이나 시장점유율 면에서 상대 국가를 능가할 수 있게 된다는 점
　　을 이론적으로 논증했다. 또한 이와 같은 온실가스 저감정책은 상대적으
　　로 제도 시행과 관련한 행정비용이 상당히 큰 만큼 다배출 업종의 반발을
　　고려해 저감 활동에 대한 유인을 훼손하는 정도까지 완화된 형태로 제도
　　가 시행된다면, 의도한 효과에 이르지 못한 채 제도 시행에 따른 비용만
　　유발하게 되는 정부 실패에 이를 수 있다는 점을 지적한 바 있다(안정영,
　　오형나, 환경친화적 에너지 정책과 국제경쟁, 한국환경경제학회 하계학술
　　대회 논문집, 2014).

에 접근하는 데 있어 정치인의 득표극대화 추구로 인한 입법 실패, 관료의 재량극대화 추구로 인한 관료실패, 이익집단의 지대추구로 인한 규제 실패로 구분해 살펴보기로 한다. 일반투표자들의 합리적 무지 현상은 기후변화 이슈와 관련한 정책 결정의 과정에서도 충분히 나타날 수 있는 현상이지만, 본 연구에서 분석 대상으로 삼은 기후·에너지 정책의 조율이 선거의 국면보다는 국회입법과 행정입법, 행정계획 절차를 통해 이루어진다는 점을 고려할 때 정부 실패를 유발하는 주요 요인 중의 하나로 상정하기 어려운 것으로 판단되어 실패 유형의 분류에서는 제외하였다.

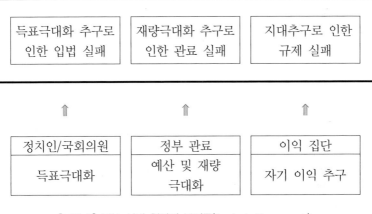

[그림 3] 정부 실패 현상의 분석틀(Analysis Framework)

다음으로 제3장에서는 지금까지 검토한 공공선택이론의 기본 가정과 분석틀을 바탕으로 해외 주요 국가들의 온실가스 감축정책 이행 과정에서 드러난 기후·에너지 정책 간의 조율 실패 사례와 극복 과정을 분석함으로써 이러한 접근 방법이 가지는 유용성을 확인해 보고자 한다. 이후 제4장에서는 해당 분석틀을 활용해 한국의 기후·에너지 정책의 형성 및 집행 과정, 관련 행정 절차 등의 문제를 분석해 보기로 한다.

　이러한 문제점을 살피는 것은 결국 현실의 문제에 대한 구체적인 극복 방안을 도출하기 위함이다. 본 장에서 살펴본 선거와 관료제의 문제, 이익집단의 지대추구 행위에 관한 공공선택이론 관점의 선행 연구는 유럽 주요국가의 기후 및 에너지 법·정책 추진 과정은 물론 이고, 한국의 기후·에너지 정책과 관련한 정부 실패의 양상 분석과 함께 앞으로 기후 및 에너지 법·정책 간의 조율을 강화하고, 개선하기 위한 현실적인 대안을 도출하는 데 중요한 이론적·실증적 기초를 제공한다.

제3장
해외 사례 연구

제 1 절 사례 연구의 개요

제3장에서는 온실가스 감축 성과를 거두어 온 국가들을 중심으로 그간 기후·에너지 정책 추진 사례를 살펴보고자 한다. 특히 에너지 부문의 온실가스 감축에 있어 소기의 성과를 거두고 있는 국가들을 중심으로 어떻게 그러한 감축이 가능했는지, 기후·에너지 정책 시장에서 참여자들의 자기 이익 추구 행동 양상은 어떻게 나타났으며, 그러한 자기 이익 추구 행동을 어떻게 조율했는지 먼저 살펴보고, 그 과정에서 잠시나마 조율 실패의 순간이 있었다면 어떠한 순간이 있었는지, 이를 어떻게 극복하였는지를 중점적으로 탐구해보기로 한다. 이는 한국의 기후 및 에너지 법·정책의 수립과 이행 과정에서 정부 실패의 순간들을 찾아내고, 정책 시장 참여자들의 자기 이익 추구 행동을 분석해 개선 방안을 제안하는 데 있어 활용할 수 있는 실증적 근거가 될 것으로 기대하였다.

사례 연구의 대상으로는 전 세계적인 기후변화 대응 체제로서 유엔기후변화협약의 태동과 발전에 있어 핵심적인 역할을 해온 독일, 영국, 프랑스 등 3개 국가를 선정하였다. 유럽연합은 온실가스 감축과 관련한 최초의 국제적 합의라고 할 수 있는 교토의정서 체제 내에서 의무감축국 가운데 가장 높은 비율의 감축목표를 제시하고 실행에 옮겨 왔으며,[1] 파리협정의 탄생은 물론 탄소중립 정책 목표의 선언 및 이행체계 구축을 선도해 온 지역이다.

제1차 기후변화협약 당사국총회(독일 베를린) 직후인 1996년 유

---

[1] 한국유럽학회, 「온실가스 감축 실천을 위한 EU 등 선진국 사례 연구」, 2009, 14면.

럽연합 이사회(European Council)는 기후변화 또는 인간의 기후 시스템에 대한 개입으로부터의 위험을 방지하기 위해 지구 평균 온도 상승을 산업화 이전 수준보다 2℃ 이하로 제한해야 한다는 목표에 합의하였다.[2] 이후 유럽연합은 부속서 Ⅰ 국가에 구체적인 감축의무를 부여하는 교토의정서에 서명하였고, 국가간 연합을 통해 제1차 공약기간(2008~2012년)에 1990년 대비 8% 감축할 것을 약속하였다. 1998년 6월에는 이러한 공동의 목표를 국가별 감축목표로 전환하기 위한 유럽연합 부담배분협약(Burden-Sharing Agreement)에 합의하였다.[3]

이러한 감축목표의 이행을 위해 유럽연합은 교토의정서 제1차 공약기간(2008~2012년)을 앞둔 지난 2007년 3월 유럽연합 이사회가 '2020 기후·에너지 패키지(2020 Climate & Energy Package)'에 합의한 이래로 꾸준히 기후 정책과 에너지 정책의 조율을 시도해 오고 있다.[4] '2020 기후·에너지 패키지'는 유럽연합 기후 정책과 에너지 정책의 첫 번째 교집합으로 2020년까지 1990년 대비 온실가스 배출량 20% 감축, 재생에너지 비중 20%, 에너지 효율 20% 증가 등을 목표(소위 20-20-20 목표)로 정하였다. IPCC에서 1.5℃ 특별보고서를 발간한 직후인 2018년 11월 유럽연합 집행위원회(European Commission)는 파리협정의 목표 이행을 위해 2050년까지 탄소중립을 달성할 것을 선언하고 유럽 경제 전체의 탈탄소화를 위한 장기전략(Long Term Strategy)을 발표하였다.[5] 2019년 12월 '탄소중립' 비전을 구체화한 '유럽 그

2) European Council, "Communication on Community Strategy on Climate Change (Council Conclusions)"(Press release), 1996.
3) Vanessa Lara De Carvalho AraÚjo Chalmique Chagas, The European Union Bubble: Differentiation in the Assignment of Greenhouse Gas Emission Targets, *Journal of European Integration*, Vol. 25 No. 2, June 2003.
4) European Commission, "2020 climate & energy package," https://ec.europa. eu/clima/policies/strategies/2020_en (최종접속일: 2021. 5. 20).
5) European Commission, "Long Term Strategy",https://ec.europa.eu/clima/ policies/strategies/2050_en (최종접속일: 2019. 11. 21).

린딜(Green Deal)'을 발표한 이래로 2021년에는 2030년 감축목표를 상향하고 이러한 목표 달성을 위한 정책 패키지를 채택하는 등 기후 정책 목표에 따라 유관분야 정책을 조율하기 위한 시도를 강화해 나가고 있다.

[표 2] 유럽연합의 기후·에너지 정책 발전 과정

2020 기후 및 에너지 패키지 (The 2020 Climate and Energy Package)	2020년까지 1990년 대비 20% 감축, 재생에너지 20%, 효율성 20% 상승 목표 ETS 개혁으로 유럽연합 차원의 단일 한도 도입 (2020년까지 2005년 대비 21% 감축) Non-ETS부문의 국가목표/재생에너지 국가 목표 도입
2030 기후에너지 정책 프레임워크 (2030 Framework for Climate and Energy Policies)	2030년까지 1990년 대비 40% 감축, 재생에너지 27%, 효율성 27% 상승 목표 → 2016년 새로운 에너지 패키지를 통해 목표 상향 조정 모든 회원국에 국가 에너지기후계획 제출 의무 부여 재생에너지 확대에 맞춘 유럽 전력시장 규제 개혁(실시간 시장 확대, 시장 통합 가속화)
유럽 그린딜 (Green Deal)	2050년까지 80% 감축목표를 상향해 2050년까지 탄소중립 달성 선언 및 법제화 2030년까지 1990년 대비 최소 55% 감축, NDC 상향 조정 2021년 7월 2030 온실가스 감축목표 달성을 위한 정책 수단 패키지(소위 'Fit for 55') 채택

1970년대부터 월경성 오염(transboundary pollution) 문제가 드러나면서 환경 문제에 대해 국가간 경계를 넘어 공동의 대책 마련이 중요하다는 점에 널리 공감하게 된 점,[6] 유럽 정부가 이익단체의 압력

---

6) 유럽 대륙을 관통하는 라인강, 다뉴브강 등 상류 지역에 위치한 국가에서 흘러 들어간 오염물질로 인해 하류에 있는 다른 나라에 오염을 일으킬 수 있다는 점, 영국의 석탄화력발전소들이 내뿜는 대기오염물질이 스칸디나비아의 숲과 호수를 훼손시키는 산성비의 원인이라는 점 등은 환경문제 해결을 위해 국경을 넘은 국가 간 협력이 중요하다는 점을 일찍이 깨닫게

으로부터 상당히 독립적인 입장을 유지하고 있고, 잘 조직되어 있는 환경단체들의 영향력 아래 환경정치 세력이 단단히 형성되어 있는 점 등은 유럽연합에서 적극적인 온실가스 감축정책 결정을 이끌어 낸 원동력으로 평가된다.[7] 이를 바탕으로 결정된 유럽연합의 기후 및 에너지 법·정책은 유럽연합 회원국 각자가 기후·에너지 법·정책 체계를 구축해 나가는 데 핵심적인 역할을 담당하고 있다. 유럽의 국가들은 전 세계 최초로 기후변화 대응법을 제정한 것으로 알려진 영국(2008년)을 비롯하여, 덴마크(2014년), 핀란드(2015년), 프랑스(2015년), 아일랜드(2015년), 스웨덴(2015년), 네덜란드(2017년), 독일(2019년), 스페인(2020년) 등 많은 국가들이 기후변화 대응을 위한 별도의 법을 제정한 바 있다. 특히 영국, 독일, 프랑스는 모두 유럽연합의 2050 탄소중립 목표 선언 이후 자체적으로도 '2050 탄소중립'을 선언하고 국내법에 반영하였다.[8]

그간의 적극적인 기후 정책 시행 결과로 유럽연합의 연간 온실가스 배출량은 지난 20년간 지속적으로 감소해 2020년 감축목표(1990년 대비 20% 감축)를 초과 달성하는 등 온실가스 감축에 있어 소기의 성과를 거두고 있다. 이미 국내총생산(GDP)과 온실가스 배출량의 탈동조화(decoupling) 현상이 주요 회원국에서 서서히 관찰되고 있다.

하는 계기가 되었다.

7) 정하윤, 유럽연합의 기후변화 리더십에 대한 연구: 이해관계, 아이디어, 그리고 제도를 중심으로, 국제정치논총, 제53집 3호, 2013.

8) European Climate Foundation, 「Climate Law in Europe: Good Practices in Net-Zero Management」, February 2020, 9면.

[표 3] 연구 대상 국가들의 온실가스 배출 추이 (단위: 백만 톤)

국가명	1990년	1995년	2000년	2005년	2010년	2015년	2018년
유럽 연합	5,721.4	5,394.6	5,286.0	5,373.7	4,930.7	4,478.5	4,391.8
		-5.7%	-7.6%	-6.1%	-13.8%	-21.7%	-23.2%
프랑스	553.2	547.5	562.8	567.0	524.2	475.0	462.5
		-1.0%	1.7%	2.5%	-5.2%	-14.1%	-16.4%
독일	1,260.6	1,135.7	1,062	1,015.5	966.3	929	886
		-9.9%	-15.8%	-19.4%	-23.3%	-26.3%	-29.7%
영국	809.7	768.1	742.5	726.6	642.4	541.8	498.8
		-5.1%	-8.3%	-10.3%	-20.7%	-33.1%	-38.4%

출처: 유럽연합 홈페이지에 공개된 자료를 바탕으로 재구성9)

이하에서는 유럽연합 내에서도 이와 같이 온실가스 감축정책에 관한 논의를 이끌어 온 독일, 영국, 프랑스 등 유럽의 주요 국가들을 중심으로 온실가스 감축정책의 발전 경과를 살피고 온실가스 감축 정책과 에너지 정책 간의 조율이 어떻게 이루어져 왔는지, 실패의 순간이 있었다면 무엇이 원인이었는지, 그러한 실패를 어떻게 극복 하고 온실가스 감축을 이루어 왔는지에 관해 탐구해 보기로 한다.

---

9) 국가 간 배출량 산출 기준의 일관성을 유지하기 위해 유럽연합 통계에서 제공한 수치를 바탕으로 작성하였다. 영국의 유럽연합 탈퇴로 2019년부터 유럽연합 온실가스 배출량 통계는 27개 회원국을 기준으로 제공하는 것으로 변경되었다.

제 2 절 독일

제 1 항 온실가스 감축정책의 전개

1. 기후 정책의 태동(1990년대까지)

독일은 유럽연합 최대의 온실가스 배출 국가이다. 독일에서 환경
정치는 1969년 사회민주당이 "루르 지방에 푸른 하늘을(blauer
Himmel auf dem Ruhrgebiet)"이라는 구호를 내걸고 전통적인 공업지
역의 환경개선을 약속하며 집권에 성공하면서 시작되었다. 당시 독
일은 산업화로 인한 환경오염이 심화되면서 환경보호라는 구호가
유권자들에게 효력을 발휘하기 시작하였다. 1971년 환경문제전문위
원회(Sachverstaendigenrat fuer Umweltfragen, SRU)가 설립되었고, 1974
년에는 연방환경청(Das Umweltbundesamt)이 설립되었다.[10] 1980년대
녹색당이 연방의회에 진출하고, 사회민주당, 기독민주당, 자민당 등
주요 정당들도 환경보호 이슈를 더 비중있게 다루기 시작하는 등 환
경정치가 본격화되면서 환경정책은 본격적으로 발전하기 시작했다.
1980년대 신사회운동(New Social Movements)의 한 축을 이루었던
반핵 운동과 체르노빌 원전 사고[11] 등의 영향으로 독일 사회에는 원

---

10) 김미자, 한국과 독일 환경정치의 초기발전과정 비교, 국제정치연구, 제15
   권 제2호, 2012, 153-155면.
11) 1986년 4월 26일 새벽 1시 23분 우크라이나 프리퍄트강 주변의 체르노빌
   에 있는 원자력발전기중 제4호기에서 원자로 과열로 인한 폭발이 일어났
   다. 국제원자력기구(IAEA)에 따르면 이 사고로 인해 벨라루스, 러시아 및
   우크라이나의 약 15만 ㎢에 이르는 지역이 방사능으로 오염되었으며, 반
   경 30㎞ 이내의 지역이 출입통제지역으로 선언되었고, 약 30만 명에 이르

자력발전에 대한 비판적인 인식이 강하게 자리 잡았고 에너지 정책의 친환경성 강화에 대한 요구가 높았다. 핵폐기물 재처리시설 건설포기(1989년), 고속증식로 건설 포기(1991년) 결정이 이루어 지면서 대안 에너지원으로 재생가능에너지에 대한 사회적 관심이 부쩍 높아졌다.12) 이러한 가운데 헬무트 콜(Helmut Kohl) 총리가 이끌었던 독일 정부는 1990년 1월 독일의 국가 온실가스 배출량을 2005년까지 1990년 대비 25% 감축한다는 목표를 처음으로 설정했다. 이를 뒷받침하는 정책 수단으로 재생에너지 확대를 위해 전력회사에 재생가능에너지에 의해 생산된 전기를 최종소비자 가격의 65~80%에 해당하는 고정가격으로 구매할 의무를 부과하는 것을 주요 내용으로 하는 전력매입법을 제정하였다.13) 이후 1990년대 중반까지는 급격한 통일 과정과 동독 지역 재건 문제로 기후변화에 대한 사회정치적 관심이 약화된 것처럼 보이기도 하지만, 지속적인 탈핵운동의 영향으로 재생에너지 확대에 대한 관심은 계속 유지되었다.

이러한 온실가스 감축정책의 도입에 대해서는 이를 새로운 규제로 여긴 산업계의 반발이 컸다. 독일 산업연합(Bundesverband der Deutschen Industrie, BDI) 산하 전력회사들을 포함한 대다수 산업협회는 온실가스 배출에 대한 규제 도입 시도를 비판하며 정부에 자발적인 협약 제도를 통한 감축을 제안하였다. 1995년 제1차 기후변화협약 당사국총회(독일 베를린)를 앞두고서는 "독일의 환경적 리더십을

는 이주민이 발생하였다. 지금까지도 주변지역 주민 약 700만 명이 사고로 인한 보상이나 지원을 받고 있을 정도로 많은 피해가 발생한 기록적인 원전사고이다(The Chernobyl Forum, 「Chernobyl's Legacy: Health, Environmental and Economic Impacts」, March 2006).

12) 윤순진, 영국와 독일의 기후변화정책, ECO, 제11권 제1호, 2007, 77면.

13) 이를 통해 풍력발전의 경쟁력이 급격히 향상되어 1991~2000년 설치용량이 100배가량 증가한 것으로 나타났다(이필렬, 「독일의 재생가능에너지」, FES-Information Series, 2003).

보여주기 위해 산업계가 자발적인 감축목표를 설정한다'라는 내용
으로 정부와 협약을 체결하기도 했다. 이들은 새로운 규제의 도입을
저지하기 위해 자발적 감축 의무 부담에 오히려 적극적으로 나섰다.
이듬해인 1996년에는 보다 강화된 감축 목표의 설정과 독립적인 모
니터링을 주내용으로 개정된 협약에 BDI의 35개 회원협회 중 14개
산업협회(전체 산업배출의 70% 이상)가 참여해 2005년까지 탄소 배
출을 20% 감축하겠다고 선언했다.[14]

2. 온실가스 감축정책의 본격적인 도입(2000년대)

1998년 사회민주당과 녹색당의 연정에 바탕을 두고 탄생한 새 정
부는 '생태적 근대화(ecological modernization)'를 이념적 기초로 내세
웠다. 생태적 근대화란 정치·경제·사회·문화를 환경 중심으로 근대
화시킴으로써 환경문제 해결이 가능하다고 보는 개념으로, 자본주
의적 경제구조 안에서 환경을 배려하고 강력한 내부화 조치를 취함
으로써 환경 개선과 경제성장을 동시에 이룰 수 있다고 보는 입장이
다.[15] 이에 따라 환경문제 해결에 방점을 두고 에너지 부문을 대대
적으로 개혁하고자 하였고, 원자력발전의 점진적 퇴출을 정책 방향
으로 정하게 되었다.

또한, 1998년 6월 유럽연합 부담배분협약(Burden-Sharing Agreement)
에 합의하게 되면서 독일은 제1차 공약 기간에 온실가스 배출을
1990년 대비 21%까지 감축하기로 하였다.[16] 이로써 독일은 국제사회

---

14) 윤순진, 앞의 논문(2007년), 65면.
15) 김이진, 이상엽, 「신기후체제 시대 기후변화 대응정책 추진체계 연구」, 한
    국환경정책·평가연구원 (정책보고서 2016-12), 2016, 70면.
16) EU Commission, 「Preparing for implementation of the Kyoto Protocol」,
    Commission Communication to the Council and the Parliament, May 19,
    1999, Annex 1.

에 온실가스 감축의무 부담을 처음으로 공약하게 되었다. 새로운 정
책 목표의 등장은 에너지효율 향상과 재생에너지 확대를 기조로 추
진해오던 에너지 정책 변화를 더욱 가속화하는 계기가 되었다. 독일
정부는 1999년 환경세 부과를 통해 에너지 사용에 따른 환경영향을
에너지 가격에 반영해 소비감축을 도모하는 동시에 고용주는 물론
근로자의 연금보험부담을 감면해주는 형태의 생태적 세제개혁[17]을
단행한 데 이어, 2000년에는 '기후보호 프로그램(National Climate
Protection Program)'이라는 국가 차원의 기후정책계획을 최초로 도입
하였다.

  '기후보호 프로그램'은 2020년까지 1990년 대비 21% 감축이라는
국가 온실가스 감축목표의 달성을 위해 에너지효율의 두 배 향상,
발전설비 현대화, 분산형 전원 및 고효율 열병합발전 보급 확대 등
을 추진하는 한편, 재생에너지 발전 비중을 2010년까지 12.5%, 2020
년까지 20% 이상 달성하겠다는 등 에너지 부문의 변화를 주요 정책
목표로 설정하였다. 이는 재생에너지법(Erneuerbare-Energien- Gesetz,
EEG), 열병합발전법(Kraft-Wärme-Kopplungsgesetz, KWKG), 재생에너
지열법(Erneuerbare-Energien-Wärmegesetz, EEWrmeG) 등 개별 에너지
원 촉진을 위한 관련법의 제정으로 이어졌다. 특히 원자력을 대체할
수 있는 재생에너지원의 확대를 위해 제정된 재생에너지법은 태양
광, 풍력 등 재생에너지원으로부터 생산된 전력을 우선 매입하도록
하고 20년간 일정 수준의 최소매입가격을 보장함으로써 재생에너지
에 대한 안정적인 투자 환경을 조성하였다.[18] 산업계와의 자발적 협

---

17) 시장가격에 생태계에 가하는 손상을 회복하는 데 들어가는 비용 만큼의
    환경세를 부과해 환경친화적인 행위를 유도함으로써 환경을 보전할 뿐
    아니라 세수 중립적 접근을 통해 늘어난 환경세 만큼 고용 부문의 세금을
    감면해줌으로써 고용 창출 효과까지도 유발할 수 있다는 이중배당가설
    (double-dividend hypothesis)에 기초를 둔 제도이다(윤순진, 앞의 논문(2007
    년), 64-65면).

약은 여전히 주요 정책 수단이었다. 2000년 11월 BDI 산하 19개 산업
협회(전체 산업배출의 약 80%)는 교토의정서 제1차 공약기간내 이산
화탄소 28% 감축 및 기타 온실가스 25% 감축이라는 새로운 목표를
담은 자발적 협약을 정부와 체결하였다.[19]

   이와 같은 기후·에너지 정책은 2005년 조기 총선을 통해 등장한
메르켈(Angela Merkel) 총리를 필두로 구성된 새로운 연방정부하에서
도 지속되었다.[20] 새 정부는 2007년 8월 발표한 '통합 에너지·기후
프로그램(Integrated Energy and Climate Program)'을 통해 유럽연합 감
축목표보다 한 단계 더 강화된 국가 감축목표(2020년까지 40% 감축)
를 제시하고, 에너지효율 향상, 재생에너지 확대, 수송 부문 개혁 등
을 골자로 하는 구체적인 조치 계획을 발표하였다. 이와 같은 일련의
과정을 통해 독일은 에너지 이용의 경제성, 에너지 공급의 안정성 외
에도 환경친화적 이용을 에너지 정책의 주요 목표로 정하고 기존의
에너지 생산 및 소비 시스템의 전면적인 변화를 추진하게 되었다.[21]

3. 에너지 전환 정책(Energiewende)의 추진(2010년대)

   2010년 9월 발표한 '에너지 구상(Energie Konzept)'에서 독일 연방
정부는 기존의 2020년 온실가스 감축목표를 재확인하면서 2050년까
지 80~95% 감축한다는 장기 감축목표를 추가로 정하였다. 이를 뒷

---

18) 한귀현, 신재생에너지법제의 최근 동향과 그 시사점, 공법학회연구, 제11
    권 제2호, 2010, 447면; 오성은, 독일 재생에너지법제의 최근 동향: 2012년 재
    생에너지법(EEG)을 중심으로, 경제규제와 법, 제6권 제2호, 2013. 11. 183면.
19) 윤순진, 앞의 논문(2007년), 66면.
20) 제베린 피셔, 잔드라 베트게, 「독일의 에너지 정책 : 친환경 산업 정책과
    실용주의 기후 정책 사이에서」, FES Information Series, 2011, 8면.
21) 주인석, 독일의 '에너지 전환(Energiewende)' 정책과 연방-주정부 간 협력과
    갈등, 국제정치연구, 제19집 제2호, 2016. 12, 45면.

받침하는 에너지 정책 목표로 에너지 효율 향상을 통해 1차 에너지 소비를 2020년까지 20%, 2050년까지 50% 감소시키고, 재생에너지를 중점 육성해 전체 전력 생산에서의 비중을 2020년 35%, 2050년 80% 까지 증가시킨다는 목표를 설정하였다. 이러한 정책 목표는 기존의 유럽연합 합의를 훨씬 앞서는 의욕적인 수준이었다. [22]

에너지 구상을 발표할 당시 독일 정부는 재생에너지로 넘어가는 과도기 기술로 원자력의 사용을 천명하고 기존 원전의 수명연장을 결정하기도 하였다. 그러나 2011년 3월 11일 발생한 후쿠시마 원전 사고를 계기로 독일 정부는 이러한 수명 연장 결정을 철회하고 2022 년까지 모든 원전을 폐쇄하기로 결정했으며, 원자력에서 재생에너지로 에너지 전환을 가속화하기 위한 조치들을 담은 '에너지 패키지' 를 같은 해 발표하였다. 에너지 패키지는 원자력법(AtG), 전력망확대촉진법(NABEG), 재생에너지법(EEG), 에너지산업법(EnWG), 에너지기후변화기금법(EKFG), 기후목표와 양립가능한 도시·지방 개발강화법 등 6개 법과 해상풍력에 관한 1개의 강령으로 구성되었다.[23]

파리협정을 앞둔 2014년에는 2020년 감축목표 달성을 위한 부문별 정책과 조치를 담은 '2020 기후행동 프로그램(Climate Action Programme 2020)'을 수립하였다. 기후행동 프로그램은 연방환경부(Bundesministerium fuer Umwelt, Naturschutz und Reaktorsicherheit, BMU)에 의해 작성되었으며, 2020년 온실가스 감축목표 달성을 위해 100여 개에 달하는 정책 조치를 담았다.[24]

---

22) 정연미, 독일 에너지 정책 패러다임의 변화, 경상논총, 제34권 4호, 2016. 12, 213면
23) 주인석, 앞의 논문, 46면.
24) 김이진, 이상엽, 앞의 보고서, 75-78면.

[표 4] 독일의 에너지 패키지(2011년) 주요 내용

원자력법	2022년까지 모든 원전을 단계적으로 폐쇄, 이에 따른 보상금을 연방정부가 부담
전력망확대촉진법	재생에너지 발전설비가 밀집한 북부 지역과 산업시설이 밀집한 남부 지역간 전력망 연계 및 확대
재생에너지법	풍력, 지열, 바이오매스 등의 재생에너지에 대한 FIT 지원금을 인상
에너지산업법	송전시스템의 세분화, 전력망 운영사업자가 전력망 구축 공동구축 의무 부여
에너지기후변화기금법	원자력 폐지, 환경친화적 에너지 공급, 기후 및 환경 보호 관련 글로벌 프로젝트, 전기차 개발에 대한 지원
기후목표와 양립 가능한 도시·지방 개발강화법	도시 및 지역 공동체에서 신재생에너지와 열병합발전의 사용 확대
해상풍력 발전설비 강령	해상풍력 프로젝트의 승인 절차의 간소화 및 신속한 진행 도모

출처: 송용주, 「독일 에너지전환 정책의 추이와 시사점」, KERI Brief 16-4, 한국경제연구원, 2016. 3. 22, 7면

4. 탄소중립 목표의 법제화

2015년 파리협정을 앞두고 개최된 G7 정상회의에서 메르켈 총리가 금세기 말까지 G7 국가가 앞장서서 의욕적인 탈탄소화 전략을 제시하겠다고 선언하면서, 독일은 다시 한번 전 세계적인 기후 리더십을 발휘하고자 하였다. 그러나 당시 독일내에서는 2020년 감축목표 달성이 어려울 것이라는 예측이 나오면서, 온실가스 감축정책의 실패 요인을 진단하고 보완해야 한다는 비판이 제기되고 있었다. 독일 정부는 이러한 비판에 대응하여 2016년 보다 적극적인 감축 계획을 담은 '기후행동계획 2050(Climate Action Plan 2050)'을 발표했다.

기후행동계획에서 제안한 바에 따라 독일 정부는 2019년 10월 내

각 회의에서 '기후보호 프로그램 2030(Climate Action Programme 2030)'
을 의결하는 한편 같은 해 12월 연방기후보호법(Bundes-Klima-
schutzgesetz)을 제정하였다. 연방기후보호법은 영국의 기후변화법과
같이 독일의 기후변화 대응 전략을 담은 독일 최초의 연방법이다.
제1조(법의 목적)에서 지구의 평균 온도상승을 산업혁명 이전보다
2℃ 이하로 유지하고, 가능하다면 1.5℃까지 제한하기로 한 파리협정
의 합의를 기반으로 함을 명시하고 있다. 독일은 연방기후보호법 제
정을 통해 2050년까지 탄소중립 목표를 법제화하고 '기후보호 프로
그램 2030'의 이행을 위한 법적 근거를 마련하였다.[25] 그럼에도 불구
하고 2021년 4월 29일 독일 연방헌법재판소는 연방기후보호법에 담
긴 감축목표와 관련 규정에 따르면 2030년 이후로 감축 부담을 과도
하게 미루는 결과를 가져오게 되어 독일기본법 제20a조와 제2조 제1
항이 보장하는 미래 세대의 일반적 자유권(intertemporal freedom
protection)을 포괄적으로 침해해 헌법에 위반되므로 입법자가 2022
년 12월 31일까지 해당 조항의 위헌성을 개선하도록 결정하였다.[26]
그 직후인 2021년 5월 5일 독일 정부는 2030년 감축목표를 1990년 대
비 55%에서 65%까지 상향 조정하고, 탄소중립 목표의 달성 시기도
2050년에서 2045년으로 5년 앞당길 것을 약속하였다. 그에 따라 2021
년 8월 개정된 탄소중립기본법에는 2040년 감축목표는 물론이고 연
도별 감축목표가 명시되었으며(제3조 제1항, 부칙3), 그에 맞추어 강
화된 부문별 감축목표가 제시되었다(부칙2).
 특히 2021년에는 "파리협정의 1.5℃ 목표 달성을 위해 요구되는
기후 친화적인 삶의 방식, 기업활동의 경로를 설계하는 것"을 목표
로 기후시민의회(Bürgerrat Klima)가 구성되었다. 기후시민의회는 추
첨을 통해 선발된 14,000명의 시민 중 참여의사를 밝힌 600명 중 대

---

25) 한국법제연구원, 「독일 연방기후보호법과 그 입법이유서」, 2020 참고.
26) 1 BvR 2656/18, 1 BvR 96/20, 1 BvR 78/20, 1 BvR 288/20, 1 BvR 78/20

표성을 감안해서 선정한 160명으로 구성되어 2020년 12월 발족하였
으며 기후목표의 이행을 위한 구체적인 정책제안을 논의하였다.[27]
2021년 가을 이루어진 총선에서는 2030년 탈석탄과 재생에너지 보급
확대를 중심으로 더욱 강화된 기후대응을 공약한 녹색당이 3위로 약
진하였고, 새 내각의 구성에 참여하게 되었다. 이러한 사회적 논의와
지지를 바탕으로 앞으로 독일의 탄소중립 정책은 더욱 대담하면서
도 구체적인 형태로 전개되어갈 것으로 보인다.

제 2 항 기후·에너지 정책 조율 실패와 극복

1. 실패 사례

가. 독일의 2020년 국가 온실가스 감축목표

1986년 발생한 체르노빌 사고는 일상 속에 자리한 환경 위험에
대한 경각심을 한 단계 더 높이면서 기후변화에 대한 관심과 새로운
에너지원으로의 전환 정책에 대한 지지를 확보하는 계기가 되었다.
체르노빌 사고 이듬해인 1987년 독일 연방의회는 지구 대기를 보호
하는 예방적 수단에 대한 앙케트위원회(Enquete Commission on
Preventive Measures to Protect the Earth's Atmosphere, 소위 '기후 앙케
트위원회')를 설치했다. 위원회는 온실가스 배출과 오존층 감소에 대
한 체계적 대응 필요성을 제기하고 이산화탄소 배출량을 1990년 대
비 2005년까지 30%, 2050년까지 80% 감축할 것을 권고하였다.[28] 이

---

27) Bürgerrat Klima, "The Citizen Assembly on Climate", https://buergerrat-klima.de
(최종접속일: 2022. 8. 8.)
28) 안영진, 독일의 기후변화에 대응한 에너지 정책에 관한 고찰(I), 한국경제
지리학회지, 제16권 제1호, 2013, 143면.

러한 권고와 함께 IPCC의 제1차 평가보고서(AR1)에 제시된 과학적 근거를 바탕으로 독일 정부는 1990년 최초의 국가 온실가스 감축목표를 설정하기에 이르렀다.[29] 그러나 당시에는 이러한 감축목표의 이행을 담보하기 위한 법제화는 물론이고, 정책적 후속 조치들조차 제대로 이루어지지 않았다.

독일에서 국가 온실가스 감축목표가 중요한 정책 목표로 대두된 것은 1998년 6월 교토의정서 이행을 위한 유럽연합 차원의 목표에 합의한 이후로 생각된다. 유럽연합 부담배분조약에서 높은 수준의 감축목표에 합의한 이래로 독일은 기존의 유럽연합 목표 보다 강화된 감축목표를 한발 앞서 선언함으로써 유럽연합의 기후 대응을 촉진하는데 큰 역할을 수행해왔다. 2007년 유럽연합 '2020 기후·에너지 패키지'에서 내세운 감축목표(2020년까지 20% 감축)를 훨씬 상회하는 40% 감축을 공약한 것이 그 대표적인 사례이다. 그리고 이러한 대외적인 행동은 국가 온실가스 감축목표의 국내적 이행을 촉진하는데 중요한 역할을 하였다. 2020년 국가 온실가스 감축목표는 비록 법적 근거를 갖지는 않았지만 2010년 에너지 구상, 2011년 에너지 패키지에서 재확인되면서 독일 에너지 전환 정책의 핵심적인 정책 목표로 자리매김하였다.

나. 2020년 감축목표와 에너지 정책과의 조율 실패

에너지 전환 정책이 본격화하기 시작한 2013년 기독민주당과 사회민주당 연합정부는 "(2020년 감축목표뿐만 아니라) 2050년까지 1990년 대비 80~95% 감축이라는 목표 이행을 위한 구체적인 감축계획을 정하고, 광범위한 사회적 대화를 통해 목표 달성을 위한 구체적인 수단을 고안해 낼 것"이라며 온실가스 감축 계획의 필요성에

---

29) 김이진, 이상엽, 앞의 보고서, 69-70면.

대해 합의하였다.30) 그러나 이러한 공약에도 불구하고 구체적인 감축계획의 도출은 빠르게 이루어지지 못하였다. 2020년까지 40% 감축이라는 목표는 결코 가벼운 과제가 아니었으며 파리협정을 전후해 독일이 결코 그 목표를 이행하지 못할 것이라는 관측이 나오고 있었다.

2015년 11월 발간된 제4차 모니터링 보고서(Monitoring report)에서 연방경제·에너지부(Bundesministerium für Wirtschaft und Energie, BMWi)31)는 경제성장에도 불구하고, 2014년 에너지 소비량은 1990년 이래로 가장 낮은 수준을 기록했고, 온실가스 배출량 역시 1990년 대비 27% 감소했으며, 최종 전력 소비에서 재생에너지가 차지하는 비중이 27.4%로 증가하고 화석연료 수입이 감소하는 등 에너지 전환(Energiewende) 정책이 소기의 성과를 거두고 있다고 평가하였다.32) 그러나 모니터링 보고서에 첨부된 전문가 의견서에서 네 명의 전문가들은 한목소리로 그간 연방정부가 취해 온 조치들이 일정 부분 효과를 거두고 있는 것은 사실이지만 2020년 감축목표를 달성하기 위해서는 5년 동안 1억 7천만 톤을 감축해야 한다는 점을 고려한다면 지금까지와 같은 조치만으로는 목표 달성에 실패하고 말 것이라는 전망을 내놓았다.33) 이를 두고 녹색당에서는 독일은 이제 법적 구속

---

30) BMU, 「Climate Action Plan」, 2016.
31) 과거 경제·기술부로 에너지 수급만을 살폈으나, 에너지 전환 정책을 본격적으로 시행하면서 2013년부터 경제·에너지부로 명칭이 변경되었고, 재생에너지, 에너지효율 업무까지 통합해 에너지 정책을 총괄하게 되었다.
32) BMWi, 「Vierter Monitoring-Bericht "Energie der Zukunft"」, 2015; BMWi, "Gabriel zieht Bilanz zur Energiewende und bringt Energieeffizienzstrategie Gebäude auf den Weg" (Press release), November 18, 2015.
33) Expertenkommission zum Monitoring-Prozess "Energie der Zukunft" Einleitung, 「Stellungnahme zum vierten Monitoring-Bericht der Bundesregierung für das Berichtsjahr 2014」, November 18, 2015, https://www.bmwi.de/Redaktion/DE/Downloads/M-O/monitoringbericht-energie-der-zukunft-stellungnahme-2014.h

력을 갖춘 온실가스 감축목표를 수립하고 신중하게 '탈석탄' 계획을 내놓아야 할 필요가 있다고 주장했다.[34]

연방환경부(BMU) 역시 온실가스 감축목표 달성을 위해서는 빠른 탈석탄 계획이 필요하다는 입장을 밝혔다. 연방환경부(BMU)는 대외적으로 기후협상을 이끄는 역할을 해 오고 있었던 만큼, 2020년 감축목표 달성 실패가 국제기후협상 과정에서 고수해 온 환경선진국 독일의 명성에 오점을 남기게 될 것이란 점을 우려했다. 당시는 2017년 11월 독일에서 개최될 제23차 기후변화협약 당사국총회를 앞두고 전 세계적으로 독일의 기후정책 성과에 대한 관심이 특별히 더 높은 상황이었다.[35] 연방환경부 장관은 2020년 온실가스 감축목표 달성이 꼭 필요하며, 이를 위해 빠른 탈석탄이 필요하다는 의견을 다음과 같이 수차례 공개적으로 피력했다: "독일은 25년 내 갈탄발전을 멈추어야 한다. 어떠한 큰 사회구조 변화 없이도 2040년까지 갈탄발전에서 탈출할 수 있다고 생각한다. 독일의 기후 정책 목표는 독일이 늦어도 2050년까지는 에너지 생산에 있어 온실가스 배출을 제로화해야 할 것을 촉구한다."[36] 비록 2015년까지 재생에너지 비중이 꾸준히 증가해 전력 생산의 30% 이상을 차지하게 되었지만 에너

tml (최종접속일: 2021. 6. 8.).

34) Clean Energy Wire, "Energiewende climate targets in "serious danger" - govt advisors", November 18, 2015, https://www.cleanenergywire.org/news/energiewende-climate-targets- serious-danger-govt-advisors (최종접속일: 2021. 6. 8.).

35) Clean Energy Wire, "Ministry projections highlight risk of Germany missing emissions goal", October 7, 2016, https://www.cleanenergywire.org/news/ministry-projections-highlight-risk-germany-missing-emissions-goal, (최종접속일: 2021. 8. 10.)

36) RP Online, "Wir brauchen eine andere Stadtplanung" (Interview with Barbara Hendricks), December 24, 2015. https://rp-online.de/politik/deutschland/barbara-hendricks-spd-wir-brauchen-eine-andere-stadtplanung_aid-17551363, (최종접속일: 2021. 8. 10.)

지 부문의 배출량은 2000년대 들어 계속 정체 현상을 보였고 일부 연도에는 증가하기도 했다. 당시 연방환경부(BMU)는 현 추세대로라 면 2020년까지 32% 감축에 그칠 것이고 2020년 감축목표 달성에 실 패할 수밖에 없다는 예측을 내놓기도 했다.37)

이러한 연방환경부(BMU)의 주장은 2022년 탈원전 시점을 앞두고 에너지 수급에 대해 심각한 우려를 안고 있던 연방경제·에너지부 (BMWi) 등 관련 부처와 갈탄 광산이 위치한 지역의 주정부, 노동조합 의 강한 반대에 부딪혔다. 그럼에도 2016년 5월 연방환경부(BMU)가 공개한 '기후행동계획(Climate Action Plan 2050)' 초안은 2050년 감축 목표에 맞추어 2030년까지 부문별로 달성해야 할 연간 감축목표를 규정해야 한다고 권고했고, 2050년보다 훨씬 앞선 시점에 석탄발전 을 반드시 퇴출해야 한다는 점을 명시했으며, 이를 위해 2017년 하 반기 전에 다양한 배경의 이해관계자 그룹이 참여하는 위원회를 구 성해 결론을 내자고 제안하였다.38)

당시 추가적인 감축 부담을 피하고 싶었던 산업계는 독일의 경제 성장과 무역경쟁력을 해칠 수 있다는 점을 근거로 부문별 감축목표 를 설정하자는 주장에 강하게 반대 입장을 표명하였으며, 연방경제· 에너지부(BMWi) 역시 에너지, 산업, 건물, 수송 등 부문별 감축목표 설정과 석탄발전 종료연도 설정 권고 의견을 삭제할 것을 주장하였 다.39) 당시 연방경제·에너지부(BMWi)가 제안한 수정안의 주요 내용 에 대한 언론보도에 따르면 초안에서 에너지 부문이 온실가스 감축

37) Clean Energy Wire, "Germany set to widely miss climate targets, env ministry warns", October 11, 2017

38) Reuters, "Germany to exit coal power 'well before 2050' : draft document", May 4, 2016.

39) Clean Energy Wire, "Ministry avoids concrete targets weekened climate action plan", https://www.cleanenergywire.org/news/government-avoids-concrete-targets-weakened-climate-action-plan September 8, 2016 (최종접속일: 2021. 7. 29.).

에 있어 "상당한(considerable)" 기여를 해야 한다고 서술했던 부분은
"적절한(adequate)"으로 바뀌어 있었고, 석탄발전은 "2050년보다 훨씬
앞선 시점에 종료해야(must end well before 2050)"라고 강조한 부분은
"석탄발전의 중요성은 감소할 것(the importance of power production
from coal will decrease)"이고, "단계적으로 감축(step-by-step reduction)"
해야 한다는 것으로 변경되었다.

결국 2016년 9월 정부 내 협의를 거쳐 공개된 '기후행동계획'40)
최종안에는 언론에 보도된 바와 마찬가지로 부문별 감축목표 규정,
석탄발전 퇴출 시한에 대한 의견이 삭제된 상태였으며, 탈석탄 계획
도출을 위한 위원회 구성에 관한 제안으로 대체되었다. 이에 대해
많은 환경단체가 기후 보호와 관련한 기존 계획의 장점들이 대폭 희
석되었으며 온실가스 감축목표 달성 가능성을 낮추었다는 점을 지
적하며 비난하였다41)

이후 총리실(Bundeskanzleramt)의 조정을 거치는 과정에서도 연방
환경부(BMU)와 연방경제·에너지부(BMWi)는 기존의 입장을 고수하며
대립하였다. 당시 가브리엘(Sigmar Gabriel) 연방경제·에너지부(BMWi)
장관은 "갈탄광산 노동자들에 대한 일자리 대안이 존재하지 않는 한
탈석탄 연도를 정할 수 없다"라면서 강경한 입장을 펼친 것으로 알
려졌다. 이러한 가운데 10월 19일에는 연방하원의회(Bundesdag)에서

---

40) BMU, "Climate Action Plan 2050 – Germany's long-term low greenhouse gas
emission development strategy", https://www.bmu.de/en/download/climate-action-
plan-2050/ (최종접속일: 2021. 7. 31.).

41) Diete Rucht, "Der Beteiligungsprozess am Klimaschutzplan 2050: Analyse und
Bewertung", September 2016, https://www.greenpeace.de/sites/www.greenpeace.de/
files/publications/20160922_klima-gutachten_web.pdf; "Greenpeace: Klimaschutzplan
2050 kein Wunschkonzert der Wirtschaftslobby"(Press release), September
24, 2016. https://www.greenpeace.de/presse/presseerklaerungen/greenp eace-
klimaschutzplan-2050-kein-wunschkonzert-der-wirtschaftslobby (최종접속일:
2021. 6. 13.).

공청회가 개최되었다.

이 과정에서 연방환경부(BMU)가 기존의 입장을 관철시키는데 일부 성공했던 정황도 관찰된다. 11월초 언론에 유출된 계획안에 따르면 부처간 협의에서 삭제되었던 구절들이 다시 부활해 새로운 석탄발전과 석탄광산 허가를 금지하고, EU ETS에 탄소하한가격을 도입하도록 독일 정부가 영향력을 행사할 것을 촉구하는 내용이 들어가 있었다.[42] 이러한 언론 보도에 대해 연방경제·에너지부(BMWi) 장관은 "갈탄은 2040년 이후에도 계속될 것"이며 새로운 기후행동계획이 어떠한 탈석탄 시한도 정해서는 안된다고 거듭 거부의사를 공개적으로 표명했고, 광산 노조(IG BCE)[43], 산업협회(BDI) 등은 이러한 입장을 지지하고 나섰다.[44]

결국 11월 14일 기독민주당·기독민주연합·사회민주당 연합 내각이 승인한 최종안에는 탈석탄 연도가 포함되지 않았으며, 탈석탄계획 도출을 위한 사회적 대화기구로서 다자간 협의체의 발족을 제안하는 내용으로 다시 후퇴하였다.[45] 부문별 감축목표 설정 계획 역시 포함되지 않았다

이러한 의사결정은 당시 갈탄 산업과 관련한 강력한 이해관계를 지닌 일부 집단의 이익 추구가 정책 결정에서 중요한 권한을 지닌 정치세력과 정부 관료의 정치적 이익과 결합해 이루어진 결과로 보

---

42) Clean Energy Wire, "Lignite: The endgame has begun", November 7, 2016, https://www.cleanenergywire.org/news/firms-call-ambitious-climate-plan-unions-push-e-mobility/lignite-endgame-has-begun (최종접속일: 2021. 8. 4.).

43) IG Bergbau, Chemie, Energi German. 독일의 8개 산업노조 중 하나로 1997년 화학, 제지, 피혁 노조와 광산 및 에너지 노조가 통합하여 탄생하였다 (IG BCE 홈페이지, https://igbce.de/igbce 참조).

44) Reuters, "German economy minister blocks agreement on climate change plan". November 10, 2016.

45) Clean Energy Wire, "Reactions to Germany's Climate Action Plan 2050," November 14, 2016.

인다. 이러한 점 때문에 기후행동계획의 수립에도 불구하고 독일은 2020년 감축목표를 지킬 수 없을 것이란 예측이 지배적이었으며, 결국 2019년 제정된 연방기후보호법에는 2020년 목표가 1990년 대비 35% 감축으로 반영되었다. 온실가스 감축정책 결정 과정에서 에너지 정책과의 조율 실패로 인하여 2020년 감축목표가 결국 후퇴하게 된 것이다.

2. 정책 시장 참여자들의 견해 대립

당시 대부분의 독일 국민은 기후변화에 대한 적극적인 대응을 위해 탈석탄을 지지하는 입장을 취하고 있었다. 관련한 여론조사 결과에 따르면 67%가 탈석탄을 지지하고 있었고, 48%는 당장이 아니더라도 가까운 미래에(mid-term), 19%는 당장 탈석탄을 해야 한다고 응답하였다. 오직 21%만이 미래 전력 수급의 안정을 위해서 석탄발전이 필요하다고 응답하였다. 석탄 광산의 계속적인 운영에 대한 조사에서도 독일 전역에서 참여한 응답자 1천여명 중 3분의 2는 새로운 갈탄광산 운영을 시작하는데 반대했고, 18%는 지금 당장 갈탄 광산을 폐쇄해야 한다고 응답하였다.[46]

상당수의 에너지 경제학자들 역시 갈탄발전소를 빨리 닫는 것이 기후변화 대응을 위해 가장 비용효과적인 대안이라는 점을 지적하고 있었다. 아고라 에네르기벤데(Agora Energiewende)와 같은 비영리 민간연구소에서도 "조기 탈석탄이 가능하며 효율적"이라는 분석 결과와 함께 정치적 이해관계를 떠나 갈탄광산 폐쇄와 석탄발전소 조기 폐쇄 등 탈석탄과 관련한 이해관계자들이 주도적으로 참여하는 정책 결정 과정의 밑그림을 제시하고 나섰다. 2016년 11월 기후행동

---

46) Clean Energy Wire, "Media : majority Germans favor coal phaseout", February 27, 2015.

계획 최종안에 대한 총리실에서의 논의가 진행되던 무렵에는 전력
망사업자들을 포함해 도이치텔레콤, 이케아 등 다양한 산업을 대표
하는 40개 기업이 "독일정부가 파리협정 목표 달성에 기여할 수 있
는 보다 전향적인 기후행동계획을 마련할 것을 기대한다"라며 온실
가스 감축에 대한 분명한 정책 신호를 제공하고 재생에너지로의 빠
른 전환이 이루어질 수 있도록 2030년 부문별 감축목표를 정할 것을
제안하였다.[47]

그러나 석탄 산업 특히 갈탄광산 노동자들과 사업주, 해당 지역
주민과 지역 정치인 등은 쇠락해가는 갈탄광산을 지켜야 한다는 의
지로 상당히 단합된 상태에 있었다. 독일의 석탄산업은 그 유래가
깊다. 1950년대에는 석탄 산업 종사자 수가 50만 명에 이를 정도였
고, 1970년대 석유 파동을 겪으면서는 국내에서 생산되는 갈탄 등
석탄 자원이 에너지 안보를 위한 중요한 자원으로 간주되기도 했다.
그러나 석탄 산업의 운영 비용이 가파르게 상승하고 영업 손실이 발
생하기 시작하면서 석탄 산업은 사양길에 접어들기 시작했다. 일자
리와 지역경제를 지킨다는 명분하에 연방정부와 주정부가 나서 석탄
광산에 보조금을 제공하기 시작했다. 석탄 사업자들은 독일의 주요
정당인 기독민주당, 사회민주당과 강력한 유대관계를 형성해왔다.[48]

이들의 정치적 영향력과 집단 행동은 탈석탄과 관련한 정책 결정
을 어렵게 하고 독일의 탈석탄 시점을 늦추는 데 결정적인 영향을
미친 것으로 보인다. 특히 기후행동계획과 관련한 논쟁이 이루어지
기 한해 전인 2015년 갈탄발전소에 대한 기후부담금(climate levy) 도

---

47) Clean Energy Wire, "Businesses demand 2030 sector targets for Climate Action
Plan 2050". November 7, 2016.

48) Adrian Rinscheid, Rolf Wüstenhagen, Germany's decision to phase out coal by
2038 lags behind citizens' timing preferences, *Nature Energy*, Vol. 4,
September 16, 2019, 856.

입과정에서 한 차례 실패를 경험한 연방경제·에너지부(BMWi) 관료
들은 갈탄 산업에 대한 새로운 규제 도입에 부담을 느끼고 있는 상
황이었다.49) 기후부담금 제도는 연방경제·에너지부(BMWi)가 에너지
부문의 온실가스 배출을 줄이기 위해 고려했던 정책 수단으로 온실
가스 배출량에 비례하는 규모의 부담금을 지불하게 함으로써 온실
가스 다배출 발전소의 폐지를 유인하는 경제적 유인 제도의 일종이
다. 그러나 이 제도의 도입은 석탄광산지역과 관련 이해관계자의 거
센 반대에 직면하였다. 2015년 3월 제도 도입을 예고하자마자 갈탄
광산 지역의 지방 정부는 물론, 노동자, 사업자단체 등이 베를린에서
대규모 시위를 연이어 개최하였다.50) 갈탄광산이 위치한 지역은 광
산에 지역경제에 많은 부분을 의존하고 있는 낙후된 지역이었고, 전
통적으로 사회민주당이 다수 득표하던 지역이었기 때문에, 이 지역
경제에 위협이 될 수 있는 결정을 내리는 것은 큰 정치적 부담이었
다. 특히 당시 연방경제·에너지부(BMWi) 장관은 사회민주당 지도부
의 일원으로 다음 해 총리 선거 출마를 모색하고 있는 상황이었다.
　　결국 2015년 여름 연방경제·에너지부(BMWi)는 기후부담금 도입
계획을 철회하고 노후 갈탄발전소들을 폐지하는 대신 2.7GW의 갈탄
발전소(전체 갈탄발전 용량의 13%)를 휴지 상태로 전환하고 16억 유
로의 보조금을 지급하는 것으로 정책을 대대적으로 수정하였다. 이
는 온실가스 감축을 위해서는 어쩔 수 없는 선택이었지만 막대한 보
조금을 지출해야 하는 비효율적인 정책이었고, 오염원인자가 오히
려 지원을 받게 된다는 점에서 환경정책의 원칙에도 어긋나는 결정
이었다. 그리고 이러한 경험을 통하여 갈탄 산업 관계자와 지역정치

---

49) Rafa ł Bajczuk, "The uncertain future of the coal energy industry in Germany",
　　OSW(Center for Eastern Studies) Commentary, October 20, 2015, https://www.
　　osw.waw.pl/en/publikacje/osw-commentary/2015-10-20/uncertain-future-
　　coal-energy-industry-germany (최종접속일: 2021. 6. 8.).
50) DW.com, "Germany needs an exit plan from coal", June 30, 2015.

인 등은 온실가스 감축정책을 그대로 받아들이기 보다는 적극적으로 저항하는 자세를 취하게 되었다. 이들은 2016년 한 해 동안 기후행동계획을 논의하는 과정에서도 같은 입장을 고수하면서 탈석탄 정책 결정에 적극적으로 입장을 개진하고 나섰다.

3. 실패의 극복

2016년 기후행동계획(Climate Action Plan 2050) 수립 당시의 경험은 기존 산업과 경제적 이해관계에서 독립된 결정을 내리는 것이 중요하지만 얼마나 어려운 과정인지를 보여 주는 사례이다. 정책 결정 과정에 있어 정치적 효율성과 경제적 효율성 간의 괴리 문제를 보여 주는 사례로도 볼 수 있다.[51] 그러나, 결국 독일은 탈석탄위원회라는 사회적 대화기구를 통해 주요 이해관계자들과 타협안을 도출하는 한편, 전력시장을 통해 석탄 산업의 퇴출과 관련한 분명한 신호를 제공함으로써 결국 탈석탄 시점의 설정에 성공하였다.

가. 탈석탄위원회를 통한 사회적 합의의 추구

2016년 11월 발표된 기후행동계획(Climate Action Plan 2050)은 구체적인 탈석탄 시점을 명시하는 것에는 실패했지만, 탈석탄계획 도출을 위한 사회적 대화기구로서 다자간 협의체의 발족을 제안하는 내용이 들어가 있었다. 이러한 제안을 바탕으로 독일 정부는 2018년 6월 성장·구조적변화·고용위원회(Kommission für Wachstum, Strukturwandel und Beschäftigung, 이하 '탈석탄위원회')를 발족하였다.[52] 위원회의

---

51) 허성욱, 규제행정의 규범적·실증적 목적으로서 경제적 효율성과 정치적 효율성: SSM 규제에 대한 효율성 분석을 중심으로, 법경제학연구, 제12권 제1호, 2015 참조.

52) BMU, "Commission on Growth, Structural Change and Employment takes up

명칭을 통해 짐작할 수 있듯이 위원회의 주요 임무는 중장기 온실가스 감축목표의 달성을 위한 석탄폐지 계획과 함께 이러한 탈석탄 계획으로 인해 영향을 받을 수밖에 없는 석탄광산 소재 지역의 구조적 변화에 관한 지원안을 도출하는 것이었다.

산업계와 노조, 학계, 지역, 환경단체 등을 대표하는 31명의 위원으로 구성된 의원회는 당초 2018년 11월 기후변화협약 당사국총회 전까지 결과를 도출하고자 했으나, 2019년 1월에서야 최종안에 합의하게 되었다. 위원회의 최종권고는 늦어도 2038년까지 모든 석탄발전소를 폐지하고 경제적 영향이 예상되는 지역의 지속가능한 발전을 위해 20년간 400억 유로 상당의 대규모 보조금을 지급하는 것을 주요 골자로 하는 것이었다. 위원회의 이러한 결론은 파리협정의 목표를 달성하려면 OECD 국가들은 2030년까지 탈석탄해야 한다며, 신규 석탄발전소의 건설 중단과 빠른 탈석탄 시점 확정을 요청하던 환경단체들에게는 실망스러운 결과였다. 라인란트(Rheinland)와 루사티아(Lausitz) 등 석탄 지역의 주민들을 포함해 대부분의 독일 국민이 훨씬 빠른 탈석탄을 지지한다는 연구 결과 등에서 확인되는 시민들의 선호와도 괴리가 있다. 하지만, 오랜 산업국가의 전통을 바탕으로 유럽의 국가들 중에서도 제조업 비중이 상대적으로 높고 약 40GW에 이르는 대규모 석탄발전 설비를 보유한 독일이 2040년 이전에 탈석탄하겠다는 결정은 국제사회에서 큰 파장을 불러 일으켰다.

이후 독일 정부는 위원회의 권고를 바탕으로 석탄지역 지방 정부, 노동조합 등과 합의에 성공하였고, 2019년 8월 구조변화법(Strukturstärkungsgesetz Kohleregionen), 2020년 1월 석탄발전의 감축, 폐지와 다른 법률을 개정하기 위한 법(Gesetz zur Reduzierung und zur

---

work" (Press release), June 6, 2018, https://www.bmu.de/en/report/commission-on-growth-structural-change-and-employment-takes-up-work/(최종접속일: 2021. 6. 27.).

Beendigung der Kohleverstromung und zur Änderung weiterer Gesetze) 을 제정해 합의된 탈석탄 계획의 대부분을 법제화하였다. 이후 갈탄 발전소들의 순차적 폐지에 착수했으며, 2020년 12월부터는 유연탄발 전소를 대상으로 폐지 발전소를 경매를 통해 확정하는 등의 절차에 도 착수했다.

나. 시장 메커니즘을 통한 에너지 전환 유인 부여

비단 갈탄발전의 예를 들지 않더라도 그간 산업계에 대한 온실가 스 감축 규제의 도입은 어려운 과정이었다. 초기 산업계는 자발적 협약을 통해 산업계가 담당할 수 있는 수준에서 온실가스 감축을 약 속하는 방식으로 배출권거래제와 같은 새로운 감축 정책의 도입을 견제하고자 했으나, 점차 강화되는 온실가스 감축목표의 이행을 위 해 유럽연합 차원의 배출권거래제 도입이 결정되면서 독일 산업계 역시 이러한 감축제도 참여를 거부할 수 없었다. 설상가상으로 유럽 연합 전력시장에서 온실가스 배출량 원단위를 기준으로 일정 수준 이상의 발전소에 대해 용량시장 참여를 제한하는 규제가 도입되면 서 석탄발전소들은 용량요금 수입도 기대할 수 없는 상황에 처하게 되었다.[53]

이러한 상황은 향후 석탄발전소의 사업 전망을 어둡게 만들었고, 탈석탄위원회에서 탈석탄 시점이 도출되고 후속적으로 입법안이 논 의되는 과정에서 석탄 사업자들이 석탄발전 폐지 경매제도 등 정부 가 제시하는 타협안에 동의할 수밖에 없게 만든 원동력이 되었던 것 으로 보인다. 유연탄 발전소의 폐지 용량 결정을 위한 경매가 2020 년 12월 처음 시행되었을 때, 유연탄 발전사업자들이 대거 참여해 당초 계획했던 4GW보다 더 많은 4.87GW에 달하는 물량에 대해 폐지

---

53) 박시원, 김승완, 「脫석탄 정책 및 법제연구」, 한국법제연구원, 2019. 10. 31.

결정이 이루어졌다.[54] 이는 강력한 기후 정책의 시행을 통해 외부비용의 내부화 등이 충실히 이루어진다면 기후·에너지 정책 간의 조율이 훨씬 더 원활히 이루어질 수 있다는 점을 보여 주는 좋은 사례라 할 것이다.

제 3 항 기후·에너지 정책 조율 현황 및 전망

현재까지 독일에서는 앞서 살펴본 바와 같이 연방환경부(BMU)가 기후변화 대응계획 수립을 비롯해, 국가 온실가스 인벤토리 시스템 관리 등 기후변화 업무를 총괄해 왔다. 2007년 통합 에너지·기후 프로그램이 고안된 이후에는 에너지 정책 담당부처인 연방경제·에너지부(BMWi) 등 유관 부서와의 조율이 특히 중요해졌다. 통합 에너지·기후 프로그램 초안은 연방환경부(BMU)에 의해 마련되었으나, 과제별 관련 부처를 명시함으로써 세부 조치들은 각 해당 분야 관계부처들이 협력해 공동책임 아래 이행하는 형태로 설계되었다.[55] 그러나 2020년 온실가스 감축목표 이행 과정에서 관찰한 바와 같이 기후목표에서 요구하는 속도의 빠른 온실가스 감축은 이루어지지 않았다. 결국 독일 정부는 2019년 12월 연방기후보호법(Bundes-Klimaschutzgesetz)을 제정해 연도별·부문별 온실가스 감축목표와 함께 감축목표의 이행을 위한 점검 체계와 관련한 사항을 구체적으로 법률로 정하였다(동법 제3조, 제4조).

---

54) BMWi, "Kohleausstieg und Strukturwandel", https://www.bmwi.de/Redaktion/DE /Artikel/ Wirtschaft/kohleausstieg-und-strukturwandel.html (최종접속일: 2021. 6. 29.)
55) 김이진, 이상엽, 앞의 보고서, 71면.

독일 연방기후보호법(2019년 제정안)

제3조 국가 기후보호목표

(1) 온실가스 배출량은 1990년 대비 단계적으로 줄어들도록 한다. 2030
년 목표연도까지 최소 감축률은 55%이다.

(2) 국가 기후보호목표의 일부를 온실가스 배출량 감축을 위한 범국가적
메커니즘에서 달성한다는 가능성은 이와 관계없이 유효하다.

(3) 유럽 또는 국제 기후보호목표 달성을 위해 더 높은 수준의 국가 기후
보호목표가 필요하다면 연빙징부는 제1항에 따른 목표 수치를 높이
는데 필요한 조치를 도입한다. 기후보호목표를 높일 수 있지만, 낮출
수는 없다.

제4조 연간허용배출량, 위임입법

(1) 제3조 제1항에 따른 국가 기후보호목표를 달성하기 위해 아래 부문
에 대한 연간 배출량을 명시해 연간 감축목표를 확정한다.

    1. 에너지

    2. 산업

    3. 교통

    4. 건물

    5. 농업

    6. 폐기물관리 및 기타

각 부문배출원과 부문간 구분은 부칙1에서 찾아볼 수 있다. 2030년까
지 연간배출량은 부칙2를 따른다. 에너지 부문의 온실가스 배출은
명시된 연간 배출량 사이를 유지하면서 최대한 지속적으로 줄어들도
록 한다. 2031년부터는 제6항에 따른 법규명령을 통해 연간감축목표
를 수정, 보완할 것이다. 이 법을 통해 또는 이 법에 근거하여 주관적
권리와 제소가능한 법적 지위는 행사되지 못한다.

부칙2 연간 배출량 허용 수치 (제4조 관련)

연간배출량 (백만 톤)	2020	2021	2022	2023	2024	2025	2026	2027	2028	2029	2030
에너지분야	280		257								175
산업	186	182	177	172	168	163	158	154	149	145	140
건물	118	113	108	103	99	94	89	84	80	75	70
교통	150	145	139	134	128	123	117	112	106	101	95
농업	70	68	67	66	65	64	63	61	60	59	58
폐기물 관리와 기타	9	9	8	8	7	7	7	6	6	5	5

　　연방기후보호법에서는 이렇게 규정된 국가 온실가스 감축목표의 달성을 위해 부문별로 허용된 연간 배출량을 준수해야 할 책임을 관련 부문을 관장하는 연방 주무 부처에 부여하고 주무 부처의 책임 이행 여부를 독립된 전문가위원회를 통해 검증하게 함으로써 부문별 감축목표의 준수를 철저하게 감독하도록 하였다. 해당 규정에 따르면 연방환경부(BMU)가 매년 3월 15일까지 직전 연도의 배출량 데이터를 전문가위원회에 제시하면(제5조 제1항), 전문가위원회에서 전체 목표와 부문별 목표의 달성 여부를 검증하고, 1개월 이내에 평가결과를 연방정부와 연방의회에 제출한다(12조 1항). 연방 주무 부처는 전문가위원회의 평가 결과 초과배출이 확인되면 3개월 이내에 후속 연도의 연간 배출량 준수를 보장하기 위한 긴급 프로그램을 마련해야 한다(8조 1항). 전문가위원회는 이러한 긴급 프로그램 작성의 기반이 된 배출전망을 사전에 심사함으로써 긴급 프로그램의 수립 근거를 사전에 검증하는 역할을 수행한다(12조 2항). 이러한 메커니즘은 온실가스 감축목표 달성을 위한 연간 단위의 관리 절차를 정한 것으로 기후 정책 목표의 달성이 기후 정책을 총괄하는 연방환경부(BMU)만의 책임이 아니라 해당 부문을 관할하는 연방 주무부처의 책임이라는 점을 명시하는 것은 물론이고, 목표 달성 여부에 대한 검

증을 외부 전문가들로 구성된 전문가위원회가 수행한다는 점에서
책임과 투명성 측면에서 진일보한 거버넌스 체계로 평가된다.

독립된 전문가위원회는 고유의 전문성을 바탕으로 온실가스 감
축이라는 정책 목표 만을 염두에 두고 활동하는 만큼 강력한 이익집
단이나 지역과 소속 정당 등과 관련한 정치적 이해관계에 민감할 수
밖에 없는 정부 관료들을 견제하는 역할을 할 수 있다. 독일은 전문
가위원회 활용과 관련해 오랜 전통을 가지고 있었다. 최초의 온실가
스 감축목표 결정 과정에서 운영되었던 기후 앙케트 위원회
(Enquete-Kommission) 등은 소수의 정부 관료, 전문가에 의해 독점되
었던 에너지 정책의 대안을 제시하고, 에너지의 생산과 소비를 둘러
싼 경제시스템의 구조적인 변화를 이끌어내는데 큰 역할을 했다.

이러한 독립된 전문가의 역할은 에너지 전환 정책 수립 이후 기
후·에너지 거버넌스 내로 편입되었다. 일례로, 에너지 정책의 주무
부처인 경제·에너지부(BMWi) 주도로 2012년부터 에너지 전환 추진
성과를 담은 연간 모니터링 보고서(Monitoring report)와 에너지 전환
전략에 관한 이행보고서(Progress report)를 발간하는 과정에서 독립
적인 자문위원회로부터 의견을 받도록 하기도 했다. 그러나 앞서
2016년 기후행동계획 작성 과정에서 확인한 바와 같이 자문위원회
의 권고가 제대로 반영되지 않는 현상도 일부 관찰되고 있었다. [56)]

따라서 연방기후보호법은 새로 구성된 전문가위원회에 정부의
온실가스 배출량 관련 데이터에 대한 접근 권한, 연간 성과에 대한
평가의견을 제출할 수 있는 권한 등을 보장하고, 감축목표 이행 성
과 평가, 목표초과시 긴급 프로그램 도출안에 대한 검토 등을 수행

---

56) BMWi, "Monitoring the Energy Transition", https://www.bmwi.de/Redaktion/
EN/Artikel/Energy/monitoring-implementation-of-the-energy-reforms.html (최
종접속일, 2021. 5. 19.); Clean Energy Wire, "Experts call for CO$_2$ price to
retain Energiewende's credibility", December 15, 2016.

할 수 있도록 역할을 강화함으로써 전문적 지식을 바탕으로 한 자문 기능을 주로 담당했던 과거의 전문가위원회들과 차별화를 꾀하였다. 이를 두고 연방환경부는 "전문가위원회는 투명한 성과관리 프로세스를 통해 부문별 배출목표 달성에 실패했을 경우 즉각적인 조정을 보장"한다며, 전문가위원회가 "공증의 기능(notary function)"을 가진다고 설명하고 있다.[57]

첫 기후 전문가위원회(Expertenrat für Klimafragen)는 Prof. Dr. Marc Oliver Bettzüge (에너지 경제학) Prof. Dr. Thomas Heimer(경영학), Prof. Dr. Hans-Martin Henning(태양광), Dr. Brigitte Knopf (유럽, 독일의 기후·에너지 정책), Dr. Barbara Schlomann (에너지 정책) 등 5명의 전문가를 임명하여 2020년 9월 1일 활동을 개시하였다. 법에서 요구한 대로 5명의 경제학, 경영학, 재생에너지 기술, 에너지 정책 전문가들로 구성된 위원회는 2021년 4월 15일 2020년 국가배출량 통계에 대한 검토 결과를 담은 첫 평가보고서를 내놓았다. 2021년 8월 18일 시행된 연방기후보호법 개정안은 전문가위원회가 2022년부터 2년마다 한 번씩 온실가스 배출량 추이, 연간 배출량 동향 및 감축목표 달성 조치의 효율성에 대한 의견을 독일 정부와 연방의회에 제출하도록 위원회의 역할을 확대하는 내용을 포함하고 있다(제12조 재4항).[58] 앞으로 독일은 이러한 기후·에너지 거버넌스를 바탕으로 에너지 부문 등 연관분야의 정책을 기후 정책 목표에 맞게 보다 적극적으로 조율해 나가면서 탄소중립 목표 이행을 위한 후속 정책을 추진해 나갈 것으로 생각된다.

---

57) BMU, "FAQ: What exactly does the role of the Expert Council look like?", https://www.bmu.de/faq/wie-sieht-nun-konkret-die-rolle-des-expertenrats-aus -warum-soll-er-nicht-beratend-taetig-werden-wie/ (최종접속일: 2021. 7. 9.).

58) "Federal Climate Change Act of 12 December 2019 (Federal Law Gazette I, p. 2513), as last amended by Article 1 of the Act of 18 August 2021 (Federal Law Gazette I, p. 3905)"

[표 5] 독일 연방기후보호법(2021년 개정안)의 주요 조항(요약)

구성	조항	주제	핵심조항 요약
2장 기후보호 목표와 연간 배출량	제3조	국가 기후 보호목표	1항. 온실가스 배출량을 지속적으로 줄여서 1990년 대비 2030년까지 최소 65% 감축, 2040년까지 최소 88% 감축 2항. 2045년까지 탄소중립 달성하고 이후 흡수 상태로 전환 4항. 유럽 또는 국제적인 기후목표 달성을 위해 1항의 목표 상향 가능. 목표를 높일 수 있지만 낮출 수는 없음.
	제4조	연간 허용 배출량, 위임입법	1항. 제3조 목표 달성을 위해 에너지, 산업, 교통, 건물, 농업, 폐기물 및 기타 등 6개 부문에 대한 연간 감축목표를 정함. 해당 부문의 2030년까지 감축목표는 부칙2에, 2031년부터 2040년까지 감축목표는 부칙3에 명시. 2041년 이후의 부문별연감 감축 목표는 늦어도 2032년까지 입법 추진 3항. 2021년부터 부문별 배출량이 허용량을 초과 또는 미달한다면, 그만큼 다음 연도 허용량에 합쳐서 계상함 4항. 한 부문의 업무영역 대부분을 관할하는 연방 주무부처가 해당부문의 연간 배출량 준수를 관할함. 이 부처는 배출량 초과시 조치(8조)와 기후보호프로그램(9조)에 따른 조치를 제시하고 이행하는 등 연간배출량 준수를 위해 필요한 국가조치를 결정하는 임무를 부여받음. 5항. 연방정부는 연방참사원의 동의없이 법규명령을 통해 부칙2의 부문별 연간배출량 수정 가능. 이때 수정은 이 법의 기후목표, 유럽연합법의 요구와 일치해야 함. 6항. 연방정부는 2024년에는 '31~'40년에 대해, 2034년에는 '41~'45에 대해 부문별 예산에 대한 연간허용치를 설정하여 연방의회 동의하에 법적 문서에 담아야 함.
	제5조	배출량 데이터, 위임입법	1항. 연방환경청은 보고연도 2020년부터 부칙1에 따른 부문별 온실가스 배출 데이터를 작성. 매년 3월 15일까지 이전 연도의 배출 데이터를 공개하고 전문가위원회에 제출함
	제8조	연간 배출량 초과시 조치	1항. 배출량데이터(5조)가 보고연도의 부문별 연간 허용배출량 상회시, 연방 주무부처는 전문가위원회의 평가보고서 제출 3개월 이내에 후속 연도의 연간배출량 준수를 보장하기 위한 긴급프로그램을 연방정부에 제안. 2항. 연방정부는 해당 부문이나 다른 부문에서 취해야

구성	조항	주제	핵심조항 요약
			할 조치에 대해 신속하게 결정. 부문별 연간 배출량을 수정할 수 있음(4조 5항). 이러한 조치의 기반이 되는 감축전망을 전문가위원회에 제출하고 심사를 거쳐야함. 3항. 연방정부는 연방의회에 결정된 조치를 통지함. 4항. 에너지분야는 1항 내지 3항을 보고연도 2023년부터 3년주기로 준용함.
제3장 환경보호 계획	제9조	기후 보호 프로 그램	1항. 연방정부는 기후보호계획의 수정 및 보완 후 기후보호프로그램을 결정함. 목표 미달성시에는 8조 2항에 따른 조치를 보완해 현행 기후보호프로그램을 현실화함. 2항. 기후보호프로그램은 기후보호계획 수정후 해당 연도에 결정함. 각 부문의 연방 주무부처가 기후보호계획의 수정 및 보완 후 6개월 이내에 부문별 추가 감축량 달성에 적합한 조치를 제안함 3항. 연방정부는 모든 기후보호프로그램에 공공의견 수렴 절차를 열어 지방자치단체, 경제시민사회 단체 및 학계 플랫폼과 연방정부의 학술자문위원회의 의견을 구함.
	제10조	보고	1항. 연방정부는 부문별 배출추이, 기후보호프로그램(9조), 긴급프로그램(8조)의 이행현황, 향후 감축량 예측 등을 담은 기후보호보고서를 매년 작성, 연방의회에 6월 30일까지 제출. 2항. 유럽 거버넌스 규제에 따라 2021년부터 2년 주기로 기후보호예측보고서를 작성. 해당연도 3월 31일까지 기후보호 예측보고서를 연방의회에 제출
	제11조	독립적 전문가 위원회와 위임입법	1항. 다양한 학제를 대표하는 5명의 전문가로 구성된 전문가위원회 설치. 임기는 5년. 기후학, 경제학, 환경학, 사회학 중 한 분야에서 뛰어난 지식과 경험 보유해야 함 4항. 전문가위원회는 사무국의 지원을 받음. 사무국은 연방정부가 설치하며, 전문가위원회의 직속기관임.
	제12조	전문가위원회의 업무	1항. 전문가위원회는 연방환경청이 배출량데이터를 전달하면 (5조) 한달 이내에 평가결과를 연방정부와 연방의회에 제출 2항. 긴급프로그램(8조 2항)에 관한 연방정부 의결안작성에 앞서 이 조치의 기반인 감축전망을 심사 3항. 연방정부는 1)연간배출량 수정(4조 5항), 2)기후보호계획의 수정 및 보완, 3)기후보호프로그램(9조) 결정의 기반이 되는 온실가스 감축전망에 관련해 전문가위원

구성	조항	주제	핵심조항 요약
			회에 의견을 구함 4항. 전문가위원회는 2022년부터 2년 주기로 온실가스 배출 추이와 대응 조치의 효과성 등에 관한 보고서를 작성하여 연방정부와 연방의회에 제출

제 3 절 영국

제 1 항 온실가스 감축정책의 전개

1. 기후 정책의 태동(1990년대)

영국은 산업혁명의 발상지로 화석연료 사용을 선도한 국가이다. 일찍이 석탄 산업이 발전했고, 1970년대 북해 유전의 발견으로 석유 파동에도 불구하고 에너지 공급을 안정적으로 이루었다. 그러나 기후변화에 대한 일련의 과학적 발견과 함께 1992년 유엔환경개발회의(UNCED)를 계기로 전 세계적인 기후변화 대응 논의가 활성화되면서 기후 정책 수립에 나서게 되었다.

영국의 기후변화 대응은 기후변화 정책의 과학적 근거를 확립하기 위한 시도에서 시작되었다. 최초의 기후변화 연구기관은 1971년에 이스트 앵글리아 대학교(University of East Anglia)에 설립된 기후조사연구소(Climate Research Unit)였다. 기후조사연구소는 유럽은 물론 세계적으로 가장 오래된 기후변화 연구기관으로 기후 변동성과 변화, 기후변화의 사회적 영향 등을 연구했다. 기후조사연구소의 오랜 연구를 통해 기후변화의 주요 원인이 인간활동이라는 사실이 드러나기 시작했으며, 기후변화 시나리오 구축을 위한 방법론과 지구 표면 온도의 복원, 기후모델의 개발 등에서 큰 진전을 이룰 수 있었다.[59] 1990년에는 대처(Margaret Thatcher) 수상의 리더십 아래 기후 모델링 센터(Hadley center for climate prediction and research)가 세워

---

59) 윤순진, 앞의 논문(2007년), 70면

졌다. 1996년경에는 옥스퍼드대학교 내에 환경변화연구소(Environmental Change Institute)가 설립되어 영국의 기후변화 대응에 관한 종합적인 시나리오 개발 작업에 착수하였다. 2000년에는 전 지구 차원의 기후변화 문제를 다루는 틴달연구소(The Tyndall center for climate change research)가 설립되었다.

이러한 일련의 연구기관과의 협력을 통해 영국 정부는 기후변화의 진행에 대해 확신을 가지게 되었고, 영국 자체적으로 국가 기후변화 시나리오를 수립하고, 그에 맞는 기후 정책을 마련해야 할 필요성에 눈을 뜨게 되었다.

2. 최초의 기후 정책계획 수립 및 법제화(2000년대)

제3차 기후변화협약 당사국총회(일본 교토)를 앞두고 최초의 온실가스 감축목표 설정 논의가 진행되던 1997년 고든 브라운(Gordon Brown) 당시 영국 재무부장관은 환경적 고려를 반영한 조세제도를 통해 영국산업의 경쟁력을 유지하면서도 온실가스를 감축하는 방안 도출을 위한 특별전문위원회의 설치를 제안하였다. 이 제안에 따라 통상산업부(Department of Trade and Industry, DTI), 환경·교통·지역부(Department of the Environment, Transport and the Regions, DETR), 재무부(HM Treasury) 소속의 정부 관료들이 참여하는 특별전문위원회가 만들어졌으며, 이 위원회의 지원으로 교토의정서에서 제안한 온실가스 감축목표 달성과 경제적 수단 활용에 관한 보고서(Marshall Report, 소위 '마샬보고서')가 발행되었다.[60]

마샬보고서는 온실가스 감축을 위해 직접 규제와 자발적 협약,

---

60) UK Parliament, Select Committee on Trade and Industry Ninth Report, "Impact on Industry of the Climate change levy", https://publications.parliament. uk/pa/cm199899/cmselect/cmtrdind/678/67808.htm (최종접속일: 2021. 7. 20.).

보조금을 함께 사용하는 혼합적인 접근으로, 배출권거래제와 에너지세 등 새로운 환경정책 수단들(New Environmental Policy Instruments, NEPIs)을 제안하였다. 보고서는 어떤 제도를 채택하더라도 교토의정서에 기초한 국제체제에 연결되어야 함을 강조했고, 배출권거래제보다 즉각적으로 도입될 수 있는 정책 수단으로 에너지세 시행에 관한 세부적인 제안을 담았다.61) 영국 정부는 1998년 10월 이와 같은 다양한 감축정책 대안을 제시하는 내용의 협의 문서(consultation documents)를 발행했고, 1999년 2월까지 산업계와 비영리단체(NGOs)들로부터 700개 이상의 의견을 받았다.

　마샬보고서와 협의 문서에 대한 위와 같은 의견 수렴 결과를 기초로 재무부장관은 1999년 3월 기후변화부과금으로 알려진 에너지세 도입을 발표하였다. 동시에 관세청(HM Customs and Excise)은 부과금 도입시 발생 가능한 쟁점들에 대해 이해당사자들과의 협의를 진행하여 350개 이상의 응답을 접수하였다. 이후 법령 초안을 마련한 뒤에는 정부 부처들뿐 아니라 에너지집약적인 사용자집단과 영국산업연합(Confederation of British Industry), 배출권 거래집단(Emission Trading Group), 무역협회 등은 물론 환경단체들과 협의를 진행하였다.

　환경감사위원회(Environmental Audit Committee)는 2000년 2월 그간의 협의 결과를 담은 보고서를 출간했다. 같은 해 11월 당시 환경·

---

61) 마샬보고서의 주요 제안 내용은 다음과 같다: (i) 감축정책 수단은 모든 규모의 사업체와 모든 부문을 대상으로 해야 한다 (ii) 미래 투자를 위한 사업계획의 신뢰도를 향상시키고 세금의 환경적 영향을 최대화하기 위해 점진적이고 장기적인 정책을 통해 분명한 신호를 제시해야 한다 (iii) 세금은 재정적으로 중립적이어야 하며 사용자들이 에너지 효율을 달성할 수 있는 유인을 유지하면서 세수를 산업에 재투자하여 영국 산업의 경쟁적인 지위를 보호해야 한다 (iv) 산업적/상업적 에너지 소비자들에 의한 에너지의 최종이용에는 하류(판매)부분 세금(downstream tax)을 연료의 탄소 함유량에 비례해 부과해야 한다 (v) 열병합발전과 재생에너지원의 이용이 장려되어야 한다(윤순진, 앞의 논문(2007년), 70면).

교통·지역부(DETR)는 그때까지의 논의를 종합해 영국 최초의 기후변
화 대응 계획으로 일컬어지는 국가 기후변화 정책 프로그램(Climate
Change Programme, CCP)을 발표하였다. 영국은 동 프로그램을 통해
2010년까지 온실가스 배출량을 1990년 대비 20%까지 감축한다는 최
초의 장기 감축목표를 설정하는 동시에 산업부문에서 소비하는 가
스, 석탄, 전력을 대상으로 온실가스 배출기여도에 따라 세금을 부과
하는 기후변화부과금(Climate Change Levy, CCL) 제도, 산업부문의 온
실가스 감축을 위한 자발적 협약(Climate Change Agreement, CCA) 제
도와62) 자발적 배출권거래제(UK Emissions Trading Scheme) 등 경제
적 유인 제공을 통하여 감축 행동을 촉발하기 위한 일련의 감축정
책을 도입하였다. 2006년에는 기후변화프로그램(CCP)을 개정하여
2010년까지 온실가스 배출을 23-25%까지 감축하는 것으로 감축목표
를 상향조정하였다.63)

이러한 감축정책과 이행 체계의 구축은 기후변화법의 제정과 함
께 본격적으로 시작되었다. 기후변화법의 제정은 2005년 5월 환경단
체 지구의 벗(Friends of the Earth)의 주도로 시작된 '빅 애스크(Big
Ask)' 캠페인에 의해 촉발되었다. 당시 영국 정부는 기후변화부과금

---

62) CCA는 산업부문에서 자발적으로 에너지효율 목표를 설정하고 이행하도록
   촉진하기 위한 제도이다. CCL 부과 대상 기업이 자발적으로 에너지사용이
   나 CO$_2$ 배출량 감축목표를 정해 정부와 협약을 맺은 뒤 협약목표를 달성
   한 경우 CCL을 감면받을 수 있고, 초과 달성할 경우 배출권거래제와 연계
   해 감축 실적을 거래할 수 있도록 하였다. CCL이 에너지집약 산업의 경쟁
   력을 저해할 것이라는 우려를 불식시키면서 에너지효율 향상 노력을 촉
   진하기 위해 도입되었다(윤순진, 앞의 논문(2007년), 58면; 노동운 외, 「배
   출권 거래제 관련제도 통합방안 연구」, 에너지경제연구원, 2010. 8, 6면).
63) Alex Bowen & James Rydge, 「Policy paper: Climate change policy in the
   United Kingdom」, Center for Climate Change Economics and Policy,
   Grantham Research Institute on Climate Change and the Environment, August
   2011, 17.

(CCL)에 대한 산업계의 반발은 물론, 유류세 인상에 대한 서민층의 반대 여론과 이를 등에 업은 보수당의 반대 등으로 기후변화 정책의 시행에 어려움을 겪고 있었다.64) 그러나 빅 애스크 캠페인을 통해 기후변화에 대한 적극적인 대응을 요구하는 시민의 요구가 가시화됨에 따라 2006년 11월 영국 정부는 기후변화에 관한 법안 제정을 약속하였고, 2007년 3월 법안 초안을 마련했다. 같은 해 6월까지 약 3개월간 진행된 의견 수렴 기간(Public consultation) 동안 총 1,197명의 개인이 의견을 제출하였고, RSPB, Stop Climate Crisis, Friends of the Earth, World Development Movement 등 9개 단체를 통해 1만 5,722건의 의견이 제시되었다. 이는 당시까지 농촌·환경·식품부(Department of Environment, Food and the Rural Affairs, DEFRA)가 진행한 의견 수렴 중 가장 많은 의견이 접수된 법안이었다.65)

　　2007년에 발표된 스턴보고서 역시 기후변화법의 제정을 촉진하는 데 중요한 역할을 수행했다. 2006년에 영국 정부의 의뢰를 받아 경제학자인 스턴(Lord Nicholas Stern)이 작성한 '기후변화의 경제적 영향에 대한 보고서(The Stern Review)'는 기후변화로 인한 리스크와 피해 비용이 전 세계 GDP의 5%에서 20%까지 증가할 것으로 예상하였다. 하지만 전 세계적으로 온실가스 감축 대책을 시행한다면 그 비용은 전 세계 GDP의 1% 수준에 불과할 것이라며 기후변화 대응을 위한 조기 행동을 통해 오히려 경제적 이익을 도모할 수 있다는 연구 결과를 제시하였다.66) 이를 계기로 영국에서는 더 신속한 기후변

---

64) Neil Carter & Mike Childs, Friends of the Earth as a policy entrepreneur: 'The Big Ask' campaign for a UK Climate Change Act, *Environmental Politics*, Vol. 28, No. 6, 2018.

65) Adela Maciejewski Scheer & Corina Höppner, The public consultation to the UK Climate Change Act 2008: a critical analysis, *Climate Policy*, Vol. 10, Iss. 3, 2010.

66) Nicolas Stern, The Economics of Climate Change: The Stern Review, Cambridge

화 대응이 필요하다는 여론이 형성되었고, 영국 정부는 온실가스 배
출 저감과 경제성장을 동시에 추구하는 저탄소 경제로의 패러다임
전환을 적극적으로 모색할 수 있었다.[67] 당시 제정된 기후변화법은
총 6개 부문(Part), 101개의 조항으로 구성되어 중장기 온실가스 감축
목표를 법제화(1부 Carbon target and budgeting)하고 주요 기후변화
정책기구인 기후변화위원회(2부 The Committee on Climate Change)에
대한 사항은 물론, 핵심적인 감축정책에 해당하는 배출권거래제에
관한 사항(3부 Trading schemes), 기후변화 영향 및 적응 관련 사항(4
부 Impact of and adaptation to climate change)까지 규정함으로써 기
후변화 대응에 관한 포괄적이면서도 구체적인 법적 근거를 제시하
였다. 특히 "2050년까지 온실가스 순배출을 1990년 대비 최소 80% 이
상 감축한다"라는 장기 감축목표를 설정해 제1조에 명기함으로써 법
의 최상위 목표를 분명히 하였다. 그리고 이러한 장기 목표의 달성
을 위해 5년마다 온실가스 배출량의 상한을 정해 관리하는 탄소예산
(Carbon Budget)[68] 제도의 시행을 규정하였다.[69]

기후변화법의 제정은 영국의 기후·에너지 거버넌스를 획기적으
로 강화하는 계기가 되었다. 가장 큰 변화는 독립적인 자문기구인
'기후변화위원회(Climate Change Committee)'의 수립이다. 기후변화위
원회는 탄소예산의 전체 규모는 물론 부문별 감축정책에 관해 정부
에 조언하고, 매년 이행보고서를 통해 온실가스 감축 경과를 독립적

University Press, January 2007.
67) 고학수, 허성욱, "제5장 1절 영국의 기후변화법과 스턴 보고서", 경제적 효
율성과 법의 지배, 서울: 박영사, 2009, 453면; 이준서, 김준규, 「기후변화
대응을 위한 유럽연합의 재생에너지 법제와 정책 분석(I)」, 한국법제연구
원, 2014, 42면.
68) 탄소예산(Carbon Budget)은 일정 기간을 정해 국가 배출량의 총량을 관리
함에 있어 각 국가가 준수해야 하는 배출량의 상한을 지칭하는 용어로 오
늘날 널리 사용되고 있다.
69) 고학수, 허성욱, 앞의 책, 454면.

으로 평가하고 의회에 보고함으로써 정부의 감축목표 이행을 감시하는 역할을 동시에 수행하고 있다.[70] 기후변화위원회는 의장을 포함해 7~8인의 위원으로 구성되는데 주로 기후변화, 과학, 경제 등의 분야에서 최고의 전문성을 지닌 세계적인 석학들을 다양한 정부 부처들이 참여하는 범정부패널(Combined government panel)에서 선출한다.[71]

기후변화위원회는 특정 부처에 소속되지 않은 전문기구이지만 효과적인 권고안을 내놓기 위해 정부와 긴밀하게 협력해야 한다. 기후변화위원회 운영지침에서는 기후변화위원회와 관계 부처 상호 간에 정보와 분석모형을 공유하고, 기후변화위원회 사무국 소속 전문가와 관계부처 공무원이 함께 참여하는 작업반을 구성해 상시적으로 정보를 공유하고 협의하도록 정하고 있다. 또한, 기후변화위원회는 이해당사자를 비롯해 다양한 주체와 지속적으로 소통하며 정부의 정책 결정에 정부 밖의 의견들이 반영될 수 있도록 소통 창구 역할 역시 수행하고 있다. 이와 동시에 정부 정책에 대해 대중이 이해하기 쉽도록 기초 데이터 및 관련 정보와 위원회 회의록 등 관련자료를 투명하게 공개한다.[72]

기후변화법의 제정과 함께 영국은 정부조직 개편을 단행해 에너지기후변화부(Department of Energy and Climate Change, DECC)를 새롭게 창설하였다. 에너지기후변화부(DECC)는 농촌·환경·식품부(Department of Environment, Food and the Rural Affairs, DEFRA)[73] 소속의 기후변화

---

70) Alina Averchenkova et al., The influence of climate change advisory bodies on political debates: evidence from the UK Committee on Climate Change, Climate Policy, February 2021, 3.

71) 김이진, 이수철, 앞의 보고서. 146면.

72) 김이진, 이상엽, 앞의 보고서, 61-63면.

73) DEFRA는 2001년 농촌·어업·식품부(Ministry of Agriculture, Fisheries and Food, MAFF)와 환경·교통·지역부(Department of Environment, Transport,

그룹(Climate Change Group)과 기업규제개혁부(Department for Business Enterprise and Regulatory Reform) 소속의 에너지그룹(Energy Group)을 통합한 것으로, 저탄소 전환계획, 배출통계에 관한 연차보고서, 탄소예산 달성에 관한 응답보고서 등의 작성을 담당하고 탄소예산의 설정과 이행에 관한 책임을 부담하고 있다. 탄소예산을 이행하기 위한 분야별 세부 행동과 이들의 시행 시점 및 주관 부처 등은 온실가스 감축 로드맵 기능을 하는 정책계획 수립 과정을 통하여 확정된다.[74] 2009년 에너지기후변화부(DECC)는 탄소예산 하에 정해진 온실가스 감축목표를 달성하면서도 국가 경쟁력을 유지하기 위한 첫 정책세획으로 '저탄소 전환 계획(Low Carbon Transition Plan)'을 발표하였다.[75]

영국은 이와 같은 기후 정책에 따라 에너지 정책을 과감하게 수정하기 시작했다. 2008년 기후변화법이 제정되면서 함께 제정된 에너지법(Energy Act)과 계획법(Planning Act)에는 그러한 변화가 충실히 담겨있다. 에너지법은 저탄소 에너지 기반 구축 및 정책 확대를 위한 내용을 담고 있으며, 특히 재생에너지의 의무할당(Renewables Obligations)과 발전차액지원제도(Feed-in-Tariff), 재생 열원 인센티브(Renewable Heat Incentive),[76] 탄소포집 및 저장기술(CCS) 등 저탄소 에너지 기술 개발 및 투자 확대, 보급 지원 제도의 법적 근거를 담았다.[77]

---

and the Regions, DETR)가 통합해 탄생하였다.
74) 김용건, 김이진, 앞의 보고서, 23면.
75) HM Government, 「The UK Low Carbon Transition Plan: National strategy for climate and energy」, 2009.
76) 태양열, 바이오매스, 히트펌프 등 재생에너지 열원 설치에 대해 고정된 수준의 보조금을 지급하는 제도로 2011년 11월 영국에서 세계 최초로 도입되었다 (김용건 외, 2012, 66면).
77) 김이진, 이상엽, 앞의 보고서, 48면.

3. 에너지 정책과의 조율 시도(2010년대)

2010년 영국 총선거에서 보수당이 승리하면서 노동당에서 보수당으로 13년 만에 정권 교체가 이루어졌다. 집권 이후 보수당은 기후변화법에 따라 4기 탄소예산(2023~2027년)을 설정하면서, 새로운 탄소예산의 달성방안을 담은 '탄소 계획(The Carbon Plan: Delivering our low carbon future)'을 발표하였다. 2050년까지의 감축 로드맵을 담은 탄소계획은 이후부터 2050년까지의 기간을 3단계(phase)로 나누어 1단계(2011~2020년)에는 에너지 효율성 향상과 저탄소 에너지 혁신기술에 관한 지원을 통해 관련 시장을 구축하는 것으로 온실가스 감축을 준비하고, 2단계(2021~2030년)에는 저탄소 열원, 전기차량과 같은 핵심 저탄소 기술의 대량 보급을 중점적으로 추진하고, 2030년 이후 정착기(2031~2050년)에는 산업, 항공, 해운, 농업 등의 연관 부문에서 강력한 탈탄소화를 추진하는 것을 주요 내용으로 담았다.[78]

이후 기후 정책과 에너지 정책간의 조율 과정은 순탄하지만은 않았다. 새로운 탄소 계획을 반영하기 위해 2013년 에너지법을 개정하는 과정에서는 풍력 등 재생에너지 사업의 친환경성, 경제적 효율성에 대한 의문이 다수 제기되는 가운데 가스발전에 대한 정치권의 선호가 두드러지게 나타나기도 했다.[79] 이 과정에서 최종 개정된 에너지법 개정안에는 발전 부문의 탈탄소화 목표를 명시하는데는 실패했지만, 탄소 가격의 에너지 시장 반영을 유도하고 재생에너지 발전 지원제도의 효율성을 높이는 방향으로 개편하는 한편, 전력수급 안

---

78) HM Government, 「The Carbon Plan: Delivering our low carbon future」, 2011, 77면.
79) 이러한 현상을 흔히 'a new dash for gas'라 칭한다. 영국에서는 1990년대 전력시장 자유화 이후 한 차례 가스발전소 건설 붐이 일었었다(dash for gas).

정을 도모할 수 있도록 하는 용량 시장(Capacity Market)에 대한 설계
와 관련한 내용을 포함한 '에너지 시장 개혁안(Energy Market Reform)'
이 반영되었다.[80]

특히 에너지 시장 개혁안은 '탄소가격하한제(Carbon Price Floor)'
도입의 기초를 마련하였다는데 큰 의의가 있다. 탄소가격하한제는
발전 부문을 대상으로 EU 배출권거래제(ETS)에 따라 정해진 배출권
가격이 영국 정부가 정한 최저탄소가격 보다 낮은 경우 차액을 세금
으로 납부하게 한 제도이다. 배출권거래제 도입 초기 높은 수준을
유지하던 배출권 가격은 과잉할당이 이루어졌다는 사실이 알려지면
서 폭락하기 시작했다. 2기 초기에 잠시 30유로까지 상승하기도 했
으나, 교토의정서 체계가 점차 무력화되고 유럽의 재정위기와 경기
부진으로 인한 생산활동 위축이 겹치면서 한동안 10유로를 약간 상
회하는 수준에 머물렀다.[81] 탄소가격하한제는 최저탄소가격을 설정
하여 배출권가격이 그에 미치지 못할 경우 차액을 더 부담하도록 하
는 제도로 이러한 배출권 가격 변동으로 인한 불확실성과 낮은 탄소
가격으로 인한 한계를 보완함으로써 온실가스 저감을 위한 투자를
유인하기 위한 정책으로 청정기술 및 청정연료에 대한 투자 유인을
제공할 것으로 기대되었다. 영국 정부는 매년 조정될 최저탄소가격
목표를 3년 전 공지함으로써 저탄소 투자에 있어 명확한 신호를 주
고자 하였다.[82] 탄소가격하한제를 포함한 에너지 시장 개혁안은 노

---

80) 이준서, 길준규, 앞의 보고서, 49면; 박시원, 김승완, 「脫석탄 정책 및 법제
연구」, 한국법제연구원, 2019. 10. 31, 134-170면.
81) 안정영, 오형나, 앞의 논문, 14면
82) 2011년 정책 발표 당시 목표로 제시한 최저탄소가격은 톤당 16파운드로
2020년까지 30파운드로 점진적으로 상향 조정할 것을 목표로 하였다. 현재
는 18파운드 수준을 유지하고 있다 (David Hirst & Matthew Keep, 「Research
Briefing: Carbon Price Floor(CPF) and the price support mechanism」, UK
Parliament, House of Commons Library, January 8, 2018.

후된 석탄발전소의 퇴출을 가속화시켰고, 풍력발전 등 재생에너지
가 지속적으로 확대될 수 있도록 했다.[83]

　이러한 정책 성과를 바탕으로 영국은 가장 탄소집약적인 에너지
원인 석탄발전에 대한 퇴출정책을 구체화할 수 있었다. 당시 영국은
전력공급의 30%를 석탄발전에 의존하고 있었으나, 대부분 수명이 50년
이 넘는 노후 설비였다.[84] 영국 정부는 2016년 석탄발전소 전면 폐쇄
를 위한 협의체를 구성하였고, 2025년까지 석탄발전 중단한다는 계획
을 확정하였다.

　2016년 테레사 메이(Theresa May) 총리가 취임하면서 에너지기후
변화부(DECC)는 기업·혁신·기술부(Department for Business, Innovation
and Skills, DBIS)와 통합해 기업·에너지·산업전략부(Department for
Business, Energy & Industrial Strategy, DBEIS)로 변경되는 조직적 변화
를 겪었다. 이로써 기후·에너지 업무를 담당하는 부처가 변경되기는
했지만 여전히 두 분야의 업무를 하나의 부서에서 담당하도록 한 것
이 영국 기후변화 거버넌스의 특징이다. 2017년 10월에는 파리협정
이후 시대를 대비하는 '청정성장전략(Clean Growth Strategy)'을 채택
해 영국의 성장 전략을 청정산업 중심으로 전환하는 한편 저탄소 산
업 선도 국가로 입지를 구축하고자 하였다.[85] 이를 위해 세부적으로
는 탈석탄 정책 추진, 에너지 효율 개선 촉진, 재생에너지 확대, 셰일
자원 개발, 원자력·가스의 역할 유지 등을 정책 방향으로 정하였다.[86]

---

https://commonslibrary.parliament.uk/research-briefings/sn05927/,   최종접속
　일: 2022. 10. 2.).

83) Carbon Brief, "How UK tranfored electricity supply decade", https://interactive.
　carbonbrief.org/how-uk-transformed-electricity-supply-decade/ (최종접속일:
　2021. 6. 13.).

84) 주간에너지이슈브리핑, 「영국 석탄발전 종료 가스·원자력 발전 전환 선언」,
　2015. 11. 20.

85) HM Government, 「The Clean Growth Strategy: Leading the way to a low carbon
　future」, 2018 (2017년 발표한 계획을 2018년 4월 한차례 수정하였다).

4. 탄소중립 목표의 법제화

이러한 그간의 성과에도 불구하고 영국의 환경단체들은 IPCC 1.
5℃ 특별보고서 등을 바탕으로 더욱 강도 높은 온실가스 감축을 요
구해왔다. '기후변화를 매우 우려한다'는 시민 비율이 52%에 이를 정
도로 기후 문제에 대한 관심이 매우 증가하였고, 멸종저항(Extinction
Rebellion), 지구를 위한 금요일(Fridays for Future) 등을 중심으로 청년
세대의 기후 운동이 활성되면서 전향적인 기후변화 대응에 대한 정
치적 압박도 거세지고 있다.[87]

이러한 사회적 요구는 물론 재생에너지 보급 추이 등 에너지 수
급 상황을 고려하여 영국 정부는 2019년 6월 2050년 감축목표를 상
향조정하여 순탄소배출을 제로화하는 탄소중립 목표를 기후변화법
에 반영하였다.[88] 이를 통해 영국은 전 세계 주요 국가중 최초로 탄
소중립 목표를 법률에 명시한 국가가 되었다.[89] 탄소중립 선언을 계
기로 영국은 기후·에너지 정책을 한층 더 강화해 나가고 있다. 2021
년 4월 미국에서 개최된 기후정상회의를 앞두고서는 2030년 감축목
표를 1990년 대비 68%까지 상향하겠다는 계획을 발표했다.[90] 탈석탄
시점을 한해 앞당겨 2024년 10월에 석탄발전을 종료하기로 결정했

---

86) 에너지경제연구원, 「주요 국가의 친환경에너지 정책 추진과 신재생에너지
   역할 변화」, 인사이트 제18-1호, 2018. 8. 6, 4면.
87) '우려한다'라고 응답한 시민의 비율까지 합치면 85%에 이른다 (Ipsos MORI,
   「Climate Change and the Weather」, 2019).
88) 이하 제3항 해당 조문 참조.
89) UK Government, "UK becomes first major economy to pass net zero emissions
   law"(press release), June 27, 2019, https://www.gov.uk/government/news/uk-
   becomes-first-major-economy-to-pass-net-zero-emissions-law (최종접속일: 2021.
   7. 7.).
90) AP News, "UK toughens its carbon target before Biden climate summit", April
   21, 2021.

으며,91) 탄소중립 목표의 주요 달성 수단으로 ETS, 탄소세 등 탄소가격 제도(carbon pricing mechanism)를 재정비하고 있다.92)

제 2 항 기후·에너지 정책 조율 실패와 극복

1. 실패 사례

가. 영국의 국가 온실가스 감축목표

영국은 중장기 감축목표의 수립에 있어 일찍이 과학적 근거에 기반한 후방접근(backcasting) 방식을 취해왔다. 2007년 발간된 IPCC 제4차 평가보고서(AR4)에서는 지구 온실가스 농도를 안정화하기 위해서는 금세기 말까지 지구 평균 기온상승을 산업화 이전 대비 2℃ 이내로 제한해야 한다고 권고하였다. 당시 기후변화위원회가 이와 같은 데이터를 바탕으로 분석한 배출 전망 시나리오에 따르면 위와 같은 목표 달성을 위해서는 2050년까지 전 세계적으로 50%의 배출량 감축이 필요한 것으로 나타났다. 이를 바탕으로 영국은 그간의 온실가스 배출로 인한 책임과 현재 그리고 앞으로 처하게 될 감축 여건 등을 고려해 2050년까지 1990년 대비 80% 감축하겠다는 목표를 수립하였다. 기후변화위원회는 이와 같은 2050년 목표를 기준으로 현재 배출량으로부터의 감축경로를 작성한 후, 그 경로상에 있는 구간의

---

91) UK Government, "End to coal power brought forward to October 2024" (Press release), June 30, 2021, https://www.gov.uk/government/news/end-to-coal-power-brought- forward-to-october-2024 (최종접속일: 2021. 7. 31.).

92) S&P Global Platts, "UK targets carbon pricing to help deliver net-zero emissions", March 17, 2021, https://www.spglobal.com/platts/en/market-insights/latest-news/electric-power/031721-uk-targets-carbon-pricing-to-help-deliver-net-zero-emissions#article0, (최종접속일: 2021. 7. 31.).

탄소예산을 설정하는 방식으로 2008년 12월 출범 당시 2008년부터 2022년까지 총 3기에 이르는 기간의 탄소예산을 제안하였다.[93] 이러한 권고안을 바탕으로 정부가 결정하고, 의회의 승인을 얻어 확정된 탄소예산의 최종목표는 기후변화법 제5조에 반영되었고, 세부적인 내용은 2009년 5월 20일 행정명령(The Carbon Budgets Order 2009)의 형태로 최종 공표되었다.

나. 2013년 에너지법 개정 과정

2011년 제2기 탄소예산 이행기를 앞두고 영국 정부는 에너지법 개정을 통한 에너지 시장 개혁(Energy Market Reform)을 약속하였다. 당시 논의 과정에서 기후변화위원회를 비롯한 전력시장 전문가들은 온실가스 감축목표 달성을 위해 전력 부문의 탈탄소 목표를 분명히 정할 것, 2050년까지의 탄소예산을 고려해 가스발전에 대한 온실가스 배출량 규제를 도입할 것 등을 요구하였다.

그러나 2012년 5월 공개된 에너지법 개정안에는 이와 같은 요구가 전혀 반영되지 못하였다. 탈탄소 목표를 정하는 대신 영국 전력 분야의 탈탄소화 달성 시한을 설정할 의무를 주무 부처 장관에게 부여하는 것으로 타협했고, 가스발전의 배출허용기준(Emission Performance Standards, EPS)을 느슨하게 규율한 것은 물론 CCS 시범사업에 참여하는 석탄발전소 등을 포함한 일부 화석연료 발전소를 배출허용기준(EPS) 적용 대상에서 제외하였다. 이러한 정책은 가스발전소에 대한 투자를 촉발하는 계기가 되었고, 그 결과로 2050년 온실가스 감축목표를 고려할 때 높은 좌초자산 리스크를 유발했다는 점에서 온실가스 감축정책과 에너지 정책 간의 조율 실패 사례로 평가된다.

---

93) Climate Change Committee, 「Building a low-carbon economy – the UK's contribution to tackling climate change」, December 1, 2008.

2. 정책 시장 참여자들의 견해 대립

에너지법 개정 논의 당시 기후변화위원회는 수차례 향후 탄소예
산을 고려할 때 당시 490gCO2/kWh에 달하는 전력 부문의 탄소집약
도를 2030년까지 50gCO2/kWh로 대대적으로 개선해야 하며, 이러한
탈탄소화 목표(decarbonization target)를 달성하기 위해서는 가스발전
소의 대대적인 증설을 허용해서는 안된다는 입장을 제시했다. 홈페
이지에 공개된 입장문의 주요 내용은 다음과 같다: "에너지법 개정
의 목적은 전력 부문의 온실가스 배출량 저감이 되어야 한다. 온실
가스 감축목표를 고려한다면 현재 용량기준 40%에 달하는 가스발전
소(unabated gas)는 2030년까지 10% 이하로 감축되어야 하고, 부하 관
리용으로만 사용되어야 한다. 지금 가스발전소의 증설을 촉진하는
것은 이러한 목표에 반하는 것이다. 이는 경제적으로도 현명한 결정
이 아니다. 정부가 배출허용기준(EPS)을 도입하려 한다면 이러한 권
고를 반영해야 할 것이다."[94]

당시 영국에서는 1990년대 전력시장 자유화의 영향으로 촉발된 가
스발전 사업의 증가('dash for gas' 현상)가 가속화되고 있었고, 2016년
이 되면 가스발전의 규모가 정부 예상의 2배에 달하는 수준까지 확
대될 것이란 예측이 나오고 있었다.[95] 기후변화위원회는 에너지법
개정안에 대한 국회 심의과정에서도 현재 영국에는 이미 많은 가스
발전소가 건설되었으며, 향후 많은 가스발전소가 좌초자산화할 우
려가 있다는 점을 다시 강조하였다.[96] 이에 대해 당시 기후·에너지

---

94) Climate Change Committee, 「Statement on unabated gas-fired generation」,
   May 24, 2012, https://www.theccc.org.uk/news-insights/ (최종접속일: 2021.
   6. 11.).
95) Friends of the Earth, "Government must say no to more gas plants that will
   drive up energy bills" (Press release), March 14, 2012.
96) HM Parliament, 「Energy and Climate Change Select Committee. 4th Report.

정책 소관 부처였던 에너지기후변화부(DECC) 역시 가스발전의 증설은 기후 정책 목표의 달성을 저해하는 것뿐만 아니라 전력 가격을 안정적으로 유지하는 데도 취약한 점이 있음을 인정하기도 했다.[97] 그럼에도 불구하고 의회에서는 가스발전에 대해 장기적으로 북해 유전 등에서 가스생산이 계속되면서 경제성이 향상될 것이라든지, 재생에너지 확대에 따라 전력망 안정성을 고려할 때 앞으로 가스발전이 꼭 필요하다는 등의 이유로 가스발전에 대한 배출허용기준(EPS) 강화에 부정적인 입장이 다수를 차지하였고, 이는 가스발전에 대한 규제 실패로 이어졌다.

3. 실패의 극복

영국은 현재까지 석탄발전 감축은 물론이고 풍력 등 재생에너지 확대를 통해 꾸준히 전환 부문의 감축을 이루어내고 있다. 기존 석탄발전소들이 워낙 노후한데다 풍력, 태양광 등 대안 기술의 가격이 급격히 하락했기 때문에 탄소가격하한제와 같은 탄소가격 반영 조치는 도입 당시 계획했던 점진적인 상향조치 없이도 발전원 구성을 바꾸는 데 있어 충분히 그 효과를 발휘한 것으로 평가된다. 그러나 배출허용기준(EPS) 도입에 있어 일부 석탄발전소, 가스발전소에 대한 규제가 제대로 이루어지지 않으면서, 앞으로의 온실가스 감축목표 달성에 있어 많은 우려를 가질 수밖에 없는 상황을 낳았다. 이러한 우려의 결과로 2013년 에너지법 개정 이후 후속 논의를 거쳐 CCS 시범사업에 참여하는 석탄발전소에 예외적으로 배출허용기준(EPS)의 적용을 유예하려 했던 정책은 폐기되고 석탄발전소에 대한 배출허용기준(EPS)은 보다 강화되었다. 가스발전에 대해서는 2050년 탄소

Electricity Market Reform」, Volume 1, 2011.
97) DECC, 「Electricity market reform: policy overview」, May 2012, 5.

중립 목표를 고려해 새로운 정책 조치가 마련될 것으로 예상된다.

가. 석탄발전소 배출허용기준 정책의 수정

파리협정을 앞둔 2015년 11월 18일 영국 정부는 2025년까지 이산화탄소 포집과 저장기술이 적용되지 않는 석탄화력발전소(총 25GW 규모)를 단계적으로 퇴출하겠다고 발표하였다. 이후 2016년 11월경 구체적인 탈석탄 계획 제안을 담은 협의 문서(Consultation Document)를 발행하였다.[98] 해당 문서는 영국 석탄발전소의 평균 가동 연수가 47년으로 탄소세 인상 및 가스 가격 하락 등에 따라 경제성 측면에서 경쟁력을 이미 상실했으며, 정부 개입 없이도 전면 폐쇄될 가능성이 있지만, 향후 석탄 가격 하락 등으로 인한 불확실성에 대비하기 위한 정책적 조치로 온실가스에 대한 배출허용기준(EPS)을 정하여 이를 충족할 수 없는 석탄발전소는 2025년까지 퇴출시킬 것을 제안하였다.[99] 이러한 협의 문서에 대해 2016년 11월 9일부터 2017년 2월 8일까지 3개월간 진행된 의견 수렴 결과를 바탕으로 2018년 1월 영국 정부는 기존 석탄화력 발전소에 대해 신규 가스발전소와 유사한 수준(450g CO_2/kWh)으로 온실가스 배출량을 저감하도록 요구하는 것으로 관련 규제의 내용을 변경하였다.[100] 이 과정에서 수렴한 의견과 그에 대한 규제 당국의 답변은 인터넷에 누구나 찾아보기 쉬운 형태로 공개되어 있다.[101] 이러한 정책 수립 과정의 투명한 공개는

---

98) DBEIS, 「Coal generation in Great Britain: The pathway to a low-carbon future」, November 2016.

99) 한전경영경제연구원, 「기후변화 대응을 위한 해외 탈석탄발전 동향 분석」, KEMRI 전력경제 Review, 2017년 제13호, 2017. 6. 26.

100) DBEIS, 「Implementing the end of unbated coal by 2025: Government response to unabated coal closure consultation」, January 2018; The Guardian, "UK government spells out plan to shut down coal plants", January 5, 2018.

피규제자의 지대추구 행위를 예방하고, 규제정책 도입에 관한 수용성을 높이는 긍정적인 역할을 한 것으로 평가된다. 이는 온실가스 감축정책 수단 도입 결정 과정의 절차적 투명성이 제도 시행에 대한 수용성을 높이는 것은 물론이고 기후 정책 목표를 달성하는데 기여할 수 있다는 것을 보여 준다.

나. 탄소중립 목표 달성을 위해 남은 과제

남은 문제는 최근 들어 계속 증가해온 가스발전소의 미래와 관련한 것이다. 가스발전의 비중은 1990년대 급격히 증가해 2010년에는 46%까지 치솟았다. 풍력발전의 보급이 순조롭게 이루어지면서 그 비중이 잠시 감소하였으나, 2018년과 2019년 연속해서 40% 수준을 유지했다.[102] 따라서 최근에는 탄소중립 목표 달성 실패를 우려하며 신규 가스발전 건설을 중단하고 가스발전 비중을 줄여야 한다는 목소리가 높아지고 있다. 2019년 10월에 인허가된 3.6 GW 규모의 복합 가스발전소 건설 프로젝트에 대해 계획감사관(Planning Inspectorate)이 "기후변화법에 명시된 정부의 온실가스 감축 노력을 심각하게 저해할 우려가 있다"라면서 허가를 거부할 것을 자문하였음에도 DBEIS가 허가를 강행한 사례는 위와 같은 논쟁에 불을 지폈다.

2020년 12월 발간된 6기 탄소예산 보고서에서 기후변화위원회는 2050년 탄소중립을 위한 감축경로를 감안할 때 가스발전소(unabated gas)는 2035년까지 폐지되어야 하며, 모든 새로운 가스발전소는 CCS

---

101) UK Government, "Consultation Outcome: Coal Generation in Great Britain: The Pathway to the Low Carbon Future", https://www.gov.uk/government/consultations/coal-generation-in-great-britain-the-pathway-to-a-low-carbon-future (최종접속일: 2021. 7. 31.).

102) EMBER, "UK wind power pushes fossil gas to 5-year low", December 17, 2020, https://ember-climate.org/commentary/2020/12/17/uk-gas-to-5-year-low/, 최종접속일: 2021. 7. 9.).

나 수소로의 전환에 대한 대비책을 갖추어야 할 것이라고 권고했
다.103) 이에 따라 기후 정책 목표를 감안할 때 가스발전에 대한 정책
을 어떻게 수정해야 할 것인가가 중요한 이슈로 부상하고 있다. 특
히 현재 가스발전소 건설의 주요한 자금원이 되고 있는 용량시장
운영규칙의 개정은 물론 기존 가스발전소에 대한 탄소포집 및 저장
기술 적용 요구의 확대 등이 향후 쟁점이 될 것으로 보인다.104) 앞
서 석탄발전에 대한 배출허용기준(EPS) 도입 사례에서 보듯 투명한
의사결정 체제를 유지하는 것은 기존의 산업적·경제적 이해관계에
서 벗어나 기후 정책과 에너지 정책 간의 조율을 꾀하는데 기여할
것이다.

제 3 항 기후·에너지 정책 조율 현황 및 전망

현재까지 영국에서는 2008년 수립된 기후변화 대응법제를 중심으
로 앞서 살펴본 바와 같이 연간 감축목표는 물론 5년 단위의 탄소예
산을 관련 법률과 행정명령을 통해 법규화하고 기후·에너지 정책의
조율을 시도해 왔다. 2008년 기후변화법 제정 당시 3기에 해당하는
탄소예산을 확정한 이후, 2011년(4기)과 2016년(5기), 2021년(6기)까지
총 세 차례의 탄소예산 수립과정이 이루어졌다. 2019년 '2050년 탄소
중립'이라는 새로운 장기 온실가스 감축목표를 선언한 이후 해당 목
표를 법률에 반영하고, 6기 탄소예산을 수립하는 과정에서 영국의

---

103) Climate Change Committee, 「The Sixth Carbon Budget: The UK's path to
    Net Zero」, December 2020, 71.
104) Grace Alster, 「UK spent £350m on new gas power despite nearing fossil
    phase-out」, March 12, 2021, https://ember-climate.org/insights/commentary/
    uk-spent-350m-on-new-gas-power-despite-nearing-fossil-phase-out/ (최종
    접속일: 2021. 9. 3.)

온실가스 감축목표는 2035년까지 1990년 대비 78% 감축으로 강화되었다.[105)

영국 기후변화법

제1부 탄소목표 및 예산

1. 2050년 목표

(1) 국무장관(Secretary of State)은 영국의 순단소 배출량(net UK carbon account)이 2050년까지 기준선인 1990년 수준 온실가스 배출량 대비 최소 100% 이상[106) 감축되도록 해야 할 의무가 있다. (이하 생략)

4. 탄소예산

(1) 국무장관(Secretary of State)은 (a) 2008-2012년의 기간을 최초로 하는 5년의 기간마다 영국의 순탄소계정(탄소 예산)을 설정하고, (b) 해당 기간 동안 영국의 순탄소계정이 탄소예산을 초과하지 않도록 해야 할 의무가 있다.

(2) 탄소예산은 이 부(Part)가 시행된 후 어느때라도 설정가능하지만 (a) 2008-2012년, 2013-2017년, 2018-2022년의 기간에 관하여는 2009년 6월 이전, (b) 이후의 기간에 대해서는 당해 기간이 개시하는 해의 12년 전의 6월 30일 이전에 설정해야 한다.

---

105) UK Government, "UK enshrines new target in law to slash emissions by 78% by 2035" (Press release), April 20, 2021, https://www.gov.uk/government/news/uk-enshrines-new-target-in-law-to-slash-emissions-by-78-by-2035 (최종접속일: 2021. 7. 8.).

106) 기후변화법 제정시 80%였던 것이 2019. 6. 26. The Climate Change Act 2008 (2050 Target Amendment) Order 2019에 의해 100%로 수정되었다.

5. 탄소예산의 수준

(1) 탄소예산은 (a) 2020년을 포함하는 할당 기간에 관해서는 탄소예산의
1년분이 1990년을 기준으로 하여 최소 34% 이상[107] 감축되어야 하
고, (b) 2050년을 포함하는 할당기간에 관해서는 탄소예산의 1년분이
1990년을 기준으로 하여 최소한 제1조에서 지정한 수준(2050년 목표)
이상이 되어야 하며, (c) 이후 국무장관의 명령으로 정하여지는 할당
기간에 관하여는 탄소예산의 1년분이 (i) 1990년을 기준으로 최소한
지정된 비율 이상이 되거나, (ii) 지정된 최대 비율을 넘지 않으면서
지정된 최저비율의 감축을 확보하는 것이어야 한다. (이하 생략)

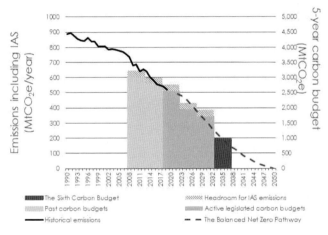

[그림 4] 2050 탄소중립을 위한 영국의 탄소예산

출처: Climate Change Committee, 「The Sixth Carbon Budget: The UK's path to Net Zero」,
December 2020, 14면.[108]

---

107) 기후변화법 제정 당시 26%였던 것이 2009. 5. 20. The Climate Change Act
2008 (2020 Target, Credit Limit and Definitions) Order 2009에 의해 34%로
수정되었다.
108) 영국의 탄소예산을 1990년 대비 감축률로 환산해보면 다음과 같다.

그간의 탄소예산 수립 과정에서 기후변화위원회의 권고는 결정적인 역할을 하였다. 2011년 4기 탄소예산 설정시 이미 경과한 기간의 예산 변경 및 국외 감축과 관련한 제안, 2015년 5기 탄소예산 설정시 국제운송(IAS) 분야의 배출량을 포함해서 관리하자는 제안 등이 받아들여지지 않았던 경우를 제외하고는 탄소예산의 범위에 대한 위원회의 의견은 거의 그대로 반영되었다. 이는 온실가스 감축정책의 의욕성을 유지하는 데 있어 위원회가 중요한 역할을 담당하였음을 보여 주는 실증적인 증거이다.109) 기후변화법상 감축목표의 설정에 있어 기후변화위원회의 지문을 얻도록 하고, 그와 다른 결정을 할 때는 설명의무를 부여하는 방식으로 위원회 의견에 구속성을 부여한 결과(동법 제9조)로도 볼 수 있다.

탄소예산의 이행 과정에서도 위원회는 중요한 역할을 수행해 왔다. 탄소예산의 달성 여부를 판단하기 위해서 국무 장관은 예산기간별 탄소예산명령(Carbon Budget Order)이 확정됨에 따라 매년 연간 배출량에 관한 명시적 연간범위(indicative annual range)를 설정해 의회에 보고하는 한편, 해당 배출량 준수 여부에 관한 연차보고서 작성 의무를 부담한다(동법 제16조). 기후변화위원회는 이와 별개로 탄소예산의 이행에 관한 독자적인 견해를 담은 연차보고서(Report on progress, 이하 '이행보고서')를 작성한다(동법 제36조). 기후변화위원회의 이행보고서는 기본적으로 전년도의 경제 전반 및 부문별 배출량 증감을 정량적으로 평가하고 세부 지표에 대한 달성도를 평가한다. 이와 함께 이행이 미진한 경우 그 원인과 위험요소, 도전과제 등

구분	1기 ('08~'12)	2기 ('13~'17)	3기 ('18~'22)	4기 ('23~'27)	5기 ('28~'32)	6기 ('33~'37)
탄소예산 규모 (연평균, 백만 톤)	3,018 (603.6)	2,782 (556.4)	2,544 (508.8)	1,950 (390)	1,725 (345)	965 (173)
기준연도(1990년) 대비 감축률(%)	23%	29%	35%	50%	57%	78%

109) Averchenkova et al., op. cit., 9-10.

을 분석해 제시한다. 또한 현 추세에 기초할 때 탄소예산과 2050년 목표 달성 가능성까지 전망한다. 기후변화위원회가 작성한 이행보고서에 대해서는 정부가 반드시 응답보고서(Response to Committee's reports on progress, 이하 '응답보고서')를 작성하도록 규정하고 있는데(동법 제37조), 정부의 응답보고서는 이행보고서상에 제시된 부문별 권고사항 각각에 대해 답변하는 형식으로 작성된다. 이렇게 작성된 모든 보고서는 의회에 제출해야 하며, 해당 부처 또는 기후변화위원회 홈페이지를 통해 투명하게 공개하도록 하고 있다.

이러한 연간 평가 체제와 별개로 5년 단위로 설정된 탄소예산 주기에 맞추어 탄소예산의 각 이행기간이 종료되면, 기후변화위원회는 탄소예산 달성 여부에 대한 견해를 담은 보고서를 작성하고, 정부 역시 이행결과를 담은 최종보고서를 작성해야 한다. 만약 탄소예산을 달성하지 못하는 경우 법 제19조에 따라 정부는 다음 이행 기간에 도입할 추가적인 감축정책 및 조치들을 담은 보고서를 작성해 의회에 제출해야 한다.

이렇게 영국은 국가 온실가스 감축목표와 탄소예산의 준수라는 확실한 기후 정책 목표하에 감축목표 이행 계획을 수립하고, 그 이행결과를 기후변화위원회가 평가하여 다음 이행계획에 보완조치들을 반영하도록 하는 체계를 분명히 법령에 명시하고 구현함으로써, "계획-집행-점검-평가-환류"의 유기적 연계를 실현하고 있다. 물론 탄소예산 달성을 위한 이행 조치들에 대해서는 이행보고서에 담긴 기후변화위원회의 권고가 큰 힘을 발휘하지 못하고 최종적으로 정책 반영까지 이루어지는 경우가 많지 않은 점 등이 문제로 지적되기도 한다. 앞서 살펴본 에너지법 개정 과정에도 유사한 현상이 나타났다.

[표 6] 영국 기후변화법(2008년)의 주요 조항(요약)

구성	조항	주제	핵심조항 요약
1부. 감축목표 및 탄소예산	제1~3조	2050 감축목표	1조. 2050년까지 1990년 온실가스 배출량 대비 최소 100% 감축.
	제4~10조	탄소예산	4조. 2008~2012년을 최초로 하여 매 5년 단위로 기간을 설정. 2013~2017년, 2018~2022년에 대한 탄소예산은 2009년 6월 1일 전에 설정하고, 이후 기간에 대해서는 매 기간이 시작하는 열두 번째 연도의 6월 30일 전에 설정.
			5조. 2020년을 포함하는 기간에는 1990년 배출량 대비 최소 34% 감축.
			8조. 장관(Secretary of State)이 탄소예산을 설정.
			9조. 8조에 관련된 행정입법을 의회에 제출하기 전, 장관은 기후변화위원회의 조언을 고려해야 함. 만약 권고와 다른 수준의 탄소예산을 설정하는 경우 그러한 결정에 이르게 된 근거를 담은 설명서를 발간해야 함.
	제12조	명시적 연간범위	12조. 장관은 관계기관과 협의해 연간 배출범위를 설정하고 관련 보고서를 의회에 제출해야 함.
	제13~15조	탄소예산 달성을 위한 제안 및 정책	13-14조. 장관은 장기 목표 및 탄소예산 달성을 위한 제안 및 정책을 담은 성명서를 작성해 의회에 제출해야 함. 본 성명서는 정책 및 조치들이 경제 각 부문에 미치는 영향 등에 대해 설명해야 함.
	제16~20 조	목표 달성 여부 판단	16조. 장관은 연간 배출량 및 산정방법론, 회계규칙, 배출증감 등의 정보를 담은 성명서를 매년 3월 31일 전에 의회에 제출.
			18조. 장관은 각 탄소예산 회기가 종료되면 다음 해 5월 31일 이전에 탄소예산의 달성여부와 미달성 이유를 담은 성명서를 작성해 의회에 제출해야 함.
			19조. 탄소예산을 초과한 경우 장관은 차기 탄소예산 기간에서 이를 보상하기 위한 정책 및 조치들을 담은 성명서를 의회에 제출해야 함.
			20조. 장관은 2052년 5월 31일까지 2050년 목표 달성여부, 미달성시 그 이유 등을 담은 성명서를 의회에 제출해야 함.
	제21~23조	예산 및 기간 변경	22조. 기후변화위원회의 조언과 여타 국가 기관이 건의를 고려해 예산 및 기간의 변경을 고려.

그러나 최종 정책 결정에 반영되지 않았더라도 기후변화위원회의 의견은 탄소예산과 관련한 토론은 물론 에너지, 건물, 수송 등 연관 분야의 정책 결정과 관련한 논의에서 자주 인용되는 등 부처간 토론에 있어 중요한 역할을 수행해 왔다. 또한 이행보고서와 응답보고서의 발간과 같이 정책 수립과 집행 과정에서 투명성과 책임성을 확보하기 위해 취해온 일련의 조치들은 기후 정책에 관한 신뢰도를 높이고 국민적 협조와 지지를 확보하는 데 기여한 것으로 보인다.110) 가스발전 문제의 경우 역시 2021년 6월 기후변화위원회가 6기 탄소예산을 발표하면서 2050년 탄소중립 목표를 달성을 위해서는 2035년까지 가스발전 설비 역시 퇴출되어야 한다는 등의 정책 권고를 제시한 만큼, 그간 구축해 온 기후·에너지 정책 이행 체계를 통해 앞으로 해결책을 찾아갈 것으로 보인다.

---

110) Averchenkova, et al., op. cit.

제 4 절 프랑스

제 1 항 온실가스 감축정책의 전개

1. 기후 정책의 태동(1990년대)

프랑스는 1970년대 전 세계를 강타한 석유 파동 이후부터 꾸준히 원자력발전소 건설을 추진해온 결과로 전력소비량에 비해 온실가스 배출량이 상대적으로 적은 국가였다. 그럼에도 1992년 유엔환경개발회의(UNCED) 직후 프랑스는 기후변화협약(UNFCCC)에서 정해진 목표에 상응하는 기후변화 대응계획을 수립하기로 결정하였다.[111] 당초 프랑스 정부는 1993년 3월에 공포한 '온실가스 대응 기초 프로그램'과 1995년과 1997년의 '기후변화 예방 계획'(1차·2차)을 기초로 기후변화에 대한 국가대응계획(Programme National de Lutte contre le Changement Climatique, PNLCC)을 수립해 1999년 중으로 발표할 예정이었다. 하지만 산업계의 반발 등으로 인하여 2000년 초가 되어서야 국가대응계획(PNLCC)을 공포하는 등 기후 정책을 수립하고 추진하기까지는 오랜 시간이 소요되었다. 당시 국가대응계획(PLNCC)에는 원자력발전의 유지 및 안전성 보강, 탄소세 도입, 수송구조 조정, 재생에너지 보급 등의 내용을 담았다.[112]

---

111) 오승규, 기후변화에 대한 프랑스 법의 대응, 법학논총, 제24권 제2호, 2017, 97면.
112) 차재호, 프랑스 에너지 부문의 기후변화 대응 국가프로그램, 에너지관리, 2001년 1월호, 68면.

2. 기후 정책의 수립(2000년대 중반)

이후 프랑스의 기후 정책은 교토의정서로 대표되는 국제적 합의
와 유럽연합의 기후 정책에 따라 천천히 발전했다. 1998년 유럽연합
이 교토의정서에 서명하고 부담배분협약을 통해 회원국 각자의 감
축부담을 나누는 과정에서 프랑스 역시 더 장기적인 관점에서 기후
정책을 갖출 것이 요구되었다. 2004년 프랑스 정부는 기후변화 방지
를 위한 최초의 종합계획인 '2004-2012 기후계획(Plan Climat-Energie)'
을 내놓았다.[113] 이 계획은 에너지 소비 감축과 에너지 생산성 증가
를 통하여 매년 온실가스를 3%씩 감축해 교토의정서의 제1차 공약
기간이 끝나는 2012년에는 1990년 수준으로 감축하고, 2050년까지
온실가스의 배출을 1990년 배출량의 4분의 1 수준(약 1억 4천만톤 수
준)으로 줄이겠다는 목표를 내세웠다.[114] 같은 해 프랑스는 국가 지
속가능발전위원회(Conseil national du développement durable)를 설립
했으며, 유럽연합 지침에 따라 온실가스 배출권거래제의 도입에 관
한 법규명령(ordonance)을 제정해 EU ETS 도입의 기반을 다졌다.
이후 프랑스는 '2005년 7월 13일자 에너지 정책 방향 설정에 관한
프로그램 법률(Loi n° 2005-781 du 13 juillet 2005 de programme fixant
les orientations de la politique énergétique, 이하 에너지정책기본법)'을
제정하면서 에너지 법·정책에 기후목표를 반영하기 위한 시도에 착
수하였다. '프로그램 법률'이란 의회와 정부 간의 관계를 정하는 헌
법 제34조에 근거해 국가 활동의 목적을 정하기 위한 것으로 그 자
체로는 규범적 효력을 가지지 않는다는 것이 프랑스 헌법위원회의
견해이다.[115] 에너지정책기본법도 프로그램 법률로 분류되지만 2003

---

113) 이광윤, 프랑스의 기후변화 대응법제, 성균관법학, 제20권 제3호, 2008,
    939-940면.
114) 김현희, 앞의 보고서, 12-13면.

년 1월의 국민 토론회로부터 시작된 오랜 의견수렴 과정의 결과물이
라는 점에서 쉽게 무시될 수 없는 법률이다. 위 법률 제정에 대하여
2003년에만 250개 이상의 세미나가 개최되었고, 관련 인터넷 사이트
의 방문자 수는 35만 명에 달하였다. 이어서 정부가 발간한 에너지
백서에 대해 조합, 정당, 직능단체, 시민단체 등이 60개 이상의 보고
서를 발간함으로써 응답하였다. 2004년 5월에는 하원과 상원에서 토
론이 시작되었고, 그 결과로 법률안이 제출되었다.116) 이 법은 에너
지 가격 안정과 함께 지구온난화 문제에 대한 대응을 에너지 정책의
궁극적인 목표로 정하고, 2004년 기후계획에서 설정한 2050년까지의
장기 온실가스 감축목표와 함께 당시 14%였던 재생에너지 발전 비중
을 2010년까지 21%로 끌어 올릴 것을 주요 정책 목표로 반영하였다.117)

에너지정책기본법이 제정된 이후인 2007년에는 에너지산업부의
업무 일부를 지속가능발전부118)에 통합하는 조치가 이루어지면서
프랑스 역시 영국과 마찬가지로 기후·에너지 담당 부서의 일원화가
추진되었다. 새롭게 등장한 기후·에너지 담당 부서는 2009년 6월 생
태·에너지·지속가능한발전·해양부(Ministère de l'Écologie, de l'Énergie,
du Développement Durable et de la Mer)119)로 확대 개편되었다.

---

115) 최근에는 국가 활동의 양적, 질적 목표를 정하는 완화된 수준의 법적 효
    력을 가지는 것으로 인정해야 한다는 견해가 대두되고 있다(김현희, 앞
    의 보고서, 39면).
116) 이광윤, 앞의 논문, 953면.
117) 오승규, 남상성, 프랑스의 재생에너지정책과 법제에 대한 검토, 법과 정
    책연구, 제16권 제2호, 2016, 187면.
118) 당초 지속가능발전부(Ministère de Développement Durable)는 환경부와 교
    통 및 공공사업부의 두 개 부서를 통합해 만든 부처였다.
119) 현재는 생태전환부(Ministère de la Transition écologique)라는 명칭을 사용
    하고 있다.

3. 기후·에너지 정책의 통합적 추진(2000년대 후반)

2007년 5월 취임한 사르코지 대통령은 프랑스가 기후·환경 위기를 맞고 있다고 진단하고, 위기 해결을 위한 조치들은 물론이고 단기적·장기적 정책 목표를 다시 설정해야 할 필요가 있다는 점을 강조하였다. 사르코지 대통령은 취임 직후 기후·환경 문제의 해결을 위한 사회적 논의기구로 중앙정부, 지자체, 기업, 노조, 시민단체 등 5개 그룹의 이해관계자들로 구성된 '환경 그르넬(Grenelle de Environnement)'을 출범시켰다. '그르넬 협약'은 원래 '68운동' 당시 사회적 혼란을 막기 위해 당시 그르넬(Grenelle)가에 위치해 있었던 총리 공관에서 이루어진 노·사·정 3자의 대타협을 일컫는 고유명사이다. 사르코지 대통령은 환경 정책의 추진에 있어서도 사회적 '대타협'에 버금가는 사회적 합의를 이루어내고자 하였고, '환경 그르넬'을 통해 그러한 의지를 표명하였다.[120]

환경 그르넬에서는 6개 주제별 콘퍼런스를 개최해 수백 개의 정책 제안을 도출하였다. 이후 19회에 걸친 공청회와 인터넷 포럼, 2회에 걸친 의회 토론회는 물론 31개 관련 정부 기관에 대한 청문 진행 결과까지 반영한 정책 제안을 놓고, 10월 24~26일까지 3일간 관련 부처의 장관 주제로 열린 원탁회의에서는 기후변화 대책, 온실가스 감축, 재생에너지 개발, 지속가능한 국토개발 등에 대한 268개에 이르는 과제를 담은 종합보고서를 채택하였다. 이에 대해 사르코지 대통령은 건물에너지 기준 강화, 저탄소 운송수단인 철도에 대한 투자, 오염물질 다배출 교통수단에 대한 환경세 신설 등의 채택을 약속하고 이를 담은 법률안을 제정하기로 합의하였다.[121] 2007년 12월 환

---

120) 한국유럽학회, 앞의 보고서, 33면; 이광윤, 앞의 논문, 955면; 도민영, 68 운동의 경제적 영향: 프랑스 5월 운동을 중심으로, 경제사학, 제57호, 2014, 113-142면.

경 장관은 34개 위원회를 출범시켜 해당 합의안에 대한 구체적인 이행 계획을 마련하였고, 이를 2009년 8월 3일자 환경 그르넬의 시행에 관한 프로그램 법률(LOI n° 2009-967 du 3 août 2009 de programmation relative à la mise en œuvre du Grenelle de l'environnement (1), 소위 '그르넬1법')에 담았다.[122] 수년간의 폭넓은 사회적 대화를 통해 탄생한 만큼 그르넬1법은 하원과 상원에서 모두 압도적인 동의를 얻었고, 2009년 8월 3일 최종 공표되었다.[123]

그르넬법1은 기후변화, 생물다양성·생태계·자연환경, 리스크 예방 및 폐기물, 국가의 시범, 거버넌스·정보 및 교육, 국외 적용 등에 관한 6개의 장(Titre)과 총 57개의 조문(Article)으로 구성되어 있다. 그 내용의 상당 부분은 녹색성장의 구체적인 목표와 전략, 주요 실현 수단에 관한 선언과 약속 등으로 구성되어 있다. 기후변화 대응 차원의 기후·에너지 정책의 조율에 관한 사항은 제1장에서 집중적으로 다루고 있다.

프랑스 그르넬1법

제1장(Titre): 기후변화에의 대응(2~22조)
　　　제1장(Chapitre): 건물 에너지 소비의 감축(3~6조)
　　　제2장(Chapitre): 도시 계획(7~9조)
　　　제3장(Chapitre): 수송(10~17조)
　　　제4장(Chapitre): 에너지(18~19조)
　　　제5장(Chapitre): 지속가능발전을 위한 연구(22조)
제2장(Titre): 생물다양성, 생태계, 자연환경(23~35조)

---

121) 김현희, 앞의 보고서, 18면.
122) 오승규, 남상성, 앞의 논문, 188면.
123) 한국유럽학회, 앞의 보고서, 34면; 김현희, 앞의 보고서, 19면.

제3장(Titre): 환경과 건강을 위한 리스크 예방, 폐기물 발생의 예방
(36~47조)

제4장(Titre): 국가의 시범(48조)

제5장(Titre): 거버넌스, 정보와 교육(48~55조)

제6장(Titre): 국외 적용(56~57조)

해당 법에서는 기후변화에 대한 대응을 프랑스의 최우선 과제로 선언하고, 기존의 2050년 국가 온실가스 감축목표를 재확인하였다(제2조 제1항). 그리고 2020년까지 에너지효율 20% 향상이라는 유럽연합의 목표를 실현함과 동시에 재생에너지 비율이 최종에너지 소비의 최소 23%에 이르도록 할 것을 약속하였다(제19조 제2항). 국가적 차원의 주요 정책 수단으로 기후·에너지세를 도입하기로 하였다. 그르넬1법은 소위 '프로그램 법률'로 환경그르넬의 협약당사자가 내놓은 합의를 문자화한 것에 지나지 않는 것이었으나, 장차 법전화 과정을 거치면서 환경법전에 편입되어 규범적 효력을 갖는 법률이 될 것이 예정된 상황이었다.124) 이로 인해 기존에 에너지 자립과 에너지공급 안정성, 경쟁력있는 가격의 보장을 주요 원칙으로 하였던 프랑스의 에너지 정책에도125) 온실가스 감축목표가 본격적으로 반영되기 시작하였다.

이후 2010년 통과된 환경을 위한 국가적 약속에 관한 2010년 7월 12일자 법률(Loi n° 2010-788 du 12 juillet 2010 portant engagement national

---

124) 프랑스는 가제식 법전을 채택해 모든 분야의 법률을 법전화하여 기본 체계를 갖추고, 새로운 입법 내용을 계속 추가하는 방식으로 법제를 발전시켜 나가고 있다. 환경법, 에너지법 역시 마찬가지로 기후·에너지 정책 조율을 시도하는 입법이 이루어짐에 따라 계속 관련 내용이 추가되는 방식으로 개정되어오고 있다.

125) Jean-Marie Pontier, 전훈 역, 프랑스의 에너지정책, 에너지법 그리고 기후변화, 환경법연구, 제30권 제2호, 2008, 75-77면.

pour l'environnement, 소위 '그르넬2법')은 그르넬1법에 대한 이행법
으로 앞서 수립한 계획의 실행에 관한 내용을 담았다. 전체 구성상
한 개의 장(chapitre)를 재생에너지에 할애한 최초의 법률이란 점에
서 재생에너지 정책의 전환점으로 평가된다. 이외에도 건축에서의
에너지 성능 개선, 환경친화적 운송 방식의 발전에 적합한 조치 등
도시계획 관련 규정들을 통해서도 재생에너지 활성화를 지원하고
있다.[126)

  에너지 정책에 있어 기후 문제에 대한 고려는 2012년 사회당 소
속 올랑드 대통령의 당선으로 더욱 강화되었다. 2011년 후구시마 사
고 이후 프랑스의 원자력 정책에 대한 비판 여론이 비등한 상황에서
당선된 올랑드 대통령은 선거 과정에서 탈원전 노선을 고수해온 녹
색당과의 연대를 추진했고, 노후한 원자력 설비를 폐쇄하고 전력 생
산에서 원자력의 비중을 축소하겠다고 공약한 바 있었다. 올랑드 대
통령은 당선 직후 과도한 원전 비중의 감축과 재생에너지 비중 확대
를 중심으로 하는 저탄소 경제 로드맵을 설정하고 이를 관련 법제에
반영하겠다는 입장을 표명하였다.

  이에 따라 2012년 9월부터 환경콘퍼런스를 시작으로 국민대토론
이 시작되었다. 국민대토론(Etats généraux)은 2012년 11월 29일부터
2013년 7월 18일까지 약 8개월 동안 지자체, 전문가, 일반시민 등이
참여한 가운데 진행되었다. 1천여 차례의 토론회에 17만 명의 국민
이 참여한 가운데 전원 구성에 관한 목표를 설정하고, 이를 달성하
기 위한 추진 단계를 설정하는 한편, 장기 시나리오 수립, 재생에너
지 기술 개발, 산업·지역별 개발 전략, 재원 마련 등에 관한 논의를
거쳐 주요 쟁점 15개를 도출했고, 이를 기초로 쟁점별 제안서를 작
성해 공개하였다. 그리고 2012년 제1차 환경콘퍼런스와 2013년 제2

---

126) 오승규, 앞의 논문, 101면.

차 환경콘퍼런스 등 두 차례에 걸친 추가 논의를 통해 생태적 전환 (ecological transition)을 위한 로드맵을 도출하였다.127)

국민 대토론을 통해 프랑스 정부는 에너지 효율 개선과 환경 문제가 정부의 의지만으로 해결될 수 없음을 알렸고, 온실가스 감축에 관한 사회적 합의를 이끌어 냄으로써 오랫동안 고수해 온 원자력발전의 대안으로 화력발전이 아니라 재생에너지를 선택하였다. 그 결과로 제정된 녹색성장을 위한 에너지전환법(LOI n° 2015-992 du 17 août 2015 relative à la transition énergétique pour la croissance verte 이하 '에너지전환법')에는 2030년까지 1990년 대비 40% 감축이라는 유럽연합 차원의 목표를 바탕으로 재생에너지 확대, 원자력과 화석연료 소비 축소, 폐기물 재활용, 수송, 주택 등 부문별 세부 목표 및 이행계획의 내용을 규정하였다.

프랑스 에너지전환법

제1장(Titre): 기후변화에 대응하여 성공적인 에너지 전환과 에너지독립과 경쟁력 강화, 환경과 건강을 보존하기 위한 공동의 목표 정의(1~2조)

제2장(Titre): 에너지 절약과 비용 절감, 일자리 창출을 위한 건물 리노베이션 (3~33조)

제3장(Titre): 대기질과 건강에 도움이 되는 청정 수송의 개발(34~68조)

제4장(Titre): 재활용을 고려한 디자인을 통한 폐기물 문제에의 대응과 순환경제의 촉진(69조~103조)

제5장(Titre): 에너지 다변화와 자원개발을 위한 재생에너지 개발 촉진 (104~122조)

---

127) 임산호, 김정아, 박아현, 「프랑스 정부의 생태학적 에너지 전환 로드맵」, 세계 에너지현안 인사이트 제14권 제1호, 에너지경제연구원, 2014.

제6장(Titre): 핵안전성 향상, 시민에 대한 정보 제공(123~132조)

제7장(Titre): 효율성과 경쟁력 향상을 위한 절차 간소화(133~172조)

제8장(Titre): 시민, 기업, 지역, 국가간 협력(173~215조)

프랑스 정부는 해당 법에 따라 2015년 향후 15년간의 탄소예산과 그 달성 계획을 담은 국가저탄소전략(de la Stratégie Nationale Bas Carbone, SNBC)과 중장기 에너지 계획(de la Programmation Pluriannuelle de l'énergie, PPE)을 수립하였고,[128] 그 내용을 같은 해 11월 파리에서 개최된 제21차 기후변화협약 당사국총회에서 공개하였다.

4. 탄소중립 목표의 수립

2017년 마크롱(Emmanuel Macron) 대통령 취임 이후 프랑스 정부는 파리협정 이행과 '2050년 탄소중립'을 목표로 하는 기후계획(Climate Plan)을 발표함으로써 기후변화가 국정운영의 중심이라는 점을 다시 한 번 확인하였다. 이와 동시에 정부는 에너지원을 다원화하면서도 온실가스 감축을 추진하겠다는 목표하에 국가저탄소전략(SNBC)과 중장기에너지계획(PPE)의 개정에 착수하였다.[129]

그러나 수송 부문의 온실가스 감축을 위해 단행된 유류세 인상을 시발점으로 2018년 11월 '노란조끼 운동(mouvement des gilets jauns)'이 등장하는 등 반대 목소리가 격화되었다. 마크롱 대통령은 2019년 1월 유류세 인상을 철회하는 것으로 갈등을 봉합하고자 하였으

---

128) 에너지경제연구원, 「프랑스 중장기에너지계획(PPE)의 수립 및 시행」, 세계 에너지시장 인사이트, 제16-42호, 2016.

129) Minutes of the Council of Ministers of April 30, 2019, https://www. gouvernement.fr/conseil-des-ministres/2019-04-30/energie-et-climat (최종 접속일: 2021. 5. 19.).

며,[130] 1월 13일부터 2개월간 프랑스 전역에서 사회적 대토론(Grand Debats National)을 실시하였다.[131] 이후 프랑스 정부는 기후·에너지 정책에 대한 사회적 공감대 형성을 위해 2019년 5월 환경, 경제, 예산, 외교, 농업, 지자체, 건강, 주택 등 주요 관계부처 장관으로 구성된 생태보호위원회(Conseil de défense écologique)[132]를 새로이 발족하여 기후변화 대응체제를 정비하고, 10월에는 시민들이 참여하는 기후시민의회(Convention citoyenne sur le climat)를 발족하여 온실가스 감축방안을 도출하는데 시민들의 의견을 최대한 반영하기 위한 절차를 시작하였다.

이러한 가운데 공개된 국가저탄소전략(SNBC) 개정안은 2050년 탄소중립을 장기 온실가스 감축목표로 제시하였고, 그에 따라 향후 2019년부터 2033년까지 향후 15년간의 탄소예산을 다시 제안하였다.[133] 이는 에너지기후법(LOI n° 2019-1147 du 8 novembre 2019 relative à l'énergie et au climat)의 제정을 통해 에너지법(Code de l'énergie)에 반영되었다.

프랑스 에너지기후법

제1장(Chapitre): 에너지 정책의 목표(1~9조)

제2장(Chapitre): 기후친화정책(10~30조)

---

130) 한희진, 안상욱, 기후변화 정책과 이해충돌: 프랑스 사례를 중심으로, 유럽연구, 제39권 제1호, 2021. 2, 10면.

131) 김은경, 「프랑스 '노란조끼' 운동의 특징 및 시사점」, 경기연구원 이슈&진단, 2019. 3.

132) Decree n° 2019-449 of May 15, 2019 relating to the ecological defense council

133) Ministère de la Transition écologique, "National Low-Carbon Strategy (SNBC)", https://www.ecologie.gouv.fr/strategie-nationale-bas-carbone-snbc, (최종접속일: 2021. 7. 31.).

제3장(Chapitre): 환경평가와 관련한 조치(31~35조)

제4장(Chapitre): 에너지 절약인증 관련 부정에의 대응(36조~38조)

제5장(Chapitre): "Clean Energy for All Europeans" 패키지의 이행(39~55조)

제6장(Chapitre): 국외적용(56조)

제7장(Chapitre): 에너지 규제(57~62조)

제8장(Chapitre): 가스, 전력요금의 규제(63~69조)

2021년 8월에는 기후시민의회 논의 결과를 반영하여 2022년 8월 22일자 기후변화에 대한 대치 및 회복력 강화를 위한 법률(LOI n° 2021-1104 du 22 août 2021 portant lutte contre le dérèglement climatique et renforcement de la résilience face à ses effets)을 제정하였다.

제 2 항 기후·에너지 정책 조율 실패와 극복

1. 실패 사례

가. 프랑스의 장기 온실가스 감축목표 선언

프랑스의 기후변화 대응 논의는 에너지정책기본법(2005년), 그르넬법(2009년), 에너지전환법(2015년), 기후에너지법(2019년)에 이르기까지 지속적인 법제정과 이를 위한 사회적 논의 과정을 수반했다. 프랑스의 온실가스 감축목표는 유럽연합의 목표를 그대로 반영하는 방식을 취하였는데, 유럽연합 목표가 지속적으로 강화됨에 따라 프랑스의 감축목표 역시 상향 조정되었다. 프랑스는 이러한 감축목표와 감축정책의 법제화 과정에서 환경그르넬, 국민대토론, 기후시민의회 등 광범위한 시민 참여를 추진함으로써 사회적 합의를 시도하였다.

2015년 프랑스는 영국과 마찬가지로 5년 단위의 탄소예산을 10~15년 전에 수립하도록 규정함으로써 온실가스 감축목표의 수립과 이행체제를 대대적으로 수정하였다. 2019년에는 에너지기후법을 제정하면서, 2050년 탄소중립 목표와 함께 그에 맞는 2030년 감축목표를 에너지법에 반영하였다. 변경된 에너지법 관련 조항의 내용은 다음과 같다.

프랑스 에너지법(Code de l'énergie)

L. 100-4

제1항 생태 및 기후위기에 대응하기 위한 국가 에너지 정책의 목표는 다음과 같다.

1° 1990년부터 2030년까지 온실가스 배출량을 40% 줄이고 1990년부터 2050년까지 온실가스 배출량을 6분의 1 이하로 줄여 2050년까지 탄소중립을 달성한다.

2050년 탄소중립은 2018년 기준 4억 4천 5백만 톤에 이르는 프랑스의 국가 온실가스 배출량을 8천만 톤까지 줄여야 달성 가능한 상당히 야심찬 목표이다. 그러나 파리협정에서 전 세계가 합의한 온도 목표를 준수하기 위해서는 선진국의 경우 21세기 중반까지는 탄소중립을 달성해야 한다는 IPCC의 권고에 따라 위와 같은 목표를 채택하게 되었다.

나. 제2차 중장기에너지계획 과정에서의 실패(2018년)

그러나 의욕적인 기후 정책 수립에도 불구하고 온실가스 감축 성과는 충분히 나타나지 않았다. 2018년 첫 번째 탄소예산 준수 여부를 평가한 결과 프랑스는 탄소예산을 매년 1천 8백만 톤 가량 초과 배출해왔음이 드러났다.[134] 이에 2018년 11월 마크롱 대통령은 당시 진행중이던 제2차 중장기에너지계획(PPE) 논의 과정에서 2025년까지 원자력발전의 비중을 50%로 낮추겠다는 계획을 변경해 2035년으로 목표달성 시한을 10년 연장하겠다는 것으로 원자력발전 감축정책의 철회를 알렸다.

이러한 원자력발전 감축정책의 후퇴는 온실가스 감축정책의 일환으로 추진되어 온 재생에너지 보급 정책의 성과가 온실가스 감축에 필요한 수준만큼 빠르게 가시화되고 있지 않았기 때문에 이루어진 불가피한 선택처럼 보이지만, 장기적 관점에서 프랑스 전력 부문의 탄소중립 목표와 상충하게 되리라는 점에서 우려의 대상이 되고 있다. 프랑스의 원자력발전기들은 상당히 노후되어 있어 대체할 발전원의 보급이 시급한데 원자력발전에 대한 의존을 지속하겠다는 결정은 그만큼 재생에너지 보급을 저해하는 요인이 될 수 밖에 없기 때문이다. 마크롱 대통령은 위와 같은 비판을 의식한듯 원자력발전 감축정책의 철회를 공식화하는 자리에서 2018년 9.7 GW에 불과한 태양광 발전을 2030년까지 45 GW까지 확대하겠다는 계획 역시 발표하였다. 마크롱 대통령은 "태양광 보급속도가 원자력발전소의 퇴출 속도와 관련이 있다는 것은 터무니없는 주장"이라며 그러한 주장은 전혀 사실이 아니라고 덧붙이기도 하였다.[135]

---

134) Ministère de la Transition écologique, 「National Low Carbon Strategy Project: The cological and inclusive transition towards carbon neutrality」(Project version), December 2018, 9-10.

135) Merav Pront, Green Growth or la Croissance Verte: Assessing the conditions

2. 정책 시장 참여자들의 견해 대립

2015년 시민참여를 통해 수립한 정책 목표는 물론이고, 2050년 탄소중립 목표를 고려한다면 더욱 빠르게 재생에너지를 보급하기 위한 정책을 내놓아야 마땅할 것이다. 그러나 2022년 대선을 앞둔 마크롱 대통령은 기후변화 대응과 온실가스 감축에 있어 단기적인 성과가 중요한 상황이었다. 원자력발전의 비중을 유지하는 것은 단기적으로 저탄소 믹스를 유지하고 탄소예산을 준수하는 데 도움이 되는 쉬운 선택이었다.136)

이러한 결정에 부정적인 견해를 표명하는 환경단체과 재생에너지 사업자들의 견해는 잘 드러나지 않았다. 오히려 이 결정은 전통적으로 원자력발전에 우호적인 프랑스 여론과 원전을 독점적으로 운영하고 있는 독점 사업자의 이해관계에도 부합되는 것이었기 때문에137) 별다른 이견없이 2차 중장기에너지계획에 반영된 것으로 보인다. 2019년 제정된 기후에너지법에 원자력발전 비중 축소를 위해 기존에 명시하였던 목표연도가 2035년으로 수정되는 등 후속적인 법적 조치도 빠르게 이루어졌다.

for an energy transition from fossil fuels to renewables in France, Universiteit van Amsterdam (Thesis), July 2019.

136) The Guardian, "France failing to tackle climate emergency, report says", June 25, 2019.

137) Atalayar, "Macron goes against the grain: renewables will never replace nuclear power in France", May 7, 2021 https://atalayar.com/en/content/macron-goes-against-grain-renewables-will-never-replace-nuclear-power-france (최종접속일: 2021. 6. 13.).

3. 실패의 극복

프랑스의 원자력발전 감축정책 후퇴의 문제는 재생에너지 보급 실패의 문제와 결부되어 있다. 단기적으로는 기후 정책 목표에 따른 결정처럼 보일지라도, 재생에너지 보급에 미치는 장기적 효과를 감안할 때, 노후원전을 다수 보유한 프랑스의 전환 부문 온실가스 감축목표 달성을 저해하는 요인이라는 점에서 정책 실패로 규정될 수 있다. 현재 프랑스는 다양한 방식으로 문제 해결을 모색중인 것으로 보인다.

가. 시민참여의 확대를 통한 새로운 기회의 모색

2050년 탄소중립이라는 새로운 목표에 따라 프랑스의 에너지 정책은 더욱 큰 도전과제를 안게 되었다. 2019년 공개된 제2차 중장기 에너지계획(PPE)은 2019년부터 적용될 새로운 탄소예산을 발표하면서, 제1차 예산(2015~2018년)의 달성 실패를 고려해 더욱더 신속한 감축이 필요하다는 점을 전제로 작성되었다. 최근 프랑스의 에너지 부문 온실가스 배출이 거의 정체되어 있는 점, 수송이나 건물 부분의 온실가스 감축은 더욱 어려운 과제인 점을 고려할 때 프랑스에는 더욱 전향적인 에너지 정책 변화가 요구된다. 현재 프랑스는 시민참여의 확대를 통해 새로운 에너지 정책 대안을 모색하고 있다.

그간 프랑스에서는 환경정치 세력화가 큰 성공을 거두지 못하였다. 사회당은 미테랑의 장기집권 이후 정치적 주도권을 행사하지 못하는 상황이고, 녹색당 역시 2002년의 총선에서의 참패 이후 현실 정치에서 별다른 영향력을 발휘하지 못하고 있다.[138] 그러나 환경그

---

138) 김면회, 앞의 논문, 290-291면; 송태수, 유럽 녹색정치의 발전과정: 독일-프랑스 사례 비교를 중심으로, 문화과학, Vol. 56, 2008.

르넬 이후 국민대토론, 기후시민의회에 이르기까지 기후·에너지 정책 결정과 법제화 과정에서 광범위한 시민 참여와 사회적 대화를 진행함으로써 기후목표를 강화하고 이에 맞게 효과적으로 에너지 정책을 정비해 나가려는 노력을 지속해 오고 있다. 이러한 시민참여의 확대는 토론과 숙의 과정에서 해당 정책 대안에 대한 철저한 검증이 이루어지도록 함으로써 기후·에너지 정책의 실현가능성을 높이는 것은 물론이고, 사회적 수용성을 높이는 데 중요한 역할을 수행한 것으로 평가된다.

특히 최근 도입된 기후시민의회는 프랑스 사회에서 기존에 진행되어 온 사회적 대화 모델에서 한발 더 나아가 무작위로 선택된 개인들이 집중적인 숙의 과정을 거쳐 결론을 도출하고 그 결과의 타당성을 다시 국민투표나 의회입법의 과정을 통해 검증하는 형태의 의사결정 방법론으로 아일랜드의 시민의회(Citizen's Assembly)에서 영감을 받은 것으로 알려져 있다.[139] 프랑스의 기후시민의회는 무작위로 선택된 150명의 시민과 기후, 정책 전문가, 정부 관료들로 구성된 전문가 그룹으로 구성되었으며, 사회정의(social justice)를 존중하면서 2030년 국가 감축목표 달성을 위해 필요한 정책대안을 고안하고 이를 반영한 입법제안을 도출하는 것을 주요 임무로 부여받았다. 2019년 10월부터 2020년 2월까지 당초 예정되었던 것보다 2회 늘어난 총 8회의 회합(session)를 진행했으며, 총 149개의 입법제안을 고안해냈다. 시민의회의 입법 제안은 야외식당에서의 가스열기구 사용금지, 학교에서의 채식식단 확대, 슈퍼마켓에서의 플라스틱 포장재 사용 축소 등 생활속 온실가스 저감을 위한 조치부터 신규공항 건설과 기존공항 설비 증설 중단, 단거리 국내선 운항 중단, 고탄소

---

139) Le Monde, "150 Français tirés au sort, six mois de débat, la taxe carbone sur la table : la Convention citoyenne sur le climat se précise", May 19, 2019.

배출차량 판매 금지와 같은 규제사항을 담고 있었으며, 이러한 제안을 바탕으로 만들어진 법안이 2021년 5월 프랑스 하원을 통과하였다.[140] 당초 마크롱 대통령은 149개의 입법제안 중 환경헌법 개정, 기후세 부과, 차량운행 제한속도의 조정 등에 관한 세 가지 정책과제를 제외한 146개 제안에 대해 그대로 입법을 추진하겠다고 약속하였었기에 모든 제안이 그대로 반영되지 못한 것은 실망스러운 결과였다.[141] 이러한 제안들이 앞으로의 정책 추진 과정에서 추가적으로 얼마나 프랑스 기후·에너지 정책에 반영되고 온실가스 감축목표의 달성이라는 성과를 만들어낼 수 있을 것인가가 앞으로의 과제라 할 것이다.

나. 2050 탄소중립을 위해 남은 과제

프랑스 사례는 과거의 기술을 둘러싼 산업적 이해관계에 갇혀 있는 한 기후·에너지 정책 간의 조율에 실패하기 쉽다는 점을 보여 준다. 전체 전력 생산의 70% 가량을 원자력발전에서 얻고 있는 프랑스는 원자력에 대한 의존도가 세계 최고 수준이다. 프랑스의 원자력 활용은 1957년 수에즈 위기 이후 석유 수급의 안정성이 저하됨에 따라 시작되었고, 그에 따라 석유를 대체하는 발전원으로 등장한 원자력발전에 대한 여론은 상당히 호의적이었다.[142] 더군다나 당장 활용 가능한 저탄소 에너지원으로서 원자력발전의 매력은 온실가스 감축

---

140) Reuters, "French parliament approves climate change bill to green the economy", May 5, 2021.
141) Louis-Gaëtan Giraudet, Bénédicte Apouey, Hazem Arab, Simon Baeckelandt, Philippe Begout, et al., Deliberating on Climate Action: Insights from the French Citizens' Convention for Climate, 2021, ffhal-03119539, https://hal-enpc.archives-ouvertes.fr/hal-03119539 (최종접속일: 2021. 7. 31.).
142) 안상욱, 프랑스 원자력 에너지 운영 및 에너지 정책의 연속성: 독일과의 비교, 유럽연구, 제13권 제1호, 2013.

대안의 선택에 있어 어려움을 가중시키는 역할을 하고 있다. 압도적 비중의 원자력발전에 대한 기존의 편향에서 벗어나지 못함으로써 재생에너지로의 전환이 빠르게 이루어지지 못하는 것이다. 마크롱 정부는 원자력발전 감축정책을 철회하면서 2019년 EDF에 6기에 달하는 신규원전 건설 타당성을 문의했고, 2021년 중반까지 관련 결정을 내리기로 했었으나,143) 차세대 유럽형 가압경수로(European Pressurised Reactor) 개발의 지연과 함께 여론의 동향에 따라 결정 시기를 미루기도 했다.144) 결국 2022년 2월 마크롱 대통령은 탄소중립 목표 이행을 위해 재생에너지 확대는 물론 원자력 확대를 동시에 추진할 것을 핵심 내용으로 하는 신에너지전략을 발표했다.

그러나 프랑스의 원자력발전에 대한 의존에는 분명한 한계가 존재한다. 프랑스 전역에서 운영되는 58기의 원전의 평균연령이 35년에 달하는 등 대부분의 원전이 노후되어 있고145) 안전규제를 준수하기 위해 막대한 재원이 소요된다는 점, 원자력발전은 대표적인 경직성 전원으로 재생에너지의 변동성을 보완하는 역할을 할 수 없기 때문에 재생에너지 확대라는 정책 목표와 충돌할 수밖에 없다는 점, 이러한 상황에 원자력발전을 계속 유지하는 정책을 수립하는 것은 보다 미래지향적인 기술 대안에 대한 연구개발과 투자를 저해할 수 있다는 점에서 여러 가지 우려를 낳고 있다. 이러한 점을 고려해 원자력발전에 우호적인 견해를 갖고 있을 수밖에 없는 기존의 관료들

---

143) CNBC, "France's love affair with nuclear power will continue, but change is afoot", March 10, 2021.

144) France Government, "France's new energy strategy"(Press release), February 11, 2022, https://www.gouvernement.fr/actualite/la-nouvelle-strategie-energetique-de-la-france (최종접속일: 2022. 10. 2.)"

145) Leaders in Energy, "France's Energy Future with Macron at the Helm" August 6, 2018, https://leadersinenergy.org/frances-energy-future-with-macron-at-the-helm/ (최종접속일: 2021. 6. 13.).

과 전문가 그룹을 효과적으로 견제할 수 있도록 다양한 전문가들의
에너지 정책 참여를 보장하는 등 에너지 정책 거버넌스의 변화가 필
요할 것으로 생각된다.146)

제 3 항 기후·에너지 정책 조율 현황 및 전망

앞서 살펴본 바와 같이 최근 프랑스는 2050년 탄소중립 목표를
중심으로 향후 15년간의 감축 로드맵을 수립하면서, 수송, 농업, 산
업, 건물, 에너지 생산, 폐기물 등 부문별 탄소예산 역시 수립하였다.
부문별 탄소예산은 국가탄소예산 및 저탄소전략과 관련한 2020. 4.
21.자 행정명령(Décret n° 2020-457 du 21 avril 2020 relatif aux budgets
carbone nationaux et à la stratégie nationale bas-carbone decree)에 반
영되어 법적 근거 또한 갖추었다.

생태전환부 장관은 기후 정책의 주무 부처로서 국가저탄소전략
(SNBC)의 지향점을 제시하고, 기후목표 달성을 위해 필요한 행동에
관한 로드맵을 기후행동계획(Climate Action Plan)으로 제안한다. 주
요 관계부처 장관으로 구성된 생태보호위원회(Conseil de défense
écologique)는 매년 이러한 기후행동계획의 이행 결과를 함께 검토한
다. 부문별 소관부처의 장은 해당 부문의 탄소예산 준수 등에 대한
책임을 지게 되며, 준수 여부는 관보에 공식적으로 게재한다(2020. 4.
21.자 행정명령 제9조).147)

---

146) 기후위원회(HCC)는 2021년 6월 30일 발간한 제3차 연례보고서에서도 현
   재 프랑스의 에너지 부문은 유럽의 다른 국가들과 비교할 때 탄소집약도
   가 여전히 나은 편이지만, 원자력에 대한 의존이 지나치고, 재생에너지
   확산 속도는 느리다는 점을 지적하면서 재생에너지 확대를 주문하기도
   했다(Haut Counseil pour le Climat, 「Rapport annuel 2021 - Renforcer
   l'atténuation, engager l'adaptation」, June 30, 2021).

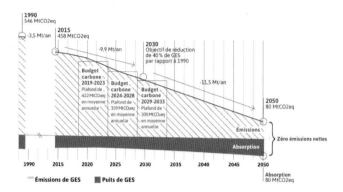

[그림 5] 프랑스의 온실가스 감축 로드맵(2019~2033년)

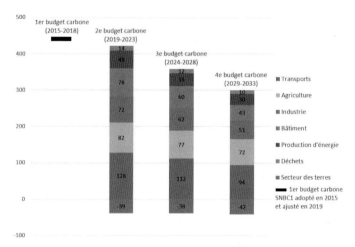

[그림 6] 프랑스의 향후 15년간 부문별 탄소예산

출처: Ministère de la Transition écologique, "National Low-Carbon Strategy"

---

147) Minister of Ecological Transition(생태전환부) 외에도 Minister of the Economy and Finance, Minister of Labor, Minister of National Education and Youth, Minister of Action and Public Accounts, Minister of higher education, research and innovation, Minister for territorial cohesion and relations with local authorities, Overseas minister, Minister for agriculture and food 등 8개 부처가 유관 부처로 명시되어 있다.

프랑스 정부는 이렇게 기후·에너지 정책 체계를 정비함과 동시에 기후 문제에 관한 전문가위원회 제도를 도입하였다. 새로운 장기 온실가스 감축계획에 대한 논의가 한창 진행중이던 2018년 11월 기후위원회(Haut Conseil pour le Climat, HCC)를 설립한 것이다. 기후위원회는 총리(Prime Minister) 산하 조직으로 프랑스가 국제사회에 약속한 2050년 탄소중립 목표를 지킬 수 있도록 프랑스 정부에 대한 자문기구로 설계되었다. 기후위원회는 감축 로드맵의 이행 여부와 감축정책의 경제적·사회적·환경적 지속가능성, 무역수지에 대한 영향을 매년 검토하고, 5년 단위로 설정된 장기저탄소전략(SNBC)과 탄소예산이 유럽연합 감축목표와 2050년 탄소중립 목표 달성을 위해 적절히 수립되었지 검토하는 등의 역할을 부여받았다.[148] 위원회 의견에 대해 정부는 후속 조치를 검토해 그 결과를 6개월 이내에 의회와 경제사회환경위원회에 제시하도록 하는 등 위원회 의견에 대한 정부의 답변 의무를 규정하였다.

현재 기후위원회는 기후과학, 경제학, 에너지 전환 등에 관한 전문가 13인으로 구성되어 있다. 위원회는 2019년 6월 첫 보고서를 발간한 이래로 올해 6월까지 총 네 차례의 연례 검토보고서를 발간하였다. 탄소예산 준수 여부에 대한 종합적인 검토는 현재의 탄소예산 기간(2019~2023년)이 종료되는 2023년 이후에 예정되어 있다. 정부 역시 위원회 첫 연례 검토보고서에서 지적한 사항에 대해 2020년 1월 정부의 답변을 제시하는 등 기후위원회 도입을 통해 계획한 온실가스 감축계획의 이행 체계는 정착되어 가고 있는 것으로 보인다.

다만, 2030년 감축목표를 상향 조정하고 온실가스 감축 속도를 높이기 위한 조치들을 추가로 도입해야 한다는 위원회의 분명한 지적

---

148) ELYSEE, "High council for the climate" (Press release), November 25, 2018, https://www.elysee.fr/emmanuel-macron/2018/11/25/communique-haut-conseil-pour-le-climat, (최종접속일: 2021. 7. 10.).

에도 불구하고 정부가 지금의 속도로도 2030년 목표를 달성할 수 있다는 입장을 고수하면서 위원회가 제시한 의견들이 정책 반영으로 이어지지 못하는 현상도 관찰되고 있다.[149] 이러한 난점을 극복하고 당초 의도한 바와 같이 파리협정 목표에 걸맞은 속도와 규모로 온실가스 감축을 이루어내기 위해서 현재의 기후·에너지 정책 이행체제를 정착시키기 위한 노력이 더욱 확대되어야 할 것으로 생각된다.

---

149) Greenpeace France, "Climat: le Haut Conseil pour le climat tacle à nouveau l'attentisme de la France", June 30, 2021, https://www. greenpeace.fr/espace-presse/climat-le-haut-conseil-pour-le-climat-tacle-a-nouveau-lattentisme-de-la-france/, (최종접속일: 2021. 7. 10.).

제 5 절 소결

제 1 항 기후·에너지 정책 조율의 성과

이 장에서는 유럽 각국이 온실가스 감축목표 달성을 위해 화석연료에서 재생에너지로 에너지원을 전환해가는 과정을 살펴보았다. 긱국의 기후·에너지 정책 조율의 결과로 발견되는 전력 부문의 에너지 전환 추이를 점검해 보면 다음과 같다.

1. 독일 : 원자력, 석탄에서 재생에너지로

독일의 온실가스 배출량은 2019년 기준 약 839.7백만 톤으로 1990년 대비 약 33.4% 감소하였다. 발전 설비의 총규모는 2019년 기준 약 231.8GW에 이르는데, 수력을 포함한 재생에너지 설비 비중은 52.0%, 화력은 43.7%, 원자력은 4.1% 수준이다. 2010년 이후 태양광, 풍력 등 재생에너지 발전설비의 보급이 급격히 증가하면서 재생에너비 설비 비중이 원전의 10배 이상으로 급증하였다. 발전량을 기준으로 살펴보면, 총발전량에서 석탄의 비중은 1971년 75%에서 2019년 28.2% 수준으로 감소하였는데 같은 기간 원자력은 1971년 1.9%에서 2000년 29.6%까지 증가하였다가 다시 감소하기 시작해 2019년 4.1%까지 감소하였다. 석탄발전량이 꾸준히 감소하고, 태양광, 풍력 등이 성장하면서 전력 생산의 화력발전 비중은 45.7%(석탄 28%, 가스 16.6%, 석유 0.8%), 재생에너지 비중은 40.9%(풍력 20.7%, 바이오매스 8.3%, 태양광 7.6%, 수력 4.2% 등)에 이른다.

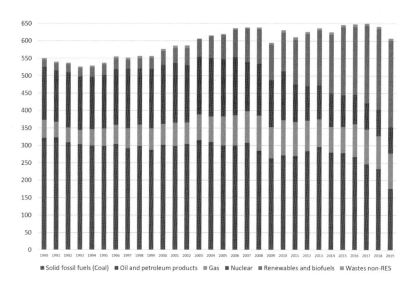

[그림 7] 독일의 전원믹스 변화추이(1990~2019년) [단위: TWh]

출처: EU energy statistical pocketbook and country datasheets (June 4, 2021), https://ec.europa.eu/energy/data-analysis/energy-statistical-pocketbook_en, 최종접속일: 2021. 7. 13.

독일은 앙케트 위원회 등 정파적 이해관계를 떠난 전문가위원회가 중심이 되어 만들어낸 정책 권고안에 따라 기후·에너지·법·정책을 결정해왔다. 그러나 갈탄광산을 둘러싼 산업적 이해관계와 그에 기반한 정치적 이해관계가 에너지 정책에 영향을 주게 되면서 갈탄 발전소의 퇴출 결정이 지연되었고, 다소 타협적인 석탄위원회의 권고안에 따라 석탄화력 발전소중에서도 특히 갈탄발전소의 퇴출이 천천히 이루어지게 됨으로써, 앞으로 온실가스 배출목표를 지킬 수 있을지에 대한 우려가 계속 존재하는 상황이다. 그럼에도 불구하고 2019년 9월 '2050년 탄소중립' 목표를 선언하였고 같은 해 12월 연방 기후보호법 제정을 통해 국가 온실가스 감축목표는 물론 부문별 감축목표를 법제화했으며, 감축목표의 이행 여부를 점검하고 자문할 독립적 지위를 지닌 전문가위원회를 발족하였다. 앞으로 이러한 기후·에너지 정책의 이행 체계를 통해 에너지 정책 목표를 기후 정책 목표에 맞게 보다 적극적으로 조율해 나갈 수 있을 것으로 생각된다.

2. 영국 : 석탄에서 재생에너지로

영국의 온실가스 배출량은 2018년 기준 498.8백만 톤으로 1990년 대비 약 38.4% 감소하였다. 발전 설비 총규모는 2019년 기준 약 104.8GW에 이르는데, 수력을 포함한 재생에너지 설비 비중은 40.3%, 화력은 50.9%, 원자력은 8.8% 수준이다. 발전량을 기준으로 에너지원 구성을 살펴보면, 총발전량에서 화력발전 비중은 43.3%(석탄 2.1%, 가스 40.7%, 석유 0.5% 등), 재생에너지 비중은 37.9%(풍력 19.9%, 바이오 11.6%, 태양광 4.0%, 수력 2.4% 등) 수준을 기록하고 있다.

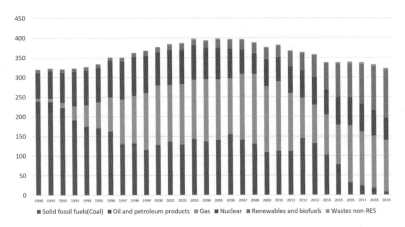

[그림 8] 영국의 전원믹스 변화추이(1990~2019년) [단위: TWh]

출처: EU energy statistical pocketbook and country datasheets (February 25, 2021)
https://ec.europa.eu/energy/data-analysis/energy-statistical-pocketbook_en, 최종접속일: 2021. 5. 24.

영국은 2012년 25GW에 달했던 석탄발전소 설비 용량이 2019년 4.5GW까지 감소하는 등 늦어도 2025년까지 석탄발전을 완전히 폐쇄하기로 하였던 정책 목표를 2024년으로 앞당겨 조기에 달성할 것으로 보인다.[150] 이렇게 주요 국가 중에서도 가장 빠르게 에너지 전환의 성과를 내고 있는 영국의 기후·에너지 정책은 에너지 정책과 환경정책, 기후 정책의 통합을 특징으로 한다. '온실가스 감축목표'를 최상위 정책 목표로 내세우고 관련된 정책 수단들을 확충해 나가는 과정에서 결과적으로 에너지 전환이 이루어지는 방식이다. 특히 정부 주도의 설비 폐쇄 계획이 아니라 탄소가격하한제(CPF)를 실시하고, 재생에너지 공급에 대한 다양한 층위의 인센티브를 제공하는 등 시장을 통해 에너지 전환을 촉진하는 정책을 펴왔는데, 결과적으로는 세계 어느 국가보다 빠른 속도로 석탄에서 재생에너지로 에너지 전환을 이루어내고 있다. 이는 과학적 연구 결과를 바탕으로 시장 기반의 정책 수단을 과감하게 도입하고, 그 성과를 기후변화위원회를 정점으로 하는 기후변화 대응 체계를 통해 지속적으로 점검하며 관리해 나간 결과로 생각된다. 다만, 에너지 전환의 과정에서 가스산업, CCS 기술 등 화석연료의 계속적 사용에 이해관계를 가진 그룹이 육성되었고, 이러한 산업적 이해관계에서 독립하여 어떻게 탄소중립 목표 달성을 이루어낼 수 있을 것인지가 새로운 과제로 부상하고 있다.

3. 프랑스 : 원자력에서 재생에너지로

프랑스의 온실가스 배출량은 2019년 기준 약 455백만 톤으로

---

150) Carbon Brief, "Countdown to 2025: Tracking the UK coal phase out", https://www.carbonbrief.org/countdown-to-2025-tracking-the-uk-coal-phase -out (최종접속일: 2021. 7. 22.).

1990년 대비 약 17.8% 감소하였다. 발전 설비 총규모는 2019년 말 기
준 약 136GW에 이르는데, 수력을 포함한 재생에너지 설비 비중은
39.0%, 화력은 14.5%, 원자력은 46.3% 수준이다. 발전량을 기준으로
에너지원 구성을 살펴보면, 총발전량에서 화력발전 비중은 9.0%(석탄
0.6%, 가스 7.3%, 석유 1.0% 등), 재생에너지 비중은 20.7%(수력 10.8%,
풍력 6.1%, 태양광 2.1%, 바이오매스 1.5% 등) 수준이며 나머지는 원전
에 의존하고 있다.

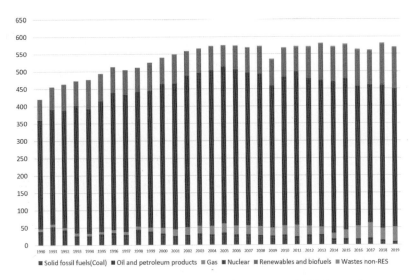

[그림 9] 프랑스의 전원믹스 변화추이(1990~2019년) [단위: TWh]

출처: EU energy statistical pocketbook and country datasheets (June 4, 2021)
https://ec.europa.eu/energy/data-analysis/energy-statistical-pocketbook_en, 최종접속일: 2021. 7. 13

프랑스의 원자력 비중은 1971년 6%에 불과하였으나 화석연료에
대한 의존을 줄이고 안정적으로 전력 공급을 이룬다는 목표하에 지
속적으로 원자력발전을 확대한 결과 1980년대 후반 그 비중이 70%
수준으로 상승하였고, 최근까지도 그 정도의 비중을 유지하고 있는

등 원자력에 대한 의존의 역사가 긴 국가이다. 전체 전력량에서 재
생에너지가 차지하는 비중은 상승하는 추세이지만, 다른 유럽 국가
들과 비교하여 아직 재생에너지 비중이 매우 낮은 편이다.

이러한 환경에서 프랑스는 에너지정책기본법에서부터 에너지전
환법, 기후에너지법에 이르기까지 원자력발전의 비중을 축소하는
대신 재생에너지의 비중을 과감하게 확대한다는 목표를 법제화함으
로써, 정치적 흐름의 변화와 관계없이 꾸준한 에너지 전환 정책을
추진하고자 했다. 그러나 최근 원자력발전 감축정책의 속도 조절에
나서고, 신규 원자력발전소 건설을 검토하는 등 기존의 정책 방향과
다른 움직임이 일부 나타나고 있어 장기적으로 탄소중립 목표의 달
성이 가능할 것인지에 대한 의문이 제기되고 있다.

프랑스는 기후·에너지 정책 목표의 법제화에 있어 폭넓은 사회적
합의 절차를 함께 진행해 온 것이 특징이다. 프랑스 정부는 이 과정
에서 기후·에너지 정책이 앞으로 프랑스의 경제·사회·환경 발전을
주도할 국가 개발 전략이 될 것이라는 점을 설득의 한 요소로 활용
한 것으로 보인다. 최근에는 5년 단위 탄소예산을 수립하고 부문별
감축목표를 설정하는 한편, 외부 전문가로 구성된 기후위원회가 이
행상황을 연간 모니터링하는 체계를 구축하고 기후시민의회를 통해
기후 정책 목표의 이행을 위한 정책 수단 도출에 나서는 등 기후·에
너지 정책의 이행을 촉진하기 위한 장치를 강화하고 있다. 이를 통
해 기존의 기술에 대한 산업적·경제적 이해관계에 지나치게 종속되
지 않고, 미래지향적인 관점에서 에너지 정책 결정이 이루어내는 것
이 기후 및 에너지 법·정책의 새로운 과제로 부상하고 있다.

제 2 항 분석 결과의 시사점

유럽연합 이외에도 전 세계적으로 주요 국가들의 최근 에너지 정책 동향을 살펴보면, 에너지 효율 향상, 재생에너지 확대 등은 에너지 정책의 화두가 되고 있다. 비단 기후 정책이 아니더라도 대기오염, 안전성 등의 이유로 미래 에너지원으로서의 매력을 상실해 가고 있는 화력발전이나 원자력보다는 재생에너지를 확대하는 것을 주요 골자로 하는 새로운 에너지 정책을 도입하고 있는 것이 주지의 사실이다.[151] 문제는 기후위기라는 지구적 문제의 해결을 위해서는 에너지 정책의 내용과 속도가 기후 정책의 목표에 따라 조율될 수 있어야 한다는 것이다. 이 장에서 살펴본 유럽의 기후 및 에너지 법·정책의 추진 과정에서는 그러한 조율과 관련해 다음과 같은 공통점을 확인할 수 있었다.

우선 과학적 근거를 바탕으로 국가 온실가스 감축목표를 설정하고, 이러한 감축목표에 맞추어 에너지 부문에서 담당해야 할 온실가스 감축목표와 에너지 정책 전환의 목표를 구체적으로 정하여 법제화하고 있었다. 최근에는 특히 '탄소 예산(Carbon Budget)' 제도를 통하여 국가 온실가스 배출총량을 관리하는 체제의 도입이 확산되고 있다.

둘째, 온실가스 감축목표를 부문별로 할당하고, 그에 대한 이행 성과를 주기적으로 점검하는 과정을 행정부 내부에 갖추는 것은 물론 어느 부처에도 속하지 않는 독립위원회를 설립하여 기후 정책의 이행을 감시하고 촉진하도록 역할을 부여하고 있다. 이들은 공통적으로 온실가스 감축목표의 수립과 이행 성과 점검을 담당하고 있으며, 점검 결과를 바탕으로 위원회가 제시한 권고사항이 다시 정부의

---

151) 산업통상자원부, 「주요국의 에너지 정책 사례 및 시사점 연구(최종보고서)」, 한국자원경제학회, 2017. 6.

정책 수립 과정에 반영될 수 있도록 관련 절차 역시 구체적으로 마련함으로써 기후 정책의 이행은 물론 에너지 정책 등 유관 분야와의 조율을 현실적으로 담보하기 위한 장치를 마련하고 있었다.

[표 7] 국가별 전문가위원회의 역할 비교

구분	독일 기후 전문가위원회 (Expertenrat für Klimafragen)	영국 기후변화위원회 (Climate Change Committee)	프랑스 기후위원회 (Haut Conseil pour le Climat)
감축목표의 결정	감축목표 수정 시 자문	탄소예산 제시/ 정부는 미준수시 이유 설명 의무	-
감축목표 준수 여부 평가	국가/부문별 연간 감축목표 이행 여부 평가	이행보고서 작성시 /정부는 응답보고서 작성 의무	이행보고서 작성시 포함
감축목표 불이행시 역할	부문별감축목표 불이행시 추가감축 조치 근거자료 검토	-	-
포괄적인 성과평가	2년에 한번 진행	이행보고서(연간), 탄소예산 이행보고서(5년마다)	이행보고서(연간) 발행
주요 이슈 자문	연방정부 요청시 감축정책 관련 자문	요청시 자문의견 제시	요청시 자문의견 제시

이러한 전문가위원회의 구성은 기후 거버넌스를 강화하고 정책 신뢰성을 높이기 위한 수단으로 전 세계적으로 점점 더 많은 국가에서 활용되고 있는 것으로 보인다. 위원회는 일반적으로 선거를 통해 선출되는 정치인이나 이해당사자보다는 기후 정책의 기술적·경제적 측면과 관련한 전문가들로 구성된 자문기구의 형태를 띤다. 이들은 직접 정책 결정 권한을 갖기 보다는 자문하거나 감시하는 역할을 수행하면서[152] 장기적인 관점에서 증거기반의 정책 결정은 물론 정책

성과에 대한 객관적인 평가를 통해 정치적인 변화와 무관하게 일관
성있고 예측가능하며 장기적인 관점에서 더 효과적인 형태의 기후
정책이 마련되도록 촉진하는 역할을 담당해왔다.153)

　마지막으로 온실가스 감축목표, 주요 감축 수단과 같은 관련 정
책의 결정에 있어 정부 관료 중심의 폐쇄적인 의사결정을 지양하고
이해관계자 위원회, 협의체 등을 통해 사회적 합의를 구하거나, 시민
의회와 같은 직접적인 의견 수렴 절차의 활용을 확대하고 있는 경향
역시 확인되었다.

　2020년까지 중기 온실가스 감축목표의 이행과 관련해 갈탄 산업
정책과의 조율(독일), 온실가스 감축목표 달성을 위한 에너지 시장
개편 과정에서 가스발전 정책과의 조율(영국), 원자력발전 정책과의

---

152) 민주적 정당성을 결여한 전문가 집단에게 지나치게 많은 권한을 주어서
　　는 안된다는 견해(Peter G. McGregor, J. Kim Swales, Matthew A. Winning,
　　"A review of the role and remit of the committee on climate change", Energy
　　Policy, Vol. 41, February 2012), 집권 정치세력에 의해 임명된 전문가들이
　　단순히 현 정책을 합리화하는 역할을 수행할 수 있다는 우려(Patrick
　　Diamond, Externalization and politicization in policy advisory systems: A
　　case study of contestable policy-making 2010-2015, Public Money &
　　Management, Vol. 40, No. 1, 2020; Marier Patrik, The power of
　　institutionalized learning: The uses and practices of commissions to generate
　　policy change, *Journal of European Public Policy*, Vol. 16, No. 8, 2009) 등이
　　바탕이 된 것으로 보인다.

153)　Steffen Brunner, Christian Flachsland, Robert Marschinski, Credible
　　commitment in carbon policy, *Climate Policy*, Vol. 12, No. 2, 2012; Dieter
　　Helm, Cameron Hepburn, Richard Mash, Credible carbon policy, *Oxford
　　Review of Economic Policy*, Vol. 19, No. 3, 2003;. Jon Hovi, Detleft Sprinz,
　　Arlid Underdal, Implementing long-term climate policy: Time inconsistency,
　　domestic politics, international anarchy, *Global Environmental Politics*, Vol.
　　9, No. 3, August 2009; Gregory F. Nemet, Michael Jakob, Jan Christoph
　　Steckel, Ottmar Edenhofer, Addressing policy credibility problems for
　　low-carbon investment, *Global Environmental Change*, Vol. 42, 2017.

조율(프랑스) 등 국가별로 기술의 종류는 다르지만, 기후 정책과 에
너지 정책 간의 조율 과정에서 겪었던 일보 후퇴의 순간들이 존재하
며 이를 극복하기 위한 조치들은 현재진행형이다. 이러한 사례들은
기후 정책에 따라 에너지 정책을 조율하는 것은 기존 시스템하에서
형성된 정치·경제·사회적 이해관계의 변화를 꾀하는 것을 의미하며,
이러한 이해관계의 변화 없이는 온실가스 감축이라는 변화를 달성
할 수 없다는 것을 보여 준다. 이러한 변화를 촉진하기 위해서라도
기후·에너지 정책 설계의 과정을 투명하고 공정하게 운영함으로써
기존의 정치·경제·사회적 이해관계에서 독립된 미래지향적인 정책
결정이 이루어질 수 있도록 하고, 꾸준한 이행을 담보할 수 있도록
그 결과를 법제화하는 것이 중요할 것이다.

제4장

한국의 기후·에너지 법·정책과 정부 실패

제 1 절 한국의 기후 법·정책 형성 과정

제 1 항 기후변화협약과 기후 법·정책의 발전

1. 기후변화협약 가입(1993년)

한국은 기후변화에 관한 국제적 논의가 막 시작되던 1991년 외무부 내에 과학환경과를 설립하였고, 1992년 유엔환경개발회의(UNCED) 이후에는 유관부처가 모두 참여하는 정부내 협의기구로 '지구환경대책기구'를 설치하였다. '지구환경대책기구'는 국무총리를 위원장으로 하고 재정경제부, 통상산업부, 환경부, 건설교통부, 농림수산부 등 16개 부처의 관계 장관이 참여하는 지구환경관계장관대책회의, 실무회의 및 기획단으로 구성되었다. 당시 제정된 지구환경관계장관대책회의 규정(국무총리훈령 제261호, 1992. 7. 13. 제정)에 따르면 지구환경관계장관대책회의는 기후변화협약 뿐만 아니라 지구환경 문제에 관한 각종 국제협약, 유엔환경개발회의(UNCED)에서 채택된 '리우선언(Rio Declaration on Environment and Development)' 및 '의제 21(Agenda 21)' 등과 관련한 경제적·환경적·사회적·외교적 대책을 종합적으로 협의·조정하는 것을 목적으로 하였다(제1조). 당시 대책회의에서 기후변화 대응을 위해 부처별 주요 임무로 삼은 내용은 다음과 같다.

[표 8] 1990년대 기후변화 대응 관련 부처별 주요 임무

부처명	주요 임무
재정경제부	에너지사용전략 수립 및 온실가스 감축의무 부과시 대응전략 및 영향평가
통상산업부	에너지사용전략, 온실가스 감축의무 부과시 대응전략 및 영향평가, 대체에너지개발, 기후변화협약국가보고서 작성
환경부	기후변화 영향예측 및 대책, 환경기준 제정, 염화불화탄소 관측 및 연구
건설교통부	해수면 상승 영향예측 및 대책
농림수산부	농업 및 농작물 수확량 변화예측 및 대책
과학기술처	기후변화 연구종합조정, 온실가스 감축의무 부과시 대응전략 및 영향평가, 대체에너지 개발, 기후변화 영향예측 및 대책
산림청	산림 보호, 육성
기상청	세계기상기구(WMO) 기후감시계획 참여 및 지역기후 변화예측, 기후변화협약국가보고서 작성참여(기상분과), 오존과 온실가스 관측 및 변화연구

출처: 조광우, 「기후변화협약 대응체제 연구」, 한국환경정책·평가연구원(수탁과제 연구보고서), 2002. 4, 67-68면

1993년 12월 한국은 기후변화협약을 비준하고 전 세계에서 47번째로 기후변화협약에 가입하였다.[1] 가입 당시 한국은 온실가스 배출의 역사적 책임이 적은 개발도상국으로 분류되면서 온실가스 감축의무를 부여받지 않았다. 이후 상당기간 한국 정부의 기후 외교는 온실가스 감축이 초래할 수 있는 경제적 충격을 회피하기 위해 개발도상국의 지위를 유지하면서 감축의무 부담을 피하기 위한 방어적 외교가 주를 이루었다. 지구환경대책기구 체제 역시 소극적으로 운영되었던 것으로 보인다. 1992년 설립 이후 1996년 폐지될 때까지 4년여의 기간 동안 지구환경 관계장관 대책회의는 단 두 차례 개최되

---

1) 한국환경공단, "기후변화홍보포털", https://www.gihoo.or.kr/portal/kr/change/international.do (최종접속일: 2021. 5. 16.).

었다. 1994년 6월경 전면적인 체제 개편 작업을 통해 기획단 회의를 협상, 산업, 환경의 세 개 분야로 나누어 운영하는 등 전문적인 운영을 위한 시도가 일부 이루어졌으나, 실질적인 역할 확대로 이어지지는 못하였고, 1996년 6월 결국 폐지되었다.[2]

2. 교토의정서 비준(2002년)

가. 기후변화협약 관계장관회의(1998~2000년)

1995년말 IPCC는 제2차 기후변화 평가 보고서(AR2)에서 "인간의 활동이 지구온난화에 확실한 영향을 미친다"고 밝혔다. 1997년 제3차 당사국총회(일본 교토)에서 당사국들은 이와 같은 과학적 견해를 토대로 규제대상 온실가스의 범위를 확정짓고, 부속서 Ⅰ 국가들의 경우[3] 1998년부터 2012년까지 1990년 배출량 대비 평균 5.2% 감축할 것에 합의하였다.

한국은 교토의정서 채택 이후인 1998년 4월에서야 비로소 기후변화협약 대응을 주요 임무로 하는 '기후변화협약 범정부 대책기구'를 구성하였다. '기후변화협약 범정부 대책기구'는 지구환경대책기구 체제와 마찬가지로 국무총리를 수장으로 하고, 관계장관회의, 관계차관회의, 실무대책회의로 구성하였으며, 협상대책반, 에너지·산업대책반, 환경대책반, 농림대책반, 연구개발반 등 분야별 실무작업반까지 구성하였다. 실무작업반은 매달 회의를 개최하고, 다양한 연구기관을 대표하는 전문가들이 해당 회의에 참여할 수 있도록 하였다.

2) 오경택, 한국의 기후변화 외교, 21세기정치학회보, 제20권 제1호, 2010. 5, 198면.
3) 당시 부속서 Ⅰ 국가는 기후변화협약 채택 당시보다 5개 국가(크로아티아, 슬로바키아, 슬로베니아, 모나코, 리히텐슈타인)가 추가 비준해 총 40개국이었다. 그러나 교토의정서 협상 과정에서 터키와 벨라루스를 제외한 총 38개국이 감축의무를 부담하기로 하였다.

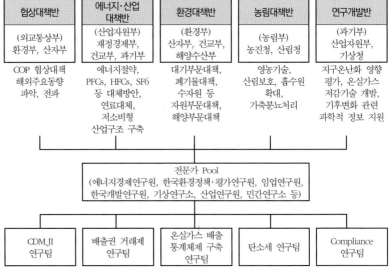

기후변화협약 관계장관 회의(필요시 수시)
위원장 : 국무총리
위원 : 재경부·산자부·외통부·환경부·농림부·
건교부·과기부·해양부 장관

기후변화협약 관계차관 회의(필요시 수시)
위원장 : 국무조정실장
위원 : 재경부·산자부·외통부·환경부·농림부·건교부·
해양부·과기부 차관, 산림청·농진청·기상청청장

기후변화협약 실무대책 회의(월 1회)
위원장 : 국무조정실 경제행정조정관
위원 : 재경부·산자부·외통부·환경부·농림부·
건교부·해양부·과기부·산림청·농진청·
기상청 관계 국장, 에너지관리공단 이사장,
에너지경제연구원·한국환경정책·평가연구원 원장

분야별 실무작업반
(간사 : 국무조정실 산업심의관)

협상대책반	에너지·산업대책반	환경대책반	농림대책반	연구개발반
(외교통상부) 환경부, 산자부	(산업자원부) 재정경제부, 건교부, 과기부	(환경부) 산자부, 건교부, 해양수산부	(농림부) 농진청, 산림청	(과기부) 산업자원부, 기상청
COP 협상대책 해외주요동향 파악, 전파	에너지절약, PFCs, HFCs, SF6 등 대체방안, 연료대체, 저소비형 산업구조 구축	대기부문대책, 폐기물대책, 수자원 등 자원부문대책, 해양부문대책	영농기술, 산림보호, 흡수원 확대, 가축분뇨처리	지구온난화 영향 평가, 온실가스 저감기술 개발, 기후변화 관련 과학적 정보 지원

전문가 Pool
(에너지경제연구원, 한국환경정책·평가연구원, 임업연구원,
한국개발연구원, 기상연구소, 산업연구원, 민간연구소 등)

CDM.JI 연구팀	배출권 거래제 연구팀	온실가스 배출 통계체제 구축 연구팀	탄소세 연구팀	Compliance 연구팀

[그림 10] 기후변화협약 범정부대책기구 조직 체계

출처: 김이진, 이상엽, 앞의 보고서, 20면

이러한 논의의 결과는 1998년 12월 발표된 최초의 기후 정책계획인 「제1차 기후변화협약 대응 종합대책(1999~2001년)」에 반영되었다. 제1차 종합대책은 부문별 감축대책, 온실가스 감축기반 강화, 기술개발, 교토메커니즘 등 36개 과제로 구성되었다. 그러나 대부분의 이행과제는 기후변화 대응이라는 정책목표를 염두에 두고 새롭게 수립된 것이 아니라 부서별로 이미 산발적으로 논의되던 대응책들을 사후적으로 수렴한 결과로 보인다.[4]

관련 기본법 제정 노력 역시 좌절되었다. 당초 제1차 종합대책에는 기후변화 대응을 위한 근거법을 환경부 주관으로 마련하도록 하는 과제가 포함되어 있었다. 이에 1999년 환경부가 관계부처의 자문을 거쳐 마련한 '지구온난화방지대책법'(안)을 실무대책회의에 상정했다. 그러나 한국의 감축의무 부담을 오히려 가중시킬 수 있으며, 세계적으로도 관련 입법례가 일본, 스위스 등을 제외하고는 거의 존재하지 않아 시기상조라는 반대 의견에 부딪혀 좌절되었다.[5] 이후 지구온난화가스저감대책법안(2001. 12. 27. 이호웅의원 대표발의안(의안번호: 제161379호)}, 지구온난화방지대책에관한법률안(2001. 12. 21. 이정일의원 대표발의안(의안번호: 제161362호)} 등이 의원입법안으로 발의되었다. 이들 법안은 국제적인 감축의무 부담 전이라도 자발적 온실가스 저감을 위해 이미 수립한 기후변화협약 대응체계, 기후변화협약 대응 종합대책의 지속적·체계적 추진을 위한 법적 근거를 마련하는 것을 주요 목적으로 하였고 배출권거래제 등 감축 수단이 될 제도들의 도입근거도 담고 있었으나, 2004년 5월 16대 국회 임기만료로 폐기되었다.

이러한 기후변화에 대한 미온적 대처는 기후협상 과정에도 그대

---

4) 조광우, 앞의 보고서, 73면.
5) 국회 환경노동위원회, 「지구온난화방지대책에관한법률안·지구온난화가스저감대책법안 검토보고서」, 2003. 6, 11면.

로 반영되었다. 한국은 선진국이 제시한 목표가 개발도상국에는 비현실적으로 높다고 비판하였고, 개발도상국에게 감축의 유예기간을 부여해야 하며(1998년 제4차 당사국총회), 경제성장에 피해를 주지 않는 자발적이고 구속력 없는 감축이 중요하고 주장하는 등 개발도상국의 입장에서 협상에 임하였다(1999년 제5차 당사국총회).[6] 다만, 한국은 국제적 노력에 협조하기 위해 교토의정서의 비준을 약속하였고(2000년 제6차 당사국총회), 이는 이후의 기후 정책 논의를 촉진하는 계기가 되었다.

나. 기후변화협약 대책위원회(2001~2008년)

교토의정서 비준을 준비하는 과정에서 2001년 새롭게 출범한 '기후변화협약 대책위원회'는 기존의 범정부대책기구와 유사한 형태로 구성되었다.[7] 기후변화협약 대책위원회는 당시 재경부, 과기부, 외교부, 행자부, 농림부, 산자부, 환경부, 건교부, 해수부, 기획예산처 등 10개 부처 장관과 국무조정실장, 국정홍보처장을 위원으로 하였고, 총괄대책반, 협상대책반, 에너지 사업대책반, 환경대책반, 농림대책반, 연구개발반 등 6개 부서를 두었다.

기후변화협약 대책위원회는 기후변화협약 대응 제1차 종합대책의 시행 경과 등을 바탕으로 2002년 '기후변화협약 대응 제2차 종합대책'을 내놓았다. 종합대책에는 대체에너지[8] 및 청정에너지 개발, 에너지효율 제고, 환경친화형 수송정책, 에너지 절약형 건물설계, 천

---

6) 오경택, 앞의 논문, 200면.
7) 기후변화협약대책위원회 등의 구성 및 운영에 관한 규정(국무총리 훈령 제422호, 2001. 9. 20. 제정).
8) 태양광, 풍력 등 도입 초기에는 이러한 에너지원을 지칭하는 용어로 '재생에너지' 대신 기존의 에너지원에 대한 대안이라는 의미로 '대체에너지(Alternative Energy)'라는 용어를 사용하였다. 이하에서는 필요한 부분 이외에는 '대체에너지' 대신, '재생에너지'라는 용어를 사용하기로 한다.

연 가스 공급 확대, 기후변화 영향평가 및 적응프로그램 개발, 압축천연가스 버스의 보급 확대, 매립지 가스 자원화 등의 사업을 주요 대응 과제로 선정하고 추진하겠다는 뜻을 담았다. 하지만 기후변화 정책의 조정기능을 맡은 국무조정실에 지원된 예산과 인력이 절대적으로 부족하였기에 새로운 정책의 발굴은 물론 이미 수립한 정책에 대한 사후관리 및 평가조차도 기대하기 어려운 상황이 계속되었다.[9]

그러나 한국 정부는 세계환경정상회의(World Summit on Sustainable Development, WSSD) 이후인 2002년 11월 국제사회에 약속한대로 교토의정서를 비준하였다. 산업계는 한국이 비부속서 I 국가로 분류되어 어떠한 감축의무도 부담하지 않는 상황이었음에도 온실가스 감축을 위한 규제정책이 가져올 산업 경쟁력 약화 문제를 들며 교토의정서 비준을 비판하였다.[10] 당시의 기후변화 대응 정책은 이러한 산업계의 입장을 반영해 자발적 온실가스 감축에 초점을 맞추되, 온실가스 배출량 규제, 탄소세 등 기업 및 국민에 부담을 줄 수 있는 정책의 도입은 지양하고자 했다.[11]

3. 온실가스 감축의무 부담의 준비

가. 국제 기후협상의 흐름

교토의정서 채택 당시 세계 최대 온실가스 배출국가였던 미국은 자국 경제에 심각한 피해를 줄 수 있다는 이유로 교토의정서에 가입하지 않겠다는 입장을 분명히 표명하였다.[12] 이는 당시 선진국과 개

---

9) 강윤영, 우리나라의 기후변화협약 대응 정책 및 에너지절약 시책, 한국지구시스템공학지, Vol. 40, No. 3, 2003.
10) 오경택, 앞의 논문, 201면.
11) 이연상, 쉽게 풀어보는 기후변화협약, 서울:한울, 2008, 134면.

발도상국을 막론하고 모든 당사국에 큰 충격을 주었다.[13] 그러나 결과적으로 이러한 위기적 상황은 남아있는 당사국이 교토의정서의 운영체계에 대해 타협하도록 촉진했으며, 교토의정서는 당초 예상보다 빨리 요건을 만족해 2005년 2월 발효되었다. 그렇지만 이후의 기후협상에서는 미국이 불만을 가지게 된 가장 큰 원인이었던 개발도상국의 의무 부담 문제가 급격히 부상하였다. 당시 OECD 회원국이면서도 개발도상국 지위를 인정받아 온실가스 감축의무 부담에서 벗어나 있었던 한국에 대한 압력이 증가하게 되었다.

이리한 국제적 흐름 하에서 국내적으로는 우선 산업계를 중심으로 교토의정서 제2차 공약기간까지는 어떻게든 감축의무 부담을 회피해야 한다는 주장이 대두되었다. 이에 대해 전 세계적으로 온실가스 감축이 주요 이슈로 떠오른 만큼, 이를 적극적으로 활용해 기업과 국가 경쟁력 제고의 기회로 활용해야 할 것이라는 제안과 함께,[14] 감축 비용을 최소화하고 지속가능한 발전을 추진하기 위해서는 오히려 자발적으로 비구속적인 형태로 감축목표를 설정하되 경제적, 사회적 상황과 능력을 반영할 수 있는 동적 목표를 세우는 것이 바람직하다는 일종의 절충안 역시 등장하였다.[15]

국제적으로는 개발도상국과 선진국을 막론하고 전 세계적인 온실가스 감축 체계 수립에 관한 논의가 조금씩 진전을 이루고 있었다. 2007년 11월 IPCC 제4차 평가 보고서(AR4)가 발표되면서 현재의 화석연료 의존 추세가 계속될 경우 2100년 경에는 20세기말에 비해 기온이 최대 6.4°C 상승할 가능성이 제기되었다. 같은 해 12월에 개

---

12) 국회예산정책처, 「기후변화협약 종합대책 평가」, 2007. 10, 38면.

13) 김찬우, 「기후변화협상과 한국: 개도국 의무부담 논의와 대응방안」, 세계경제 Focus, 2001. 11, 55-56면.

14) 홍금우, 이민희, 기후변화협약이 산업에 미치는 영향 및 대응방안, 한국비즈니스리뷰, 제1권 제2호, 2008. 12, 285-301면.

15) 이연상, 앞의 책, 2008.

최된 제13차 당사국총회(인도네시아 발리)에서는 교토의정서 제1차 공약기간이 마무리되는 2012년 이후 개발도상국의 감축을 포함한 새로운 국제적 행동 체계의 구축을 위한 구체적인 협상 로드맵이 채택되었다. 이를 기초로 개발도상국의 감축 방식에 대한 논의가 본격적으로 시작되었고, 한국을 비롯한 중국, 인도, 브라질, 멕시코, 남아프리카공화국 등 선발 개발도상국의 경우 경제의 규모나 온실가스 배출량 및 증가 속도에 있어 계속 감축의무 부담을 외면하기는 어려울 것이란 전망이 나오게 되었다.16)

나. 저탄소 녹색성장 비전 선언

이러한 국제사회의 움직임은 한국 정부가 '저탄소 녹색 성장'을 국가 비전으로 선포하고 2020년 중기 온실가스 감축목표를 자발적으로 선언하고 이를 법제화하는 계기가 되었다. 2008년 8월 15일 당시 대통령은 한국의 새로운 국가 비전으로 '저탄소 녹색성장'(Low Carbon Green Growth, 이하 '녹색성장')을 천명하였다. '녹색성장'이란 청정에너지와 녹색기술의 연구개발을 통해 자원을 절약하고 효율적으로 사용해 기후변화와 환경 훼손을 줄이는 한편 새로운 성장동력을 확보하며 일자리를 창출하는 등 경제와 환경이 조화를 이룬 성장을 일컫는다. 새로운 국가 비전 선포에 맞추어 2008년 9월에는 기존에 수립·이행 중이던 '기후변화 대응 제4차 종합대책(2008~2012년)'17)을 '기후변화 대응 종합기본계획(2008~2012년)'으로 수정 발표

16) 오경택, 앞의 논문, 202-203면; 변종립, 앞의 논문, 156면 등.
17) 1998년 12월 '기후변화협약 대응 종합대책(1999~2001년)'을 시작으로 정부는 3년 단위로 기후변화 대응을 위한 계획을 수립해 왔다. 2007년 수립된 종합대책은 '기후변화 대응 제4차 종합대책(2008~2012년)'이라는 새로운 명칭을 갖게 되었다. 이에 대해서는 한국 정부가 2000년대 후반부터 국제협약 대응 차원이 아니라 기후변화 이슈 자체에 대한 대응을 시작했다는 평가가 존재한다(김이진, 이상엽, 앞의 보고서, 2016, 269면).

하면서 저탄소 사회구조로의 체질 전환을 선포하였다. 이어서 같은 해 12월에는 기본계획상의 정책 방향에 대한 구체적인 실천과제 발굴·추진을 목적으로 '기후변화 대응 종합기본계획 세부이행계획'을 추가로 수립하였다.

2009년 2월에는 정부 주요 부처 장관과 민간의 전문가들로 구성된 '녹색성장위원회'가 대통령 직속 조직으로 출범하였다. 녹색성장위원회는 국무총리와 민간위원이 공동으로 위원장을 맡도록 하였으며, 환경부, 지식경제부를 포함한 관계부처 장관 및 한국환경정책·평가연구원, 에너지경제연구워 등 정부출연 연구기관장 등 당연직 위원과 기후변화, 에너지, 지속가능발전 등의 분야별 전문가 등 위촉직 위원을 포함해 총 50명 이내로 구성하도록 정하였다. 녹색성장위원회는 매월 1회 정기회의를 원칙으로 하였으며, 효율적 운영을 위해 녹색성장산업, 기후변화에너지, 녹색생활지속발전 등 3개의 분과위원회를 두었다.[18]

기후변화대책위원회와 비교할 때 녹색성장위원회의 가장 두드러진 변화는 국무총리 직속에서 대통령 직속 조직으로 격상해 정책 조정 기능을 강화했다는 점을 들 수 있다.[19] 민간전문가가 당연직 위원인 관계부처 및 관련 국책 연구원의 장과 함께 위원으로 참여함으로써 민간의 전문성을 활용함과 동시에 폭넓은 사회적 의견 수렴을 꾀하고자 하였다. 또한, 녹색성장위원회의 실질적 활동 지원을 위해 녹색성장기획단을 구성하였고, 관계부처 공무원들로 구성된 녹색성장기획팀, 에너지정책팀, 기후변화대응팀, 녹색기술산업팀, 녹색생활지속발전팀 등 5개의 실무팀을 두었다.

---

18) 녹색성장위원회의 구성 및 운영에 관한 규정(대통령 훈령 제239호, 2009. 1. 5. 제정).
19) 김정해, 앞의 보고서, 79-80면.

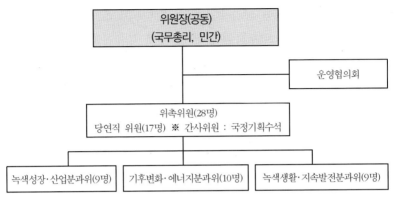

[그림 11] 녹색성장위원회 발족 당시 기후변화 대응체계

출처: 김정해, 기후변화대응을 위한 정부대응체제 구축: 녹색거버넌스 구축을 중심으로, KPIA
연구보고서 2009-14, 한국행정연구원, 2009, 78면

녹색성장위원회 출범 직후인 2009년 7월에는 '녹색성장 국가전략
(2009~2050년)'과 함께 '제1차 녹색성장 5개년 계획(2009~2013년)'을
수립해 기후변화 적응 및 에너지 자립, 삶의 질 개선과 국가 위상 강
화, 신성장 동력 창출 등 기후변화 정책 방향을 확립하였다. 이후 녹
색성장위원회의 주도로 「저탄소 녹색성장 기본법」을 제정하고 국가
온실가스 감축목표를 선언하면서, 에너지목표관리제, 국가 단위 배
출권거래제 등을 도입하여 본격적으로 기후 정책의 이행 체제를 구
축해 나가고자 하였다.

4. 파리협정 비준(2016년)

2013년 2월 새로운 정부가 출범한 뒤 「저탄소 녹색성장 기본법」
을 중심으로 한 기후 법·정책 체계는 녹색성장위원회가 대통령 직속
기관에서 국무총리 소속 기관으로 개편되는 변화를 겪었다.[20] 2009

---

20) 김이진, 이상엽, 앞의 보고서, 24면.

년 자발적으로 선언한 국가 온실가스 감축목표의 이행과 관련하여서도 뚜렷한 성과가 나타나지 않았다. 이에 기후변화 대응의 실효적인 추진 기반을 만들어내기 위하여 기후변화 대응법안 제정 운동이 진행되었고, 그 결과로 「기후변화대응기본법안」이 새롭게 제안되기도 했다.[21)]

2015년 제21차 당사국총회를 앞두고서는 2030년 국가 온실가스 감축목표를 수립하기 위한 작업이 이루어졌다. 2016년 2월 정부는 파리협정 체제를 준비하는 차원에서 '기후변화 총력 대응 체계'로 전환하겠다며, "환경부 중심의 단편적인 대응에서 탈피"해 "총리(온실가스감축), 경제부총리(배출권거래제) 총괄, 농림부(농·임·축), 산업부(산업·발전), 환경부(폐기물), 국토부(건물교통), 해수부(해양수산) 등이 소관 분야 온실가스 감축을 책임지는 소관부처 책임제를 도입하겠다"라는 구상을 밝혔다.

이와 같은 한국 정부의 진단은 「저탄소 녹색성장 기본법」 제정 이후 녹색성장위원회를 중심으로 유관 부처간 조율과 협력을 통해 범부처 범위의 온실가스 감축과 적응 전략을 추진하기 위해 노력해 왔으나, 환경부 중심으로 소극적 대응에 급급하였을 뿐 부처간 칸막이를 초월한 기후변화 대응이 이루어지지 못하였다는 것을 인정한 것이었다. 하지만 당시 정부는 위와 같이 그간의 한계를 인정하면서도 각 부처가 소관 분야의 감축을 '책임'지기 위해 반드시 필요한 부문별 온실가스 감축 성과의 점검·평가 체계 등과 같은 구체적인 대안을 제시하지 못했다.

---

21) 2014. 11. 5. 한명숙의원 대표발의안(의안번호: 제1912312호), 제19대 국회 임기만료와 함께 결국 폐기되었다.

[표 9] 기후변화 대응체계의 개편방향(2016년)

구분	현 행	개 편
온실가스 감축정책 총괄·조정	·환경부	·범부처 참여 총력체계
배출권 거래제 운영	·기재부 총괄 ·환경부 운영	·기재부 총괄 강화/4개 관장부처 운영 (국토, 농림, 산업, 환경)
중장기 전략 수립	·온실가스 감축 로드맵 (2020년 감축목표 기준)	·온실가스 감축 로드맵 (2030년 감축목표 기준) ·기후변화대응 기본계획 ·2050 저탄소 발전전략 수립
온실가스 감축 수단	규제 중심	·시장·기술·R&D 병행
지자체·시민사회 협력	형식적 관리	·실질적 협력(환경부 주관, 부처 협조)

출처: 국무조정실, "파리협정의 효과적 이행을 위한 기후변화 대응체계 강화" (보도자료), 2016. 2. 25, 5면

같은 해 12월에는 '제1차 기후변화 대응 기본계획(2017년~2036년)'을 내놓았다. 당초 '기후변화 대응 종합기본계획'의 계획기간이 2012년으로 종료됨에 따라 「저탄소 녹색성장 기본법」 제40조에 의거 새로운 '기후변화 대응 기본계획' 수립이 필요한 상황이었다. 그러나 2013년 새로운 정부가 출범하고 신기후체제의 출범이 이루어지면서 2016년 12월에 이르러서야 '제1차 기후변화 대응 기본계획'이 완료되었다. 기본계획은 '저탄소 에너지 정책으로의 전환'을 주요 전략과제로 정하고, 온실가스 감축목표 달성을 위해 신재생에너지보급 확대, 청정연료의 비중 확대, 에너지효율 제고 등을 추진할 것을 천명하였다.

2017년 새로운 정부가 등장한 뒤에는 이와 같은 온실가스 감축정책의 성과를 점검하면서 그간의 실패를 극복하고 더욱 전향적인 온실가스 감축정책을 이끌어 내기 위한 논의가 활발히 이루어졌다. 2018년 한 해 동안 2030 온실가스 감축목표와 로드맵 수정이 추진되었으며, 2019년에는 '제2차 기후변화 대응 기본계획(2020~2040년)'

수립이 진행되었다. 파리협정에 따라 기후변화협약 당사국들에게 2050년까지의 온실가스 감축목표와 국가 장기저탄소발전전략(LEDS) 작성이 요청된 2020년에는 2050년까지의 장기 감축전략 수립 작업이 진행되었다. 선진국들의 탄소중립 선언 속에서 결국 같은 해 10월 28일 대통령은 2050년까지 탄소중립을 목표로 나아갈 것을 천명하였다. 이를 계기로 2021년 5월에는 탄소중립이행계획의 도출을 위한 탄소중립위원회가 출범하였으며, 「기후위기 대응을 위한 탄소중립·녹색성장 기본법(법률 제18469호 2021. 9. 24. 제정)」이 제정되었다. 제26차 기후변화협약 당사국총회를 앞둔 2021년 10월에는 2030년 감축목표를 상향조정하였다. 이로써 2050년까지 장기적인 관점에서 새로운 기후 법·정책 체계를 구축하기 위한 시도가 본격화되고 있다.

제 2 항 국가 온실가스 감축목표의 채택

앞서 살펴본 바와 같이 한국은 국제적인 기후변화 대응 논의 초기 기후변화협약, 교토의정서 등 국제협약 대응을 중심으로 소극적으로 대처했으며 기후 정책과 유관 분야 정책 간의 조율은 형식적인 수준에 머물렀다. 국제 기후협상 과정에서 한국의 온실가스 감축의무 부담 요청이 증가함에 따라 이러한 흐름에 선제적으로 대응하고자 2008년 '저탄소 녹색성장'을 새로운 국가비전으로 제시하고 2020년 국가 온실가스 감축목표를 선언하면서 비로소 기후법·정책 체계의 구축에 착수하였다. 이후 기후변화협약 당사국으로써 지속적으로 장기 온실가스 감축목표를 갱신해 오고 있다. 이하에서는 이와 같이 추진되어 온 국가 온실가스 감축목표의 수립과 채택 과정을 보다 상세히 살펴보기로 한다. 국가 온실가스 감축목표의 결정과정은 에너지 부문 등 유관 분야의 감축 잠재량, 감축 수단, 감축비용 등에 대한 검토와 함께, 감축 부담을 적절히 할당하고 이행수단을 확정하는 과정을 수반하므로 기후·에너지 정책 간의 조율의 장으로써 중요한 의미를 가진다. 또한 기후 정책의 핵심 목표로써 국가 온실가스 감축목표의 위상을 고려할 때 온실가스 감축목표의 선택과정은 기후과학의 기반하에서 온실가스 감축에 관한 사회적 선호를 충실히 반영해야 한다. 따라서 국가 온실가스 감축목표가 수립되어 온 과정에 관한 탐구는 그간 기후·에너지 정책 조율과 관련한 문제점을 살피는데 있어서도 많은 시사점을 줄 수 있을 것으로 생각하였다.

1. 2020 국가 온실가스 감축목표

2008년 당시 대통령이 '저탄소 녹색성장'을 국가 비전으로 선포하면서 정부는 2008년 9월부터 2020년 국가 온실가스 감축목표 수립을 위한 작업에 착수하였다. 우선 에너지경제연구원, 에너지기술연구원, 한국환경정책평가원구원, 건설기술연구원, 교통연구원, 한국개발연구원, 산업연구원 등 7개 국책연구기관이 합동으로 국제적 기준의 모형과 분석체계에 근거해 배출전망(BAU)과 감축 잠재량 분석을 시행하였다. 2009년 7월에는 에너지, 환경, 경제 등 각 분야의 명망 있는 전문가 7인으로 '검토위원회'를 구성해 분석 결과의 신뢰성을 검증하고 보완하는 작업을 시행하였다. 검토위원회의 결과를 참고하여 1차 관계부처 차관회의와 당정 협의를 거쳤으며, 국내 여건과 국제사회의 요구 수준을 고려해 BAU 대비 21% 감축(시나리오 1), 27% 감축(시나리오 2), 30% 감축(시나리오 3) 등 세 가지 시나리오를 선정하였다.

해당 시나리오에 대해서는 이후 3개월 동안 녹색성장위원회 주관 토론회 15회, 업종별 간담회 14회, 국회 주관 토론회 3회, 지방 공청회 4회, 산업계 주관 토론회 5회, 시민단체 주관 토론회 3회 등 총 44

여 차례의 의견 수렴 기회가 있었다.[22] 이 과정에서 산업계는 시나리오 1안 또는 그보다 완화된 감축목표를 설정할 것을 주장하였으며 시민단체는 시나리오 3안보다 강화된 목표인 '2005년 대비 25% 감축'을 주장하며 첨예하게 대립하였다. 결국 최종안 도출에 결정적인 역할을 한 것은 국제정세와 그에 따른 국민 여론의 변화였다.

　정부는 국민 여론 수렴을 위해서 먼저 전문가 400명을 대상으로 '녹색성장 및 온실가스 감축정책에 대한 인식 조사'를 실시하였다. 이후 8월 중순부터 약 한달여 기간 동안 일반인 1,000명을 대상으로 1차 여론조사를 시행하였다. 마지막으로 10월말 경에는 역시 일반인 1,000명을 대상으로 구조화된 설문지를 이용한 전화조사 방식을 통해 2차 여론조사를 실시하였다. 1차 여론조사에서 전문가는 2안을 일반 국민은 1안을 선호했으나, 2차 전화 여론조사에서는 일반 국민이 3안을 지지하는 것으로 극적으로 변화하였다. 당시 일본 등 선진국이 온실가스 감축에 적극적 입장으로 선회하고, 중국, 인도 등 개발도상국이 기존의 소극적 입장을 철회하는 등의 변화가 이루어지는 가운데, G20정상회담 유치 등 한국의 국제적 위상 강화 등을 고려해야 한다는 의견이 대두되면서, 국민 여론이 시나리오 3안을 지지하는 것으로 선회한 것이다.[23] 당시 국제적인 비교 연구에 있어서도 한국 국민의 기후변화 대응정책에 대한 높은 지지를 확인할 수 있다. 메릴랜드 대학교 국제정책태도프로그램(World Public Opinion)에서 "자국 정부가 기후변화 문제에 더 높은 우선순위를 부여해야 하는가"라는 질문에 응답자의 평균 60%가 '그렇다'고 응답했는데, 한

22) 특히 산업계의 경우에는 석유화학(3회), 시멘트(2회), 철강(2회), 제지(2회), 정유(2회), 반도체, 발전, 디스플레이 등 업종별 간담회까지 이루어졌다(출처: 청와대, "녹색위, 2020년 국가 온실가스 감축목표, 27% 또는 30%(배출전망치 대비) 감축 제안"(보도자료), 2009. 11. 5, 21-22면).
23) 윤순진, 기후변화 대응을 둘러싼 사회 갈등 예방과 완화를 위한 거버넌스의 모색, 국정관리연구, 제4권 제2호, 2009

국은 81%가 '그렇다'고 응답하는 등 조사대상국중 기후변화 문제에 대한 우선순위를 높여야 한다는 주장이 가장 높은 나라였다.[24]

이러한 과정을 거쳐 같은 해 11월 5일 개최된 제6차 녹색성장위원회에서는 2안과 3안을 정부에 건의하였으며, 11월 12일 경제 5단체와의 협의, 11월 13일 관계부처 장관회의를 통해 GDP 영향, 산업계 경쟁력 등 경제적 측면에 대한 논의와 검토 후 11월 17일 국무회의에서 시나리오 3안을 최종 목표로 확정하였다. 「저탄소 녹색성장기본법」 시행령 개정을 통해 반영된 최종 감축목표의 내용은 아래와 같다 (밑줄 부분 참조).

저탄소 녹색성장 기본법 시행령(2016. 5. 24. 대통령령 제27180호로 일부 개정되기 전의 것) 제25조(온실가스 감축 국가목표 설정·관리)
① 법 제42조제1항제1호에 따른 온실가스 감축목표는 <u>2020년의 국가 온실가스 총배출량을 2020년의 온실가스 배출 전망치 대비 100분의 30까지 감</u>축하는 것으로 한다.

당시 국무회의에서 대통령은 "정부 내 논의 과정에서 온실가스 감축에 따른 GDP 영향 등 경제적 분석과 함께 산업계의 우려 등을 심도 있게 검토"했고, "온실가스 감축에 따른 단기적 부담도 있지만 저탄소 녹색성장을 위한 패러다임 전환과 더 큰 국가이익을 고려하여 목표를 결정"했다며, 2020년 국가 온실가스 감축목표 선언의 동기를 '국가 이익'으로 설명하였다.[25] 한국이 발표한 목표치는 과거 배출량 대비 절대값으로 환산할 경우 2005년 대비 4% 감축에 불과했

---

24) 오경택, 앞의 논문, 211면
25) 대한민국 정책브리핑, "온실가스 2020년까지 배출전망치 대비 30% 감축안 확정", 2009. 11. 17., https://www.korea.kr/news/policyNewsView. do?newsId=148679419, (최종접속일: 2021. 7. 29.).

으나, IPCC가 제4차 평가보고서(AR4)에서 지구 평균기온 상승을 2℃로 제한하기 위해 개발도상국에 권고한 목표치(BAU 대비 15-30% 감축) 기준에 따르면 가장 높은 수준이었다.26) 당시 UN 등 국제기구, 미국 등 주요 국가는 물론이고, 일부 NGO들도 한국이 감축목표를 채택했다는 것이 다른 개발도상국들에 건설적인 자극제가 될 것이라는 긍정적인 평가를 내놓았다.27) 각국이 내놓은 기후 정책 목표에 대해 추적하고 평가하는 국제 환경단체인 Climate Action Tracker 역시 한국의 2020 감축목표는 상대적으로 강한(relatively stringent) 목표로 지구 평균기온 상승을 막기에 충분한(sufficient) 수준이라고 평가하기도 하였다.28)

[표 10] 주요 국가들의 2020 감축목표(2009년)

부속서 Ⅰ 국가			비부속서 Ⅰ 국가		
국가	기준연도	감축목표	국가	기준연도	감축목표
미국	2005	17% 범위	한국	x (BAU)	30%
EU	1990	20% 또는 30%	중국	2005	GDP당 40-45%
노르웨이	1990	30-40%	인도	2005	GDP당 20-25%
일본	1990	25%	브라질	x (BAU)	36.1-38.9%
캐나다	2005	17%	남아공	x (BAU)	34%
호주	2000	5-15% 또는 25%	멕시코	x (BAU)	30%
뉴질랜드	1990	10-20%	싱가포르	x (BAU)	16%
러시아	1990	15-25%	인도네시아	x (BAU)	26%

---

26) IPCC는 부속서 Ⅰ 국가들은 1990년 대비 온실가스를 25-40%의 감축해야 하고 나머지 국가들은 배출전망(BAU) 대비 15-30% 감축해야 한다고 권고하였다.

27) Financial Times, "South Korea Pledges Emissions Cut", November 17, 2009.

28) Climate Action Tracker, "South Korea", https://climateactiontracker.org/countries/south-korea/ (최종접속일: 2021. 3. 26.)

　국가 온실가스 감축목표 달성을 위해 세부적으로 정한 부문별(7개), 업종별(25개), 연도별 온실가스 감축목표 등을 담은 '국가 온실가스 감축목표 달성을 위한 로드맵'(이하 '온실가스 감축 로드맵')은 2011년 7월 처음 초안이 공개되었다. 그러나 정부내 협의가 지연되면서, 2014년 1월 녹색성장위원회 심의를 완료하기까지 총 3년여의 협의 과정을 거쳐 국무회의에서 최종 확정·발표하였다.[29]

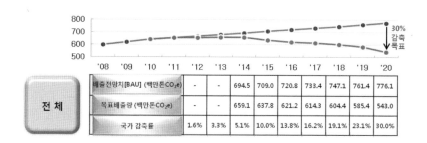

[표 11] 2020 국가 온실가스 감축 로드맵

부문	BAU (백만 톤)	감축량 (백만 톤)	감축률(%)	
			부문 BAU 대비	국가 BAU 대비
전환	(243.2)[30]	64.9	(26.7)	8.4
산업	439	81.3	18.5	10.5
건물	167.6	45	26.9	5.8
수송	99.6	34.2	34.3	4.4
공공·기타	27.6	4.5	25	0.6
폐기물	13.8	1.7	12.3	0.2
농축산	28.5	1.5	5.2	0.2
국내 감축	776.1	233.1	30.0 %	

출처: 관계부처 합동, 「국가 온실가스 감축목표 달성을 위한 로드맵」, 2014. 1 바탕으로 작성

---

29) 관계부처 합동, 「국가 온실가스 감축목표 달성을 위한 로드맵」, 2014. 1, 1-2면.
30) 전환(발전) 부문 배출전망치(BAU)는 부문별 배출량에 간접적으로 포함.

2. 2030 국가 온실가스 감축목표

2015년 제21차 당사국총회(프랑스 파리)를 앞두고 한국은 자발적 국가결정기여(INDC)를 제출하기 위해 2030년 국가 감축목표를 새롭게 설정해야 하는 과제를 안게 되었다. 당시에는 2020년 감축목표 작성 당시와 달리 기후정책을 관장하는 기본법인 「저탄소 녹색성장 기본법」이 존재하는 상황이었지만, 해당 법률은 국가 온실가스 감축목표 설정 과정을 상세히 규율하고 있지 않았다. 따라서 2030년 국가 감축목표 설정 과정을 어떻게 꾸려갈 것인가는 2020년 감축목표 설정 당시와 마찬가지로 당시 절차를 주관한 정부 부처의 광범위한 재량하에 놓여있었다.

당시 정부는 감축목표 수립을 위해 2014년 4월경 '정부합동 기후변화 TF', 5월경에는 '공동작업반'을 각각 구성하여 기초적인 작업을 수행하였다. 같은 해 11월에는 그간의 작업 결과를 바탕으로 경제 5단체와 시민 5단체를 대상으로 '경제·시민단체 간담회'를 개최해 '민관합동검토반'을 구성하였다. 이를 통해 활동자료 전망(1단계), 배출전망(2단계), 감축 잠재량 분석(3단계), 감축목표 도출안(4단계) 등의 단계별 작업내용에 대한 검토와 의견 수렴을 진행한다는 계획이었다. 그러나 민관합동검토반은 1단계와 2단계 검토 과정에서 위원들 간에 의견차를 좁히지 못해 결국 파행을 겪게 되었고, 감축 잠재량 분석과 감축목표 도출안 단계에서는 의견 수렴이 원활히 이루어지지 않았다.

정부는 나머지 단계를 내부적으로 마무리 한 뒤 2015년 6월 11일 2030년까지 배출전망치(BAU) 대비 14.7% 감축(1안), 19.2% 감축(2안), 25.7% 감축(3안), 31.3% 감축(4안) 등 4개의 감축목표안과 주요 감축수단을 제시하였다. 정부는 이러한 정보를 제공한지 하루 뒤인 6월 12일에 공청회를 개최했고, 6월 18일 국회 토론회를 거친 후 녹색

[표 12] 한국의 2030 감축목표안(2015년 6월)

구분	감축목표	주요 감축 수단
1안	14.7% 감축 (726백만 톤)	부문별로 현재 시행·계획 중인 온실가스 감축정책을 강화
2안	19.2% 감축 (688백만 톤)	석탄화력 축소, 건물·공장 에너지관리시스템 도입, 자동차 평균 연비제도 등 재정지원 및 비용부담이 수반되는 감축 수단을 포함
3안	25.7% 감축 (632백만 톤)	원자력 비중 확대, CCS 도입·상용화, 그린카 보급 등 추가적인 대규모 재정지원 및 비용부담이 필요한 감축 수단을 적용
4안	31.3% 감축 (585백만 톤)	국민적 동의에 기초한 원전비중 추가 확대, 석탄의 LNG 전환, CCSR 도입 확대 등 도입 가능한 모든 감축 수단을 포함

출처: 관계부처 합동, "정부, 2030년 온실가스 감축목표 설정을 위한 4가지 감축 시나리오 제시" (보도자료), 2015. 6. 10.

성장위원회 심의, 국무회의 논의를 거쳐 감축목표를 확정하고, 6월 30일 기후변화협약(UNFCCC) 사무국에 한국의 INDC로 제출하였다. 그러나 이 때 최종적으로 제출된 온실가스 감축목표는 국내에서 25.7% 감축하고 해외에서 11.3%를 추가로 감축해 2030년까지 배출전 망치(BAU) 대비 37%(536백만 톤)를 감축하겠다는 것으로, 당초 제시 했던 4가지 감축목표안(14.7%~31.3%)에 포함되어 있지 않은 것이었 다. 이러한 감축목표의 선정에는 당시 논의중이던 '후퇴금지 원칙 (No Backsliding)' 위반에 대한 국제사회의 지적과 그에 따른 부담,[31] 2009년 자발적 온실가스 감축목표 발표 이후 적극적인 녹색외교를 통해 녹색기후기금(Green Climate Fund) 사무국을 유치하면서 국제 사회에 내놓았던 적극적인 기후변화 대응 약속 등이 반영된 것으로

31) 2015년 6월 11일 정부가 최초의 감축목표(안)을 발표한 다음 날 당시 미국의 오바마 대통령은 박근혜 대통령과의 통화에서 "장기 기후변화 목표치 결정 과정에서 최대한 야심찬 온실가스 감축목표를 제시함으로써 기후변화 대응 분야에서의 리더십을 발휘해주기 바란다"라고 우회적으로 유감을 표명하기 도 하였다고 한다(최현정, 「Post-2020 온실가스 감축목표의 문제점: 한국 INDC의 평가」, 이슈 브리프 2015-11, 아산정책연구원, 2015. 8. 13.).

평가된다.[32] 그러나 절대적인 배출량을 기준으로 평가하자면 2030년 감축목표는 해외 감축을 포함하더라도 536백만 톤으로 기존의 2020년 감축목표(543백만 톤)에서 불과 1.5% 감축한 수준이어서 사실상 같은 목표의 달성 시기를 10년 유예한 것에 불과하다는 점, 국외 감축을 상당 부분 포함하였다는 점 때문에 국내 온실가스 감축량만 가지고 본다면 사실상 후퇴금지 원칙을 위반하였다고 평가할 수 있다는 점에서 많은 비판의 대상이 되었다.

그리고 국가 온실가스 감축목표의 설정 과정에서 이러한 의욕성의 후퇴를 견제할 만한 장치가 부족하였다는 반성적인 고려에서 국가 온실가스 감축목표 수립 절차에 대한 법적 규율 강화가 추진되었다. 2017. 4. 18. 개정된 저탄소 녹색성장 기본법에는 "감축목표를 변경하는 경우에는 공청회 개최 등을 통하여 관계 전문가 및 이해관계자의 의견을 들어야 하며, 이 경우 그 의견이 타당하다고 인정하는 경우에는 이를 반영하여야 한다"는 규정(동법 제42조 제3항)이 신설되었다. 그러나 정부안이 이미 확고하게 정해진 이후 요식행위와 같이 이루어지곤 하는 공청회를 통해서는 사회적 합의는 커녕 중요한 지적사항이 있는 경우에도 반영이 어려운 것이 현실이라는 점에서 이러한 개정이 충분한 조치였는가에 대하여는 의문의 여지가 있다.

2016년 12월에는 2030년 국가 온실가스 감축목표 달성을 위한 부문별 감축목표를 담은 '2030 국가 온실가스 감축 기본 로드맵'이 '제1차 기후변화대응기본계획'과 함께 발표되었다.

---

32) 관계부처 합동, 「제1차 기후변화 대응 기본계획」, 2016. 12, 18면

[표 13] 2030 국가 온실가스 감축 기본로드맵

부문	BAU (백만 톤)	감축량 (백만 톤)	감축률(%) 부문 BAU 대비	감축률(%) 국가 BAU 대비
전환	(333)	64.5	(19.4)	7.6
산업	481	56.4	11.7	6.6
건물	197.2	35.8	18.1	4.2
에너지신산업	-	28.2	-	3.3
수송	105.2	25.9	24.6	3.0
공공·기타	21	3.6	17.3	0.4
폐기물	15.5	3.6	23.0	0.4
농축산	20.7	1	4.8	0.1
국내 감축	851	219	25.7%	
국외 감축		96	11.3%	

출처: 국무조정실, "신기후체제 출범에 따라 효율적 기후변화대응을 위한 국가차원의 중장기 전략과 정책방향 제시"(보도자료), 2016. 12. 6.

위와 같은 최초의 2030년 감축목표는 과도한 국외 감축을 전제로 한다는 비판 등을 반영해 2018년 7월 한 차례 수정되었다. 그러나 이 과정에서 국내배출량 감축의 많은 부분을 담당하기로 했던 전환 부문 감축량이 줄어들었고, 그 중에서도 34.1백만 톤 가량에 대해서는 감축 수단 확정에도 실패함으로써 에너지 부문 감축에 있어 또 다른 과제를 남겼다.[33] 2030년 감축목표는 후술하는 바와 같이 2050 탄소 중립 선언 이후 그에 맞추어 다시 한번 강화되었다.

3. 2050 국가 온실가스 감축목표

파리협정에 따라 요구되는 장기저탄소발전전략(LEDS) 제출을 앞두고 환경부는 2019년 3월부터 국무조정실, 기획재정부, 과학기술정

---

33) 대한민국 정부, 「제2차 기후변화대응 기본계획」, 2019. 10, 18면.

보통신부, 외교부, 행정안전부, 농림축산식품부, 산업통상자원부, 환경부, 국토교통부, 해양수산부, 산림청, 농촌진흥청, 기상청, 금융위원회 등 14개 기관이 참여하는 범정부 협의체를 구성하고 온실가스종합정보센터, 에너지경제연구원 등 22개 기관을 대표하는 전문가들로 구성된 기술작업반을 구성함과 동시에 외부 전문가로 구성된 '저탄소사회비전포럼'을 구성해 장기 온실가스 감축목표 수립을 위해 필요한 의견 수렴과 함께 사회적 합의를 구해보고자 하였다. 포럼 위원으로 위촉된 69명의 민간 전문가들은 총괄, 전환, 산업, 수송, 건물, 비에너지(농축수산·폐기물·산림), 청년 등 총 7개 분괴로 나누어 약 9개월간 60여 차례의 논의를 진행했다. 그 결과 2020년 2월에는 2050년까지 2017년 대비 최소 40%에서 최대 75%까지 5개의 감축목표를 담은 '2050 장기 저탄소발전전략(안)'을 제시하였다.[34] 2020년 6월부터는 사회적 의견 수렴에 나서 6월에는 온라인 설문조사를 시행했고, 7월에는 5회에 걸친 전문가 토론회를 진행하였다. 더불어 LEDS 관련 정보를 담은 포털 사이트(https://www.gihoo.or.kr/2050LEDS), 국민 토론회(10월 17일) 등을 통해 부문별 탄소중립 이행수단에 대한 의견 수렴과 탈탄소 정책 방향에 관한 사회적 공감대 형성을 꾀하였다.

그러나 국제사회에서의 기후목표에 대한 논의는 '2050 탄소중립'을 향해 빠르게 흘러가고 있었다. 2020년 9월 22일 유엔총회에서 중국이 2060년까지 온실가스 순배출을 제로화하겠다는 소위 '넷제로 선언'을 하고 나선 데 이어 10월 26일에는 일본이 2050년까지 넷제로를 선언하고 나선 것이다. 결국 이틀 뒤인 10월 28일 국회 시정연설에서 대통령은 한국 역시 2050년까지 넷제로를 달성하겠다고 약속하기에 이르렀다. 이후 정부는 2050 탄소중립 목표를 중심으로 이를 이행하기 위한 '2050 탄소중립 추진전략(안)'을 발표하는 한편, 11월

---

34) 환경부, "2050 장기 저탄소 발전전략 포럼 검토안, 정부 제출"(보도자료), 2020. 2. 6.

19일 공청회를 진행하였고, 12월 30일에는 녹색성장위원회와 국무회의의 심의를 거쳐 탄소중립 목표를 중심으로 작성한 '2050 장기저탄소발전전략'을 UN에 제출하였다.

2021년 한 해 동안에는 이렇게 마련된 2050년 탄소중립 목표의 구체적인 청사진을 담은 탄소중립 시나리오 도출을 중심으로 한 후속 절차가 진행되었다. 2021년 2월 UN은 2020년말까지 기후변화협약 당사국이 제출한 NDC 28개를 분석한 결과, 지금의 목표대로라면 2010년 대비 1% 밖에 감축하지 못할 것으로 예측된다며, 파리협정에 서명한 175개국 모두 감축목표를 상향해 다시 제출하라고 권고하였다.[35] 이러한 국제사회의 요구와 기후위기에 대한 인식, 2050 탄소중립 목표를 감안하여 한국 정부는 기존의 2030년 감축목표에서 1억 톤 이상 추가 감축하는 것을 주요 내용으로 하는 강화된 감축목표안을 확정하고 2021년 11월 유엔에 제출하였다.

4. 온실가스 감축목표 수립 과정에 대한 평가

지금까지 그동안 이루어진 국가 온실가스 감축목표의 결정 과정을 살펴보았다. 한국에서 그간 국가 온실가스 감축목표와 같은 기후정책 목표의 결정은 기후과학이 제공하는 사실적 기반하에서 사회 구성원들이 온실가스 감축에 관한 각자의 선호를 표출하고 행동함으로써 사회선호함수 상의 최적점을 찾아가는 과정이라기보다 국제적 추이와 국정 운영 철학 등을 고려한 정치적 결단의 형태로 볼 수 있는 측면이 많은 것으로 생각된다.

2020 중기 온실가스 감축목표 결정은 국제협약상 의무감축국의 지위에 있지 않았지만, 상당한 외교적 압박을 받고 있던 시기에 당

---

35) 중앙일보, "UN '한국 등 온실가스 감축목표 다시 내야', '말잔치 끝내고 약속 지켜라", 2021. 2. 26.

시 대통령의 새로운 국정철학 채택으로 촉발되었다. 첫 국가 온실가스 감축목표 수립이었던 만큼 폭넓은 사회적 의견 수렴의 과정이 요구되었으며, 각종 토론회와 여론 조사 등으로 이러한 형식적 요건을 수행한 것처럼 보인다. 그러나 그러한 의견 수렴의 과정에서 충실한 의사결정의 기본적 요건이라 할 수 있는 정보 공개가 상당히 미진했다는 문제가 다수 지적되었다. 국책연구기관들이 중심이 되어 감축 시나리오를 도출하는 과정에서 학계, 시민단체 등 외부 전문가들은 관련 정보에 대한 접근은 상당히 제한되었다. 사회적 의견수렴을 위해 제시할 시나리오를 선정 과정에서는 30차례의 토론회를 통해 논의의 기회를 가졌던 산업계 주요 업종 관계자와 검토위원회에 참여했던 전문가들 정도에게만 일부의 정보가 공유되었다. 공개된 시나리오에 대해서도 시나리오를 도출하는 과정이나 예상되는 업종별, 부문별 감축량과 같은 상세한 정보를 공개하지 않았고, 대국민 의견 수렴과정에서 이루어진 각각의 토론회에서 어떠한 논의가 있었는지에 대한 설명이 부족하였다. 여론조사에 관해서도 질문지의 내용과 조사 설계에 관한 부분이 공개되지 않아 결과를 신뢰하기 어렵다는 등의 의견이 대두되었다.[36]

이러한 점을 보완하기 위하여 2030 장기 온실가스 감축목표 결정 과정에서는 정부가 운영하던 공동작업반의 작업 결과를 목표 수립 초기부터 공개하고 다양한 이해당사자로부터 의견을 수렴하고자 하였으나, 민관합동검토반의 파행으로 제대로 의견 수렴이 이루어지지 못하였다.[37] 최종 계획안을 공개한 후에는 다분히 형식적인 의미의 공청회와 토론회 이외에는 이해관계자의 입장이 반영될 공식적인 기회는 없었다. 정부 주도의 여론조사가 한 번도 이루어지지 않

---

36) 윤순진, 앞의 논문(2009년), 47면.
37) 이동길, 신기후체제 관련 한국의 온실가스 감축목표 수립과정에서의 거버넌스 분석, 도시계획학 석사학위 논문, 서울대학교 환경대학원, 2016, 58면.

아 시민의 의견을 듣고 공론화를 거치는 과정이 거의 모두 생략되었
고 결국에는 당초 발표한 시나리오에는 없었던 안이 채택되기에 이
르렀다. 이러한 온실가스 감축목표 수립 과정의 문제를 그대로 반영
하듯 이후 2030 감축목표의 이행을 위한 후속조치 역시 제대로 이루
어지지 못하였고, 2030 감축목표는 계속적인 수정 요구에 직면하게
되었다.

2050년 탄소중립 목표 선언 과정에서도 위와 같은 문제점이 반복
되었다. 당초 장기저탄소발전전략(LEDS) 수립 과정에서 전문가토론
회, 국민 의견 수렴 시 탄소중립 '지향'은 가능하지만 탄소중립 목표
를 가져가는 것은 어렵다던 정부의 입장이 대통령의 탄소중립 선언
으로 몇 주만에 극적으로 변화한 것이다. 이러한 상황은 앞으로 수
립된 목표의 이행계획이 잘 도출될 것인지, 무엇보다 수립된 계획의
이행을 담보할 수 있을 것인지에 대해 큰 의구심을 갖게 한다.

불확실성이 높으며 장기적 관점에서 접근이 필요한 기후변화 대
응을 위해서는 책임부처를 정치적으로 지원하고 대응정책 추진에
충분한 자원이 배분되도록 하는데 대통령 등 국가 최고지도자의 관
심과 지지 등 리더십이 중대한 영향을 미친다. 그러나 꾸준한 온실
가스 감축정책의 추진을 위해서는 과학적이고 객관적인 데이터에
근거한 정책 근거 수립, 산업계, 시민단체 등 주요 이해관계자의 참
여와 투명한 협의 과정, 에너지 정책 등 유관분야 정책과의 조화로
운 연계 등 이행 수단의 마련, 정책 이행 과정과 결과에 관한 모니터
링체계 구축 등이 뒷받침되어야 한다.[38] 최고지도자의 관심과 지지
가 정책 도입 선언 뿐만 아니라 이행과정에도 충분히 확보되어야 함
은 물론이다.

그간 한국은 대통령의 결단과 정치적 리더십에 의해 장기적인 기

---

38) James Meadowcroft, 「Climate Change Governance, Background Paper to the
2010 World Development Report」, The World Bank, 2009, 15.

후 정책 목표를 정하는 데는 성공하였다. 그러나 충분한 내부적인 논의가 생략됨으로 인해 국가 온실가스 감축목표 이행에 필요한 국민적 합의는 물론이고 기본적인 관심조차 이끌어 내지 못하는 상황이 반복되고 있으며, 목표 수립 시 이를 뒷받침하는 이행수단에 관한 논의가 이루어질 기회를 박탈함으로 인해 정책 목표의 실현가능성에 대한 우려를 낳고 있다. 그간 한국의 국가 온실가스 배출량이 꾸준히 증가해 왔다는 것은 이러한 우려가 결코 과장된 것이 아님을 보여 준다. 이하에서는 국가 온실가스 감축목표 이행의 문제에 관해 특히 에너지 법·정책과의 조율 문제를 중심으로 살펴보고자 한다.

제 2 절 한국의 에너지 법·정책 변동

제 1 항 에너지 법·정책 여건

한국의 에너지 소비는 경제성장과 함께 꾸준히 증가해왔다. 현재 한국은 세계 10위권의 에너지 다소비 국가이다. 부문별 최종 에너지 소비에서 가장 비중이 큰 산업부문(2017년 기준 61.7%)이 소비 증가를 주도해 왔다. 산업구조상 제조업의 비중이 높고(2017년 기준 GDP의 약 32.1%) 특히 철강, 석유화학, 자동차, 반도체 등 에너지 집약적 업종이 높은 비중을 차지하고 있어, GDP 대비 1차 에너지 소비량을 기준으로 OECD 국가(35개국) 중 33위를 차지하는 등 에너지효율 개선이 시급하다.[39] 에너지원의 수입의존도 역시 97%로 매우 높아서 대부분을 외국에서 수입해야 하므로 안정적인 에너지원 확보 역시 중요한 정책목표가 되어왔다.

전력부문을 살펴보면 1970년대 석유파동 등의 영향으로 에너지원 다변화를 추진하면서, 원자력발전, 석탄발전, 가스발전이 차례로 도입되었다. 그에 따라 석탄발전의 비중은 1971년 6.9%였으나 2019년 40%로 증가했고, 원자력발전, 가스발전 역시 2019년 각각 26%까지 확대되었다. 같은 기간 석유의 비중은 80.6%에서 1%로 감소하였다. 신재생에너지의 비중은 여전히 낮지만 태양광, 풍력의 비중이 최근 급격히 확대되어 전체 신·재생에너지 중 태양광, 풍력발전이 차지하는 비중이 2019년 기준 47%를 차지하고 있다. 국토 여건상 재생에너지 확대가 어렵다는 견해도 존재하지만, 기술적 잠재량이 연간

---

39) 환경부, 「(지속가능한 녹색사회 실현을 위한) 대한민국 2050 탄소중립 전략」, 2020. 12, 31면.

12,645TWh(8,756GW), 시장 잠재량이 787TWh(852GW)로 추산되는 등 재생에너지원 부존량은 에너지 수요를 충족하기에 결코 부족하지 않은 수준으로 평가된다.[40]

제 2 항 에너지 법·정책의 변화

에너지산업은 자원개발산업, 전력산업과 같이 초기 대규모 투자가 요구되는 산업으로 독점의 문제가 빌생하고, 이와 같은 시상 실패를 보완하기 위한 정부 개입이 정당화되기 쉽다. 한국의 경우 산업화 초기에는 에너지 자원을 원활히 확보하고, 안정적인 에너지 공급 기반을 마련하는데 국가 역할이 집중되었다. 따라서 석탄 등 지하자원을 합리적으로 개발함으로써 산업의 발달을 도모하기 위해 「광업법(법률 제234호, 1951. 12. 23. 제정)」을 제정한 것을 시작으로, 석탄, 석유, 가스, 원자력 등 개별 에너지원별로 관련 사업 시행을 위한 법·제도가 마련되기 시작하였다.

본격적인 의미의 에너지 정책과 관련 법제가 마련된 것은 1970년대 이후로 평가된다.[41] 석유 파동 이후 에너지 공급원의 다변화와

---

40) 한국에너지공단에서는 재생에너지에 대한 잠재량을 이론적 잠재량 (theoretical potential), 지리적 잠재량(geographical potential), 기술적 잠재량 (technical potential) 등으로 구분해 제시하고 있다. 이론적 잠재량은 국토 전체에 존재하는 에너지 총량(예: 태양에너지의 경우 1년간 국토 전체에 도달하는 일사량), 지리적 잠재량은 물리적으로 설비가 입지할 수 없는 산지, 철도, 도로 등과 문화재보호구역, 환경보호구역 등 법적 제한을 고려한 잠재량, 기술적 잠재량은 현재의 기술수준, 설비효율을 고려한 잠재량 등으로 구분한 에너지 잠재량을 의미한다 (한국에너지공단, 「2018 신재생에너지 백서」, 2019, 97면).

41) 이은기, 한국과 미국의 에너지 관련법제의 변화-기후변화에 대응한 최근 에너지입법을 중심으로, 환경법연구, 제34권 2호, 2012, 151면.

에너지 효율 향상 등의 과제가 부상함에 따라 「에너지이용합리화법(법률 제3181호, 1979. 12. 28. 제정)」이 제정되었다. 에너지이용합리화법은 에너지기본법이 제정되기 전까지 국가에너지기본계획, 지역에너지기본계획 및 비상시 에너지수급계획에 관한 사항 등을 규정해 국가 에너지 정책의 방향을 규율하는 역할을 수행하였다. 에너지공급원 다변화 차원에서는 체계적이고 효율적으로 대체에너지 기술의 개발과 보급을 지원하기 위해 「대체에너지개발촉진법(법률 제3990호, 1987. 12. 4. 제정)」이 제정되었다. 이 법은 태양에너지, 바이오에너지, 풍력, 소수력, 연료전지, 석탄액화·가스화, 해양에너지, 폐기물에너지 등 석유, 석탄, 원자력, 가스가 아닌 에너지원들을 '대체에너지'로 정의하고(동법 제2조), 대체에너지 기술개발을 촉진하기 위해 필요한 재정·금융 및 세제상의 조치를 강구할 수 있도록 하였다(동법 제3조).

1990년대 후반부터는 에너지 관련 기본법 제정의 필요성이 지속적으로 제기되었다. 특히 당시까지의 에너지법·정책이 지속가능한 에너지 체제로의 전환이라는 과제를 제대로 수용하고 있지 못하다는 점에서 그 필요성이 주장되기도 하였다.[42] 그러나 「에너지기본법(법률 제7860호, 2006. 3. 3. 제정)」의 제정은 2000년대 중반에 이르러서야 이루어졌다. 에너지기본법의 제정은 에너지 관련 법령 및 정책을 유기적으로 연계하고 산업 부문에 국한되어 온 에너지 정책의 문제를 국가 차원의 과제로 격상하고자 하는 시도로 평가된다.[43]

오늘날에는 여전히 에너지 자원 확보를 위한 국가간 경쟁이 전개되고 있는 가운데, 소규모 분산형 재생에너지 확산, 수요관리의 중요성 등이 부각되면서, 에너지 문제는 정부 주도로 전문가가 중심이

---

42) 윤순진, 지속가능한 에너지체제로의 전환을 위한 에너지 정책 개선 방향, 한국사회와 행정 연구, 제14권 제1호, 2003, 282면 등 참조.
43) 국회 산업자원위원회, 「에너지기본법안 검토보고서」, 2005. 2, 6면.

되어 해결해야 하는 문제라기보다는 민간과 정부, 시민사회가 함께
고민해야 할 과제가 되었다. 또한 파리협정 등으로 기후위기 극복을
위한 국제사회의 노력이 가속화되고 있어 기후 정책은 최근 에너지
법·정책의 변화를 이끌어내는 주요한 요인이 되고 있다.

제 3 항 에너지법과 기후법의 조우

1. 기후변화협약 대응 초기(90년대 초반)

앞서 살펴보았듯이 그간 에너지법의 주요 목적은 안정적이고 효
율적인 에너지 수급 구조를 실현함으로써 경제성장에 기여하는 데
있었고, 환경법은 이러한 에너지 정책을 취함으로써 발생하는 환경
오염 및 환경훼손과 같은 외부성(externalities)의 문제를 적절히 통제
하고 예방하며 사후적으로 손해를 전보하는 역할을 수행하였다.[44]
특히 개별 에너지원의 개발 및 활용 과정에서 환경오염, 안전 등이
이슈가 되는 경우 이에 대응하는 차원에서 별도의 법률 제정이 이루
어지기도 하였다. 「광산보안법(법률 제1292호 1963. 3. 5. 제정)」,[45] 「원

---

44) 이러한 면에서 과거의 에너지법과 환경법은 서로 상충하는 목표를 추구하
는 것으로 이해되기도 한다. 미국의 에너지법과 환경법간에도 이러한 관
계가 관찰된다는 연구가 다수 존재한다 (Lincoln L. Davies, Alternative
Energy and the Energy-Environment Disconnect, *Idaho Law Review*, Vol. 46,
Issue 2, 2010, pp. 473-508; Amy J. Wildermuth, The Next Step: The Integration
of Energy Law and Environmental Law, *Utah Environmental Law Review*, Vol.
31, Issue 2, 2011, pp. 369-388; Todd S. Aagaard, Energy-Environment Policy
Alignments, *Washington Law Review*, Vol. 90, Issue 4, December 2015, pp.
1517-1582 등 참조).

45) 이 법은 광산종업원에 대한 위해를 방지함과 아울러 광해를 방지함으로써
지하자원의 합리적인 개발을 도모함을 목적으로 한다(동법 제1조). 이후

자력 손해배상법(법률 제2094호 1969. 1. 24. 제정)」[46] 등이 그 대표적
인 사례이다.

기후변화협약이 체결되면서 에너지 정책은 비로소 기후변화 대
응 요구에 직면하게 되었다. 당시 에너지 정책을 담당했던 상공자원
부[47]는 1992년 출범한 지구환경대책기구에 주요 관계부처중 하나로
참여하면서 재정경제부와 함께 국제적인 온실가스 감축의무 부담
가능성에 대응하기 위한 전략을 수립하고 관련 영향을 평가하는 업
무를 주도적으로 수행하였고, 기후변화 대응을 위한 에너지사용전
략, 재생에너지 개발 등을 추진하기로 하였다.

그러나 당시에는 이와 같은 다부처 조정기구가 적극적으로 역할
을 수행할 수 있도록 실무작업을 담당할 부처를 정하고 협력 방식
을 정하는 등의 협력체계 구축이 전혀 이루어지지 못하였고, 기후
정책 역시 뚜렷한 정책 목표가 수립되지 못한 상황이었기 때문에
기후 정책과 에너지 정책 간의 조율은 거의 이루어지지 못한 것으
로 보인다.

2005년에 「광산피해의 방지 및 복구에 관한 법률」이 제정되어 광산으로
인한 환경피해의 예방과 관리 등을 별도로 규율하게 되었다.

[46] 한국은 1969년 '원자력 연구개발 및 이용의 장기계획(1972~1989년)'을 처
음 수립하고, 1964년부터 원자력발전 건설 부지 선정 업무에 착수해 부산
광역시 인근에 고리 제1호기 부지를 선정하였다. 이 법은 원자력발전소
건설에 착수해 첫 원전의 운영을 앞둔 시점에 제정되었는데, 원자로의 운
전 등으로 인해 원자력손해가 발생한 경우의 손해배상에 관한 사항을 규
정함으로써 피해자를 보호하고 원자력사업의 건전한 발전에 기여함을 목
적으로 한다(동법 제1조).

[47] 에너지 정책과 관련한 사무를 담당하는 중앙행정기관은 1977년 12월 16일
동력자원부의 설립으로 탄생했는데, 1993년 동력자원부가 상공부와 통합
하여 상공자원부로 개편된 이래로 에너지 정책과 산업 정책은 같은 부처
에서 다루어지고 있다.

2. 에너지절약 중심 대응(90년대 후반~2000년대 초반)

1997년 교토의정서가 채택되면서 일부 선진국을 중심으로 국제협약상 온실가스 감축의무를 부담하는 시대가 도래하였다. 교토의정서 채택 이후인 1998년 4월 다시 출범한 '기후변화협약 범정부 대책기구'에서 산업자원부48)는 에너지·산업대책반을 주도적으로 이끌어가는 위치에 있었다. 해당 작업반에는 산업자원부 외에도, 재정경제부, 건교부, 과기부가 참여하여 에너지 절약, 연료 대체, 산업공정에서 배출되는 온실가스의 대체 방안 등을 논의하였다.

이 시기의 기후 정책은 에너지 절약, 재생에너지 개발 등의 이슈를 중심으로 에너지 법·정책에 영향을 미치기 시작하였다. 1999년 2월 「집단에너지사업법」 개정 시에는 집단에너지사업법의 목적이 "집단에너지 공급을 확대하고, 집단에너지 사업을 합리적으로 운영하며, 집단에너지 시설의 설치·운용 및 안전에 관한 사항을 정함으로써 기후변화에 관한 국제연합기본협약에 능동적으로 대응하고 에너지 절약 및 국민 생활의 편익 증진에 이바지"하기 위함임을 명시적으로 밝혔다(동법 제1조).49) 2003년 12월 「에너지이용합리화법」 개정 시에도 역시 "에너지 수급을 안정시키고 에너지의 합리적이고 효율적인 이용을 증진하며 에너지 소비로 인한 환경피해를 줄임으로써 국민경제의 건전한 발전 및 국민복지의 증진과 지구온난화의 최소

---

48) 산업자원부는 상업·무역 및 무역 진흥·공업·에너지 및 지하자원에 관한 사무를 관장하는 중앙행정기관이었다. 1998년 2월 28일 통상산업부를 개편해 발족하였으며 2008년 2월 28일 지식경제부로 개편되면서 폐지되었다.

49) 집단에너지는 주거, 상업지역, 산업단지 등 에너지 집중소비지역의 사용자에게 열병합발전소, 자원회수시설 등에서 생산한 열, 전기 등을 일괄적으로 공급·판매하는 사업으로 에너지효율이 높아 환경친화성에 강점이 있는 것이 특징이다 (에너지경제연구원, 집단에너지정보넷, http://kienergy.net/cmm/main/mainPage.do, 최종접속일: 2021. 5. 17.).

화에 이바지"하겠다는 내용이 목적조항(제1조)에 추가되었다.

에너지 정책의 친환경화라는 목표하에 태양광, 풍력 등 재생에너지를 촉진하기 위한 정책기반 조성 노력도 시작되었다. 2004년 12월에는 「대체에너지 개발 및 이용·보급 촉진법」을 「신에너지 및 재생에너지 개발·이용·보급 촉진법」(이하 '신재생에너지법')으로 전부 개정하였다. 당시 신재생에너지법은 "이 법은 신에너지 및 재생에너지의 기술개발·이용·보급촉진과 신에너지 및 재생에너지산업의 활성화를 통하여 <u>에너지원을 다양화</u>하고, <u>에너지의 안정적인 공급과 에너지 구조의 환경친화적 전환을 추진</u>함으로써 환경의 보전, 국가경제의 건전하고 지속적인 발전 및 국민복지의 증진에 이바지함을 목적으로 한다"(동법 제1조)라며 '에너지원의 다양화' 외에 '에너지의 안정적인 공급', '에너지 구조의 환경친화적 전환'을 재생에너지 확대 정책의 주요 목표로 함께 제시함으로써 재생에너지 보급의 목표가 에너지원의 '대체'만을 위한 것이 아니라는 점을 분명히 하였다.

그러나 이 시기 역시 기후 정책에 따른 에너지 정책의 조율 현상은 뚜렷이 나타나지 않았다. 기존의 지구환경대책기구에서 기후변화협약 대책위원회 체제로 개편되면서, 협상대책반, 에너지·산업대책반, 환경대책반, 농림대책반, 연구개발반 등 분야별 실무작업반이 조직되고, 정부산하기관 전문가들과의 협력체계가 마련되었으나, 대책위원회에서 내놓은 기후변화협약종합대책은 여전히 기존의 분야별 정책을 종합하는 수준에 머물렀다. 당시 산업자원부는 기후변화 대응을 위한 국제적 협력뿐만 아니라 우리 경제의 장기적인 발전을 위해서도 에너지 절약과 온실가스 감축이 필요하다는 점을 인식한 것으로 보이지만 산업계와의 자발적 협약을 주요 정책 수단으로 선택하는 등 적극적인 감축정책 도입에 소극적인 입장을 취하였다.50)

---

50) 기후변화협약대책위원회, 「기후변화협약 대응 제2차 종합대책」, 2002. 6, 2면.

3. 기후·에너지 정책 조율의 시작(2000년대 후반 이후)

2008년 당시 정부는 녹색성장을 국가 비전으로 선포하면서 대통령 직속 조직으로 녹색성장위원회를 구성하고 「저탄소 녹색성장 기본법(법률 제9931호 2010. 1. 13. 제정)」을 제정하였다. 「저탄소 녹색성장 기본법」의 제정은 에너지법과 환경법 간의 관계에 있어 중요한 전기를 마련하였다. 에너지 정책의 기본 방향을 규정한 에너지 정책 분야의 기본법이었던 「에너지기본법」을 「에너지법」으로 개정하면서 「에너지기본법」에서 정하고 있던 에너지 정책의 기본원칙과 국가 에너지기본계획 수립과 관련한 규정이 모두 「저탄소 녹색성장 기본법」으로 옮겨진 것이다.

따라서 이 시기 한국의 기후 및 에너지 법·정책 체계는 기후법·정책의 근간인 「저탄소 녹색성장 기본법」이 최상위에 놓여 있고, 그 하위에 「에너지법」, 「에너지이용합리화법」, 「집단에너지사업법」, 「에너지 및 자원사업 특별회계법」 등 에너지 정책 전반을 규율하는 일반 법률과 석탄, 석유, 가스 등 화석연료, 신·재생에너지, 전기 등 개별 에너지원에 관한 사항을 규율하는 법률이 놓여 있는 형태로 정리해 볼 수 있다.

이러한 체제의 변화는 '녹색성장'의 패러다임에 에너지를 포함함으로써, 에너지 정책의 원칙과 방향을 제시했다는 점에서 긍정적으로 평가되고 있지만,[51] 그간 고수해 온 '에너지 안보', '경제적 효율성' 등과 같은 여타 에너지 정책 목표에 대한 고려가 부족하다는 점,[52] '저탄소 녹색성장'이라는 개념의 모호성으로 인해 기존의 「지

---

51) 방동희, 저탄소 녹색성장 기본법의 규제실패 검토 및 발전적 시행에 관한 연구, 환경법연구, 제32권 제1호, 2010, 326면.
52) 윤세종, 정홍범, 최지은, 저탄소 녹색성장 기본법에 대한 비판적 고찰, 환경법연구, 제32권 제2호, 2010, 339면; 함태성, 녹색성장과 지속가능발전의

속가능발전기본법」53)은 물론 「환경정책기본법」, 「대기환경보전법」
등 전통적 환경법제와의 정합적이지 못하다는 점,54) 규제보다는 성
장에 방점을 둔 발전전략에 관한 법이라는 점에서 기후변화에 관한
대책이 '녹색성장'을 위한 하위적 추진과제의 일종으로 전락하게 될
것이라는 점55) 등의 우려와 비판이 존재하였다. 그럼에도 불구하고
「저탄소 녹색성장 기본법」의 제정은 녹색성장 정책 체계 안에 에너
지 정책을 포섭했다는 점에서 기후목표를 중심으로 에너지 법·정책
을 재편하는 계기를 제공한 것은 분명하다. 이하에서는 이와 같은 과
정을 통해 형성된 기후·에너지 법체계를 기반으로 최근까지 진행되
어 온 기후·에너지 정책 간의 조율 과정을 간략히 살펴보기로 한다.

관계 정립에 관한 법적고찰 환경법연구 제31권 제1호, 2009, 368면; 법제
처 정책연구과제보고서, 「저탄소 녹색성장을 위한 에너지 법제의 현황 분
석과 개선 방안 연구」, 2012. 11. 15면 등 참조.

53) 1992년 유엔환경개발회의에서 채택한 의제21(Agenda 21), 2002년 세계지속
가능발전정상회의에서 채택한 지속가능발전과 관련된 국제적 합의에 따
라 고안된 지속가능발전(sustainable development)라는 개념은 '환경적으로
지속가능한 발전'의 개념을 포함하므로 녹색성장과 접점이 있다. 한국에
서는 2000년 6월 김대중 대통령이 대통령자문기구로 지속가능발전위원회
를 설치한 후 2006년에 출범한 제4기 지속가능발전위원회의 노력으로
2007년 8월 「지속가능발전기본법」이 공포, 시행되었다. 그러나 「저탄소 녹
색성장 기본법」이 제정되면서 지속가능발전 정책은 녹색성장 국가전략의
일종에 포섭되었고, 지속가능발전위원회는 환경부에 대한 자문기구로 위
상이 변경되었다.

54) 김유향, 기후변화법과 녹색성장법 리뷰, 의정연구, 제15권 제1호, 2009; 맹
학균, 녹색성장과 환경법제의 정비, 법제, 2010. 7, 97면 등 참조.

55) 조홍식, 황형준, 녹색성장과 환경법제의 대응, 법제연구, 제36호, 2009, 41
면 등 참조.

제 4 항 기후·에너지 법·정책 체계의 형성

앞서 제3항에서 살펴보았듯이 한국의 기후 정책 목표와 이행 체계 구축 노력의 결과로 처음 탄생한 기후법인 「저탄소 녹색성장 기본법」은 녹색산업을 성장 동력으로 삼고자 하는 비전 아래 에너지 이용과 수요관리 등 에너지 정책의 기본 방향을 담았다. 동 법률에 따라 기후·에너지 정책의 근간이 되는 '저탄소 녹색성장 추진전략' (동법 제9조), '기후변화대응기본계획'(동법 제40조), '에너지기본계획'(동법 제41조)을 5년 주기로 수립하도록 하고, 각각의 행정계획은 국가 온실가스 감축목표에 부합하도록 함으로써 중장기적 관점에서 기후 정책과 에너지 정책의 조율을 시도하였다. 본 연구에서는 최초의 기후법이라고 일컬어지는 저탄소 녹색성장기본법 시기를 중심으로 이러한 기후와 에너지 두 정책 영역 간의 조율이 어떻게 법적으로 규율되었는지, 그에 따라 실제 관행은 어떻게 변화하였는지를 중심으로 연구를 진행함으로써 향후 기후·에너지 법·정책의 진화 발전에 있어 유의미한 시사점을 얻어보고자 하였다.

1. 주요 기후 정책의 검토

가. 국가 온실가스 감축목표와 감축 로드맵

국가 온실가스 감축목표는 녹색성장 추진에 있어 가장 중요한 정책 목표이다. 「저탄소 녹색성장 기본법」에 따르면 "정부는 범지구적인 온실가스 감축에 적극 대응하고 저탄소 녹색성장을 효율적·체계적으로 추진하기 위하여 온실가스 감축목표, 에너지 절약 목표 및 에너지 이용효율 목표, 에너지 자립 목표, 신·재생에너지 보급 목표 등과 관련하여 중장기 및 단계별 목표를 설정하고 그 달성을 위하여 필요한 조치를 강구하여야 한다"(동법 제42조 제1항). 정부는 이에 따라 관계 중앙행정기관, 지방자치단체 및 공공기관을 중심으로 에너지 절약 및 온실가스 감축목표를 설정해 실천하도록 촉진하고(동조 제2항), 온실가스 감축목표와 에너지 절약 목표 및 에너지 이용효율 목표와 관련해서는 산업, 교통·수송, 가정·상업 등 부문별 목표를 설정하고 그 달성을 위하여 필요한 조치를 적극 마련하여야 한다(동조 제5항).

「저탄소 녹색성장 기본법」은 이와 같이 국가 온실가스 감축목표 설정 단계부터 부문별 감축목표를 정하도록 하여, 기후 정책 목표에 따라 연관 분야의 온실가스 감축을 촉진할 수 있는 정책 체계의 구축을 요청하였다. 그에 따라 2020년 감축목표 선언 이후 2014년 1월에는 '2020년 국가 온실가스 감축목표 달성을 위한 로드맵'을 설정하였고, 2030년 감축목표 수립 이후에는 '2030년 국가 온실가스 감축목표 달성을 위한 기본 로드맵'을 발표하는 등 부문별, 단계별 감축목표를 담은 감축 로드맵을 발표함으로써 국가 온실가스 감축목표 달성을 위해 각 부문에서 달성해야 할 감축량과 감축 수단의 대강을 정하였다. 국가 온실가스 감축목표와 부문별 감축목표의 결정 과정은 부문별 감축 수단과 감축 잠재량, 한계감축비용 등과 관련한 정보를 검토함으로써 기후정책에 맞게 에너지정책을 조율해가는 과정이다. 그러나 그간 온실가스 감축목표의 결정은 앞서 살펴본 바와 같이 이러한 정책적 조율 보다는 지도자의 정치적 결단이 큰 영향을 미쳤던 것으로 보인다. 또한, 가장 최근인 2018년에 이루어진 2030 감축 로드맵 수정 과정에서는 오히려 전환 부문의 감축목표가 후퇴하고, 감축 수단 확정에 실패하는 등 조율 실패의 정황이 관찰되기도 했다.

나. 기후변화대응 기본계획

「저탄소 녹색성장 기본법」 제40조에 따르면 정부는 기후변화 대응의 기본원칙에 따라 20년을 계획기간으로 하는 '기후변화대응 기본계획'을 5년마다 수립 시행하여야 한다. 기후변화대응 기본계획은 국내외 기후변화 경향 및 미래 전망과 대기 중의 온실가스 농도변화, 온실가스 배출·흡수 현황 및 전망 등 과학적 전망을 바탕으로 감축목표 달성을 위한 부문별·단계별 감축 대책, 기후변화 감시·취약성 평가 등 적응 대책, 이를 지원하기 위한 연구개발(R&D), 국제협력 및 인력 양성 등에 관한 사항을 주 내용으로 한다(동조 제3항). 기후변화대응 기본계획을 수립하거나 변경하는 경우에는 녹색성장위원회의 심의 뿐만 아니라 국무회의 심의를 거쳐야 한다(동조 제2항).

'제1차 기후변화대응 기본계획(2017~2036)'은 감축정책 뿐만 아니라, 적응, 국제협력 등을 총망라한 기후변화 대응과 관련한 첫 번째 종합계획이다. 2016년 한해 동안 '2030 기본로드맵'과 동시에 작성되어 그해 12월경 녹색성장위원회 및 국무회의 심의를 거쳐 확정되었다. 그 후속 계획에 해당하는 '제2차 기후변화대응 기본계획'은 2018년 '2030 수정 로드맵'이 발표된 이후 변경된 감축목표와 이행 수단의 내용을 반영하기 위해 당초 예정된 2021년보다 2년여 앞선 2019년 10월 조기에 수립되었다.

기후변화대응 기본계획은 중장기적 기후변화 대응 정책의 비전, 기본 방향 및 온실가스 감축·적응 등의 이행방안을 종합적으로 제시해 관련 계획 간의 일관성을 유지하기 위한 새로운 시도의 결과물이다. 기후 정책이 의도한 대로 온실가스 감축이라는 성과를 이루어내기 위해서는 감축 로드맵과 기본계획 수립 과정에서 관련 부문의 정책을 적극적으로 검토하고 보완해 갈 필요가 있다. 필요한 경우에는 유관 분야 고유의 정책 목표를 변경하고, 새로운 정책 수단의 도입을 검토하여 그 결과가 해당 분야의 정책에 반영되도록 해야 할 것이다. 그러나 현재까지의 기후변화대응 기본계획에 포함된 에너지 정책 관련 사항은 대부분 이전의 에너지기본계획과 전력수급기본계획에 기술된 내용을 확인하는 수준에 그치고 있어 정책 수립 과정에서 기후·에너지 정책 간의 조율은 원활히 이루어지지 않았던 것으로 보인다.

이러한 조율 문제의 원인은 기후변화대응 기본계획과 유관계획, 특히 에너지 부문 정책계획 간의 관계 및 위상이 명확히 설정되지 못한 것과 관련이 있는 것으로 생각된다. 일례로 '제1차 기후변화대응 기본계획'에는 '기후변화적응대책' 뿐만 아니라 '신재생에너지 기본계획', '에너지이용합리화 기본계획' 등을 하부 관련계획으로 명시하고 있지만, '에너지기본계획', '전력수급기본계획'과의 관계에 대해서는 언급하지 않았다.[56] 3년만에 수립된 '제2차 기후변화대응 기본계획'은 제1차 기본계획과 달리 '에너지기본계획'은 관련 계획으로 명시하고 있으나, 여타 에너지 정책 계획에 대한 언급이 없다. 그나마 유일하게 언급된 에너지기본계획의 경우에도 하부계획이 아니라 '관련계획'으로 지칭하는 등 기후정책목표가 최상위에 있고 관련분야인 에너지 분야의 정책들이 기후목표의 달성을 지원하는 형태의 유기적 연계에 대한 밑그림은 제시하지 못하였다.

2. 주요 에너지 정책의 검토

가. 에너지기본계획

에너지기본계획은 국가 에너지 정책을 총괄하는 계획으로, 여러 분야의 에너지 계획을 체계적으로 연계하고 거시적인 관점에서 조정하는 기본계획의 성격을 지닌다. 향후 20년 간의 에너지 수요·공

---

56) 관계부처 합동, 「제1차 기후변화대응 기본계획」, 2016. 12, 5면.

급의 추이와 전망, 에너지의 안정적 확보·도입·공급·관리 대책, 신·
재생에너지의 공급·사용 대책, 에너지 안전관리 대책, 그 밖에 에너
지 관련 기술개발, 전문 인력 양성, 국제협력, 에너지 복지 등에 관한
사항을 포함하게 된다(저탄소 녹색성장 기본법 제41조 제3항). 관련
법령에 따르면 에너지기본계획은 「에너지법」에 따른 지역에너지계
획(제7조), 비상시 에너지수급계획(제8조), 에너지기술개발계획(제11
조), 「전기사업법」에 따른 전력수급기본계획(제25조), 「신에너지 및
재생에너지 개발·이용·보급 촉진법(이하 '신재생에너지법')」에 따른
신·재생에너지의 기술개발 및 이용·보급을 촉진을 위한 기본계획(제
5조), 「에너지이용합리화법」에 따른 에너지 이용 합리화 기본계획(제
4조) 등 다수의 에너지 정책 관련 계획의 근간이 된다.

　그간 에너지기본계획에 관해서는 에너지 정책 분야의 장기 구상
을 담고 있으며 여러 정책계획 수립의 기초가 되는 만큼 에너지 정
책과 관련한 민간의 다양한 의견을 청취하고 반영해야 한다는 요구
가 상당하였다. 가장 최근 수립된 '제3차 에너지기본계획'의 경우 에
너지경제연구원, 한국개발연구원, 산업연구원, 에너지공단, 전력거
래소 등 정부산하기관들의 사전 연구('17.11~'18.8)를 통해 장기 에너
지 수요 전망 등 기초적인 분석 결과를 제시하고, 민간 전문가들이
다수 포함된 워킹그룹('18.3~11)을 통해 에너지기본계획의 초안을 마
련한 뒤, 2018년 11월부터 2019년 4월까지 권고안에 대한 관련 부처
의 검토, 공개토론회, 이해관계자 간담회 등을 통해 상당 기간 의견
수렴을 시행하였다. 이를 통해 도출된 계획안은 공청회, 국회 보고,
에너지위원회와 녹색성장위원회 심의를 거쳐 국무회의 심의를 통해
2019년 5월 확정되었다.

　이러한 과정을 거쳐 확정된 '제3차 에너지기본계획(2019~2040년)'
은 이전의 에너지기본계획이 수요관리, 환경·안전과의 조화, 분산형
발전의 중요성에 대한 인식 확산에는 기여했으나, 전략과제의 구체

적인 추진 실적이 부진하였고, 안전과 환경에 관한 국민적 요구를 충족하는 데 한계가 있었다는 점을 인정하고 보완을 시도하였다. 그러나 신기후체제의 출범 등을 주요한 정책 여건 변화로 언급하면서도, 이보다 앞선 2018년 7월 '2030 수정 로드맵' 작성 과정에서 해결하지 못한 전환 부문의 추가 감축목표 달성방안에 대해서 침묵한 것은 물론이고, 2040년 재생에너지 목표를 30~35%로 한정하는 등 국가 온실가스 감축을 위한 에너지 정책의 장기적인 과제들에 대한 해결방안을 제시하기보다는 기존 에너지 정책과 연속성을 유지하는 데 더 우선순위를 둔 것으로 보인다. 이는 기후·에너지 정책의 조율 실패를 시사하는 것이다.

나. 전력수급기본계획

에너지기본계획에서 작성된 에너지 정책의 방향과 에너지원별 구성 등의 큰 그림은 전력수급기본계획을 통해 구체화된다. 전력수급기본계획은 중장기 전력수요 전망에 따른 전력설비 확충을 위해 2년 주기로 수립되는 계획기간 15년의 장기 행정계획이다(전기사업법 제25조 및 시행령 제15조). 전력수급의 기본방향, 장기전망, 발전·송전·변전설비계획에 관한 사항, 전력수요 관리에 관한 사항, 분산형 전원의 확대에 관한 사항 등을 포함하는 전력 부문의 기본계획 역할을 한다(동법 제25조 제6항 및 제7항). 전력수급기본계획을 통해 정부는 중장기 전력 수급 전망을 바탕으로 전력수급 정책의 기본방향과 전력시장의 원활한 작동에 필요한 정보를 제공하며, 발전 사업을 인허가하는 등 기본계획 이행을 위해 노력하고 필요시 수급안정 대책을 수립·시행하게 된다.

전력수급기본계획의 수립 절차는 정부산하 전문기관의 중장기 전력수요 예측을 바탕으로 한 장기 전력수급 전망을 토대로 전기설비 시설계획을 수립하는 과정으로 요약해 볼 수 있다. 전력수급기본계획의 결과로 도출되는 전력 설비의 구성은 향후 15년간의 국가 온실가스 배출량을 좌우하는 중요한 요소이다. 그런데 국내외에서 강화되고 있던 국가 온실가스 감축목표 이행 등과 관련한 요구에도 불구하고 과거의 전력수급기본계획은 이러한 요소를 제대로 고려하지 않음으로써 기후·에너지 정책 간 조율 문제에 있어 논란의 중심에 있었다. 일례로 2013년 2월 확정된 '제6차 전력수급기본계획'은 화력발전 설비를 대거 신규 도입할 것을 결정하는 등 2020년 감축목표 및 감축 로드맵을 전혀 염두에 두지 않은 듯한 전원믹스 계획을 담고 있어 기후·에너지 정책 조율 실패의 대표적인 사례로 거론된다.

결국 이러한 조율을 원활하게 이루기 위해 2013년 7월 「전기사업법」 개정을 통해 "산업통상자원부 장관은 기본계획이 「저탄소 녹색성장 기본법」 제42조에 따른 온실가스 감축목표에 부합하도록 노력하여야 한다"라고 하여 전력수급기본계획이 준수해야 할 요건에 관한 실체적 규율이 추가되었다(동법 제25조 제7항). 또한 전력수급기본계획을 전략환경영향평가 대상계획에 추가하고, 관계 중앙행정기관의 장과 협의해 공청회를 거쳐 의견을 수렴한 후 전력정책심의회의 심의를 거쳐 확정한 뒤 국회 소관 상임위원회에 보고하도록 하는 등의 절차적 규율 역시 추가되었다(동법 제25조 제2항, 제5항). 이러한 전력수급기본계획에 대한 실체적·절차적 규율 강화는 어느 정도 성과를 보이고 있는 것으로 생각된다. 가장 최근인 2020년 12월 확정된 '제9차 전력수급기본계획'은 국가 온실가스 감축목표 중 전환 부문 감축목표를 지킬 것을 명시하였다. 이를 위해 2034년까지 가동 후 30년이 도래되는 30기의 석탄발전기를 폐지하고, 그중 24기(12.7GW)를 가스발전기로 전환하고, 석탄발전총량제약 제도 등 석탄발전량을 제한할 수 있는 정책을 새로이 도입하여 전환 부문의 온실가스 감축목표를 반드시 준수한다는 계획을 제시한 바 있다.

3. 기후·에너지 정책의 조율 경과

이상에서 살펴본 기후·에너지 행정계획 체계와 관련 절차를 요약해보면 아래 그림과 같다. 온실가스 감축 수단의 도입 과정에서 에너지 부문에 대한 규율은 상당히 중요한 것이었지만 그간 기후·에너지 정책계획 간의 '조율'은 쉽지 않았던 것으로 보인다. 온실가스 감축 로드맵 작성 과정에서 에너지 정책과의 조율 실패로 전환 부문 감축목표가 후퇴하고, 기후변화대응 기본계획의 정책 목표가 에너지기본계획에서 크게 고려되지 않는 등 기후 정책과 에너지 정책의 근간이 되는 두 개의 정책계획이 마치 별개의 정책계획인 것처럼 독자적으로 작성되는가 하면, 국가 온실가스 감축목표의 존재에도 불구하고, 전력수급기본계획에서 석탄발전소와 같은 화석연료 설비의 대거 도입을 결정한 것이 대표적인 사례이다.

기후 정책과 에너지 정책 간의 조율을 통해 온실가스 감축정책을 도입했더라도 그 이행 과정에서 온실가스 감축이라는 제도 도입의 취지를 달성하지 못하는 경우 역시 종종 관찰된다. 일례로 한국은 대규모 화석연료 기반 발전사업자에 재생에너지 공급을 의무화하는 형태의 재생에너지 공급의무화제도(Renewable Portfolio Standards, RPS) 도입을 통해 재생에너지 비중 확대를 모색해왔다. 이는 유럽연합 등에서 채택하고 있는 발전차액지원제도(Feed-in Tariff, FIT)와 같이 고정적인 규모의 보조금을 지급하는데 드는 부담을 완화할 뿐만 아니라 대규모 화석연료 기반 사업자에게 재생에너지로의 전환비용을 부담시킴으로써 외부비용을 내부화하고 화석연료에서 재생에너지로의 연료 전환을 촉진하고자 하는 의도가 있었다. 그러나 세부적인 제도 설계 과정에서 화석연료 사업자들이 RPS 의무를 이행하는데 지출한 비용을 전력거래소를 통해 전액 사후정산 받을 수 있도록 함으로써, 사업자들에게 화석연료 사용으로 인한 부담을 지움으로

정책 목표 및 계획	제정/개정 절차	근거법
중장기 온실가스 감축목표	파리협정에 따라 5년 주기로 재검토 공청회 개최	저탄소녹색성장 기본법 제42조, 시행령 제25조

기후 정책

정책 목표 및 계획	제정/개정 절차	근거법
온실가스 감축 로드맵 ('18.7 2030 감축 로드맵)	• (정해진바 없음)	(없음)
기후변화대응 기본계획 ('19.10, 제2차 기기본)	• 5년마다 수립 • 녹색성장위원회 및 국무회의 심의	저탄소녹색성장 기본법 제40조
배출권거래제 기본계획 ('20 제3기 배출권거래제 기본계획	• 5년마다 수립 • 중앙행정기관, 지방자치단체, 이해관계인 의견 수렴 • 녹색성장위원회 및 국무회의 심의	저탄소녹색성장 기본법 제46조, 배출권거래제법 제4조

에너지 정책

정책 목표 및 계획	제정/개정 절차	근거법
에너지 기본 계획 ('19.6 제3차 에기본)	• 5년마다 수립 • 에너지위원회, 녹색성장 위원회 및 국무회의 심의	저탄소녹색성장 기본법 제41조
전력수급기본계획 ('20.12 제9차 전기본)	• 2년마다 수립 • 전략환경영향평가 • 중앙행정기관과 협의, 공청회, 및 전력정책심의회 • 국회 소관상임위 보고	전기사업법 제25조

[그림 12] 주요 기후·에너지 정책(저탄소녹색성장기본법 기준)

써 연료 전환의 유인을 제공한다는 도입 취지는 전혀 달성하지 못하고 있는 것으로 보인다.[57)]

　전력 도매시장에서 당일 전력수요에 따라 가동할 발전기를 선정하는 기준에 환경성에 대한 고려를 통합하는 등 소위 '환경급전(environmental dispatch)'을 도입하려는 시도 역시 계속 지연되고 있다. 한국의 전력 도매시장에서 발전기 가동 순위를 정하는 데 있어 그간 활용해 온 '경제급전원칙'은 온실가스 배출비용을 고려한 효율적인 전력시장 운영을 저해함은 물론이고, 석탄발전이 항상 가동순위에서 우위를 점하도록 함으로써 전력믹스의 온실가스 배출 원단위를 높이는 원인으로 지적되었다. 이에 따라 연료비 외에 오염물질 배출과 관련한 사회적 비용, 온실가스 배출비용 등 환경비용을 고려하여 가동 순위를 결정할 수 있도록 환경급전을 도입하자는 주장이 대두되었다. 환경급전 시행의 법률적 근거를 마련하기 위한 시도는 2017년 3월 「전기사업법」 개정을 통해 "한국전력거래소는 전력시장 및 전력계통의 운영과 관련하여 경제성, 환경 및 국민 안전에 미치는 영향 등을 종합적으로 검토하여야 한다"라는 규정(동법 제3조 제3항)을 도입함으로써 일단락되었으나, 2022년 현재까지도 환경비용의 반영은 제한적으로 이루어지고 있다.

　온실가스 감축목표의 이행을 위한 기후 정책 수단의 도입과 운영 과정에서도 유사한 어려움은 꾸준히 확인된다. 온실가스 감축 수단은 크게 배출량에 대한 직접규제나 효율성 규제, 배출권거래제(cap and trade), 탄소세(carbon tax) 등과 같은 경제적 유인책을 통한 간접규제 방식으로 구분해 볼 수 있다. 대표적인 감축 수단으로서 탄소세는 대부분의 경제학자가 선호하는 접근법으로 가장 포괄적으로

---

57) 이렇게 사후정산된 RPS의무이행비용은 결국 한국전력이 전액 부담하고 있다. 온실가스 배출권거래비용도 마찬가지였으나, 2022년부터 배출권거래비용 정산제도는 폐지하였다.

모든 배출원에 손쉽게 적용할 수 있다. 다만 온실가스 감축이 얼마나 이뤄질지가 미지수이고, 정치적 수용성 역시 의문시된다. 한국 역시 탄소세 도입이 수차례 고려되었고 꾸준히 도입 필요성이 주장되고 있으나 정치적 지지를 얻는 데 실패하였다. 우여곡절 끝에 2012년 「온실가스 배출권의 할당 및 거래에 관한 법률」을 제정하고 배출권거래제를 도입하였으나, 아직 온실가스 감축 성과가 뚜렷이 발생하지 않고 있다. 느슨한 할당기준, 과도한 무상할당 비율, 발전사업자에 대한 감축 유인 부재 등이 종종 그 원인으로 거론된다.

배출권거래제 도입 이후 시행 과정에서도 환경부는 온실가스 배출권비용 산정의 기초가 되는 배출권 유상할당 비율의 상향과 석탄발전과 가스발전에 대한 통합 벤치마크와 같은 엄격한 할당기준의 도입을 주장하였으나, 산업통상자원부가 석탄발전총량제 등의 도입을 이유로 끈질기게 반대 입장을 취함으로써 '제3기 국가배출권 할당계획(2021~2025년)'에는 발전 부문의 경우 석탄발전총량제 도입이 이루어지지 않는 경우에만 통합 벤치마크 도입을 추진하는 것으로 타협적인 할당계획이 제시되기도 하였다.[58]

이처럼 에너지 부문에서 온실가스 감축 수단의 도입이 지체되거나 좌절되고, 상대적으로 느슨한 형태로 감축제도가 설계되어 온 현실은 한국에서 기후·에너지 정책 간의 조율이 실패해 왔으며 그에 따라 국가 온실가스 감축목표를 이행해 나가는 데 어려움을 겪어왔다는 점을 분명히 보여준다. 이하에서는 한국의 온실가스 감축정책 시행과 관련한 주요 결정과 실패의 순간들을 돌아봄으로써 왜 기후·에너지 정책간의 조율에 실패하고 있는지 그 원인을 더욱더 면밀하게 분석해 보고자 한다.

---

58) 환경부, 「온실가스 배출권거래제 제3차 계획기간(2021~2025년) 국가 배출권 할당계획(안)」, 2020. 9, 33면.

제 3 절 기후·에너지 정책의 조율 실패 사례 연구

제 1 항 분석 대상의 개요

기후, 환경 등은 대표적으로 시장 실패가 우려되는 분야이고, 비용은 현재 확실하게 발생하는 반면, 이익은 미래에 불확실하게 분산 이익의 형태로 나타난다는 점에서 정부 개입이 쉽게 정당화 된다. 앞서 살펴본 바와 같이 한국은 2009년경 기후 정책의 목표로 국가 온실가스 감축목표를 채택하였고, 목표 달성을 위해 관련 법·정책 체계를 갖추어 왔다.

「저탄소 녹색성장 기본법」 제42조와 동법 시행령 제25조에서는 정부와 관계 중앙행정기관장이 온실가스 감축목표를 설정하고 목표 달성에 필요한 조치를 강구하며, 녹색성장위원회가 이를 심의하도록 정하고 있다. 특히 저탄소 녹색성장 정책의 기본방향을 심의하는 과정에서 감축목표가 달성될 수 있도록 녹색성장 국가전략 및 중앙 추진계획 간의 정합성과 기후변화대응 기본계획 및 에너지기본계획 등의 체계적 연계성 등을 우선 고려해야 한다고 규정하고 있다. 이는 국가 온실가스 감축목표의 달성을 위해서는 관련 행정계획과 체계적으로 연계되고 정합성이 유지되어야 한다는 점을 강조한 것이다.[59] 이에 따라 지난 10년여간 국가 온실가스 감축목표와 로드맵을 중심으로 기후·에너지 법·정책 체계를 구축하기 위한 노력이 진행되어 왔다.

그러나 그 동안 국가 온실가스 배출량은 계속 증가세를 보이는

---

59) 김이진, 이수철, 앞의 보고서, 14면.

등 이러한 노력은 전혀 가시적인 성과를 거두지 못하였다. 국가 온
실가스 배출량 통계를 처음 발표하기 시작한 1990년 이후 국가 온실
가스 배출량은 2017년까지 연평균 3.3% 증가해 무려 7억 톤을 넘어
섰다. 특히 2010년 이후 연도별 배출량은 2020 로드맵 상의 국가 감
축목표 대비 2.3~15.4%를 초과 배출했으며, 그 초과 정도 역시 계속
증가하고 있다.

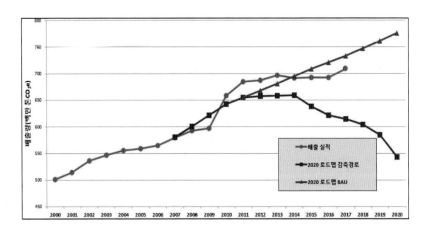

(단위: 백만 톤)	2007년	2010년	2012년	2013년	2014년	2015년	2016년	2017년
배출실적(A)	579.5	657.4	687.1	697.0	691.5	692.3	692.6	709.1
감축경로(B)	580.7	642.8	657.4	658.6	659.1	637.8	621.2	614.3
차이(C)	-1.2	14.6	29.8	38.4	32.4	54.5	71.4	94.8
비율(C/B)	-0.2%	2.3%	4.5%	5.8%	4.9%	8.5%	11.5%	15.4%

[그림 13] 2020 국가 온실가스 감축목표 대비 실적

출처: 대한민국 정부, 「제2차 기후변화대응 기본계획」, 2019. 10, 22면

가장 최근 발표된 국가 온실가스 배출량 공식 통계 '2021년 국가
온실가스 인벤토리(1990~2019) 보고서'에 따르면 2019년 총 배출량
은 701.4백만 톤으로 전년 대비 3.5% 감소하였고 2020년 이후의 국가

온실가스 배출량 추정 결과에 따르면 657백만 톤(2020년), 680백만 톤(2021년)으로 코로나-19 사태의 여파로 일시적인 감축 현상이 나타났으나 다시 반등하는 조짐을 보이고 있다.[60] 특히 2017년까지의 국가 온실가스 배출량을 부문별로 살펴보면, 전체 배출량의 약 40%를 차지하는 전환 부문이 목표배출량을 가장 많이 초과해 전체적인 증가 추세를 견인하고 있는 것으로 나타나고 있다. 국가 온실가스 감축목표를 필두로 한 기후 정책과 에너지 정책 간의 조율이 그간 현실에서 제대로 작동하지 않았음을 보여 주는 결과이다.

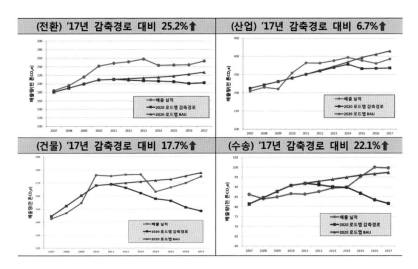

[그림 14] 부문별 목표 대비 배출량 추이(2007~2017년)
출처: 대한민국 정부, 「제2차 기후변화대응 기본계획」, 2019. 10, 25면

2019년 10월 발표된 '제2차 기후변화대응 기본계획'에서 정부는 그간 온실가스종합정보센터의 설립, 배출권거래제의 도입 등으로 "선진적인 정책기반이 마련되었으나, 가시적인 효과는 미흡"하였다

---

60) 환경부, "2021년 국가 온실가스 배출량, 6억 7,960만톤 예상"(보도자료), 2022. 6. 28.

며, 국가 온실가스 감축목표와 에너지 관련 계획의 정합성을 확보하고 석탄발전소의 과감한 감축, 재생에너지 확대를 통한 친환경 전원믹스의 강화를 통해 전환 부문의 감축을 이루어내야 한다는 점을 인정하기도 하였다.61) 이에 따라 본 연구에서는 온실가스 감축에 관한 한국 정부의 실패 원인을 파악하고 대응방안을 모색하고자 하는 목적에서 앞서 제2장에서 공공선택이론의 선행 연구를 통해 도출한 분석틀(Analytic Framework)을 활용하여 한국의 온실가스 감축정책과 에너지 정책 간의 조율 실패가 관찰되는 주요한 결정의 순간들에 대한 분석을 시도하였다.

지난 2009년 한국은 2020년 배출전망치(BAU) 대비 30%까지 온실가스를 감축하겠다고 전 세계에 공언하였다. 그러나 2013년 지식경제부(현 산업통상자원부)는 온실가스 감축목표 이행을 위해 전원믹스 변경을 꾀해야할 시점에 오히려 대규모 석탄화력 발전소의 건설을 대거 허가하였다(실패 사례 1). 대표적인 온실가스 감축정책 수단으로 도입된 배출권거래제는 배출권을 대규모로 무상할당을 하는 등 상당히 느슨한 형태로 타협안을 마련한 뒤에야 출범할 수 있었다(실패 사례 2). 최초의 2030년 감축목표에서 과도하다고 지적된 국외 감축량을 최소화 하기 위해 온실가스 감축 기본로드맵 수정을 추진했으나, 전환 부문의 추가 감축 잠재량에 관한 이행수단에 대해서는 합의가 마무리되지 못한 채 종결되었다. 그 결과 전환 부문의 확정 감축목표는 오히려 후퇴하였고, 2030 감축목표의 달성 역시 불확실한 상황에 놓이게 되었다(실패 사례 3).

이하에서는 제2장에서 살펴보았던 공공선택이론의 분석틀을 활용해 위와 같은 일련의 정책 결정 과정을 분석함으로써 기후·에너지 정책의 조율에 관한 정부 실패 원인에 관해 탐구해 보기로 한다. i)

---

61) 대한민국 정부, 「제2차 기후변화대응 기본계획」, 2019. 10, 28면.

각각의 실패 사례를 분석함으로써 우선 어떤 유형의 실패 사례인지를 분석해보고, ii) 사례별로 정책 결정이 이루어진 과정에서 참여자들의 행동과 견해 표명의 내용 등을 분석함으로써 정책 결정 과정에 참여했던 국회의원, 정치인, 정부 관료, 사업자, 투표자 등 주요 참여자들이 어떤 입장을 취하였는지, 그러한 입장을 취하게 된 동기는 무엇인지 등을 살펴보기로 한다. 이를 통해 그간의 기후·에너지 정책 실패의 원인을 진단하고, 어떻게 하면 이러한 문제에도 불구하고 각 참여자의 자기 이익 추구가 정책 목표 달성을 촉진하는 방향으로 작용하도록 정책 결정 과정을 설계할 수 있을지 기후 법·정책의 규율 방안에 대한 시사점을 검토하여 보기로 한다.

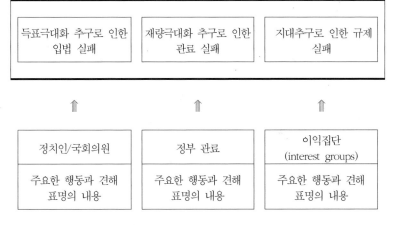

[그림 15] 정부 실패의 유형과 주요 분석 대상

공공선택이론은 방법론적 개인주의에 기초하여 정책 결정에 있어 개인의 선택에 주목하므로 정책의 설정, 집행, 평가의 과정에서 주요 참여자의 행동과 견해 표명 등을 분석 대상으로 하게 된다. 이 연구에서는 특정 정부 부처, 정당의 입장, 단체, 기업의 입장 등을 요약적으로 제시함에 있어 해당 부처에 속한 개별 공직자의 행위, 해당 정당 소속 국회의원 각각의 행동, 즉 공적 견해 표명 내지는 의견 제시, 특정 처분 내용 등을 통해 개별행위자의 자기 이익 추구행위와 그 동기를 파악하는 데 주력하였다.

제 2 항 석탄발전 설비 확대 결정(2010~2013년)

1. 실패 사례 개요

전환 부문의 온실가스 감축은 국가 온실가스 감축목표 달성에 있어 가장 중요하다. 연료 교체, 재생에너지 확대와 같은 감축 대안이 존재하며, 한계감축비용 역시 산업, 수송, 건물 등 기타 주요 배출 분야에 비해 상대적으로 저렴하기 때문이다. 그 귀결로 전환 부문의 온실가스 감축은 많은 국가의 온실가스 감축정책에서 우선 순위를 점하고 있다. 하지만 한국의 국가 전력수급과 믹스에 관한 결정에 있어 온실가스 감축은 정책목표로써 충분히 고려되지 못하였고, 이러한 현상은 기후 정책 도입 초기에 더욱 두드러지게 나타났다.

앞서 살펴보았듯이 한국 정부는 2020년까지 배출전망치(BAU) 대비 30%까지 국가 온실가스 배출량을 감축하겠다고 전 세계에 공언하였고, 이러한 목표를 「저탄소 녹색성장 기본법」 시행령 제25조에도 반영하였다. 그러나 2010년 「저탄소 녹색성장 기본법」 시행 이후에도 주요 배출 부문인 전환 부문의 온실가스 배출을 좌우하는 전력수급기본계획에는 눈에 띄는 변화가 보이지 않았다. 제4차 전력수급기본계획에 반영되었던 석탄발전소들의 건설은 그대로 추진되었으며, 제5차 전력수급기본계획(2010년), 제6차 전력수급기본계획(2013년)을 통해 대규모 석탄발전 설비를 포함한 화석연료 발전설비를 대거 도입하기로 결정한 것이다.

그 결과 2014년부터 총 13기(약 11.5GW)의 석탄발전소가 새롭게 운영을 시작했으며, 제6차 전력수급기본계획에서 새롭게 도입이 결정된 12기(약 10.7GW)의 석탄발전소 중 대부분의 건설이 완료되었을 뿐 아니라 호기당 1GW가 넘는 4기의 석탄발전소 건설이 중단없이 추진되어 2022년 현재까지도 사회적으로 논란이 되고 있다.

2. 정부 실패의 유형과 내용

신규 석탄발전소 건설은 그만큼의 온실가스 배출량 증가를 필연적으로 수반하게 된다. 현행 전기사업법은 전력시장에서의 급전 방식에 대해 "전력시장에서 결정된 우선순위"에 따르도록 하고 있으며 (제45조 제1항), 제6차 전력수급기본계획이 논의되던 2013년 당시 전력시장운영규칙에 따르면 발전비용은 연료비(연료의 열량단가기준으로 산정)와 기동비(기동연료비+소내소비전력비+용수비로 구성) 만을 포함하고 있었다. 연료 규제나 대기오염 규제 등으로 인한 환경비용이 발전순서를 정하는 발전비용 산정에 전혀 고려되지 않는 소위 '경제급전 원칙'을 채택한 것이다. 이러한 원칙에 따르면 연료비가 상대적으로 저렴한 석탄발전이 우선적으로 급전순위를 부여받게 되므로 석탄발전소가 항상 가동 순위에 있어 우위를 점할 수밖에 없다. 이 때문에 2030년 감축목표 수립 당시 일부 전력산업 전문가들은 온실가스 감축을 위해서는 전환 부문에서 30% 이상의 감축이 필요하므로 운영중인 석탄화력 발전소의 상당수를 폐쇄해야 한다고 주장하기도 했다.[62]

그러나 당시만 해도 사업자들은 석탄발전 등 화력발전 사업을 적극적으로 추진하고자 했다. 먼저 시장에 진출했던 민간 사업자들의

---

62) 그린피스, 「살인면허: 신규 석탄화력 발전소의 건강피해」, 2016, 7면.

경우 한국전력 발전자회사와 다른 정산 규칙이 적용되면서 훨씬 안정적인 수익이 보장되는 상황이었고(관련 내용은 아래에서 자세히 살펴보기로 한다), 한국전력 발전자회사의 석탄발전기에 대해 당시 적용되던 '총괄원가보상원칙' 역시 건설과정에서 지출한 총괄원가와 일정 수준의 투자보수를 모두 회수할 수 있도록 한다는 것이어서 장기적인 온실가스 감축정책의 추진에도 불구하고 대규모 투자에 대한 위험을 걱정하지 않아도 될 것이라는 기대가 시장에 형성되었던 것으로 보인다.

결국 제6차 전력수급기본계획에서는 총 6기의 가스복합화력과 12기의 석탄화력 발전소 등 총 15.8GW에 달하는 화력발전소 건설계획을 반영하였다. 이러한 화석연료 발전소 도입으로 인한 온실가스 추가배출량만도 약 1억 톤에 육박하는 것으로 추산된다.

이와 같은 대규모 화력발전 설비 증설 결정은 전력수급기본계획과 같은 정부의 행정계획 과정에서 기후 정책 목표가 제대로 관철되지 못한 사례로 '재량극대화 추구로 인한 관료 실패'에 해당한다. 이러한 정부 관료의 입장은 당시 민간 사업자들이 대규모 석탄발전소에 대한 발전사업 허가를 획득하기 위해 건설의향서를 제출하며 적극적으로 인허가 획득에 나섬에 따라 강화된 것으로 보인다. 이러한 이익집단의 지대추구 행동을 고려할 때 이는 '지대추구로 인한 규제 실패' 사례에도 해당될 수 있을 것이다.

이하에서는 2010년 국가 온실가스 감축목표의 법제화 이후에 수립되어 가장 논란이 심하였던 '제6차 전력수급기본계획' 수립 절차를 중심으로 정부관료와 사업자 등 주요 이해관계자들의 자기 이익 추구 행동과 견해 표명의 내용을 더 세밀하게 살펴보기로 한다.

[표 14] 제6차 전력수급기본계획 반영 화력발전 설비

구분		사업자	설비명	용량 (MW)	상업 운전 개시일(예정)
가스복합 화력	민간	GS EPS	당진복합 5호기	950	'15년 12월
	민간	SK E&S	여주복합	950	'17년 6월
	민간	대우건설	포천복합 1호기	940	'16년 10월
	민간	현대산업개발	통영복합 1호기	920	'17년 12월
	공기업	서부발전	신평택 3단계	900	'17년 11월
	공기업	남부발전	영남복합	400	'16년 6월
	소계			5,060	
석탄화력	민간	동부하슬라파워 (강릉))	동부하슬라 1,2호기	2,000	'19년 12월/'20년 6월
	민간	동양파워(삼척)	동양파워 1,2호기	2,000	'19년 12월/'21년 7월
	민간	삼성물산(강릉)	G프로젝트 1,2호기	2,000	'19년 4월/'19년 10월
	민간	SK건설(고성)	NSP 1,2호기	2,000	'18년 10월/'19년 4월
	공기업	남동발전	영흥 7,8호기	1,740	'18년 6월/'18년 12월
	공기업	중부발전	신서천 1,2호기	1,000	'18년 12월/'19년 6월
	소계			10,740	

3. 참여자의 주요한 행동과 견해 표명 내용 분석

2013년 당시 전력수급기본계획과 관련해서는 지식경제부장관이 2년 단위로 수립·시행하도록 하되(전기사업법 제25조), 기본계획을 수립하거나 변경하려는 경우 전력정책심의회에서 심의하도록 한다는 정도의 간단한 절차 규정만을 두고 있었다(전기사업법 제25조 제4항, 동법 시행령 제15조). 관련 규정에 따라 제6차 전력수급기본계획의 경우 주무 부처인 지식경제부뿐만 아니라 민간전문가가 참여하는 수급분과위원회 등 별도의 협의체가 구성되었으나, 사실상 지식경제부 주도하에 정부 관료와 발전사업에 참여하고자 하는 사업자가 주요 행위자로 역할을 수행했고, 기타 정부 부처, 국회, 시민의 역할은 제도적으로 보장되지 않았다.

수급분과위원회 개최 ('12.5.25)	·계획수립 방향 논의 ·수요계획·설비계획 2개 소위원회 구성

⇩

건설의향 접수 ('12.5.31~10.25)	·29개사 77,405MW 건설의향 접수(7.25) ·평가를 위한 증빙서류 접수(10.25)

⇩

평가기준 공개 ('12.8.24)	·평가기준 확정(8.10), 의견 수렴(8.13~21), 평가기준 공개(8.24)

⇩

전력수요 예측·설비계획 수립 ('12.9~12월)	·중장비 전력수요 예측 ·발전설비에 대한 전원믹스 결정

⇩

건설의향 평가 ('13.1.16~25)	·증빙자료 검증을 거쳐 건설의향 평가(1.16~17), 이의신청에 대한 재심(1.25) 시행

⇩

전력정책심의회 심의 ('13.2.22)·공고	·수급분과위원회(1.30) → 공청회(2.7) → 전력정책심의회 심의(2.22) → 공고

[그림 16] 제6차 전력수급기본계획 수립 절차

출처: 지식경제부, 「제6차 전력수급기본계획」, 2013. 2. 1면

가. 정부 관료

2011년 9월 15일 서울, 충청, 영남, 호남, 강원 등 전국 곳곳에서 예고 없이 전력공급이 중단되어 총 200만 가구에 정전이 발생했다. 이 사태를 계기로 전력거래소 이사장을 비롯하여 한국전력 사장, 지식경제부 장관부터 차관, 실장, 국장, 과장에 이르기까지 관련 정부 관료 모두가 교체되는 사상 초유의 사태가 벌어졌다.[63] 이러한 9·15

---

63) 김종천, 대규모 정전사태 방지를 위한 에너지수요관리 법제도 개선 방안, 홍익법학, 제15권 제1호, 2014, 370면; 전기신문, "[100대 사건_093] 9·15 순

순환정전 사태와 2012년 전력수급 위기를 겪으면서 안정적인 전력수급 및 예비력 관리의 중요성이 크게 부상하였다. 그 직후 작성된 제6차 전력수급기본계획에서는 전력소비 증가율이 최종에너지 소비 증가율을 상회하고 있다는 점, 발전소 건설 지연·취소 등으로 단기간에 설비 공급 문제가 해소되기는 어려울 것이라는 점 등을 강조하며 수요관리보다는 설비 도입에 훨씬 더 중점을 두게 되었다. 이에 대해 전문가들은 수급안정에 지나치게 중점을 둔 나머지 그 결과 과도한 설비투자로 인해 높은 기회비용을 유발할 것이라거나, 전 세계적으로 퇴출되고 있는 석탄화력발전소를 대폭 늘리는 것은 온실가스 감축과 대기환경 보전에 역행할 것이라는 등의 의견을 제시하였다.[64] 그러나 당시 전력수급기본계획의 주무 부처였던 지식경제부는 "늘어나는 전력수요에 대비해 전력수급을 안정시키기 위해선 어쩔 수 없다"라며 수급안정을 최우선시하는 입장을 계속 고수하였다.[65] 특히 지식경제부는 당시 1,000MW급 초초임계압(Ultra Super Critical, USC) 석탄발전소의 상용화를 핵심 연구개발사업으로 추진중이었는데,[66] 이는 지식경제부가 '고효율 석탄발전'을 저탄소 녹색성장 비전을 실현하는 기술 대안으로 상정해 촉진하는 입장에 있었음을 보여 준다.[67]

환정전 사태", 2012. 9. 17.

64) 허가형, 「제6차 전력수급기본계획의 문제점 및 개선 과제」, 국회예산정책처, 2013. 4. 등 참조.

65) 오마이뉴스, "'화전 대폭 증설' 제6차 전력수급기본계획 실현가능성 논란", 2013. 2. 28.

66) 장성호, 김범수, 민택기, "초초임계압(USC) 화력발전기술 개발", 대한기계학회 춘추학술대회, 2011. 6.

67) 초초임계는 물의 임계점(압력 221bar, 온도 374.15℃) 이상의 초임계압조건을 초과해 조성함으로써 연소효율을 높이는 기술을 말한다. 일본과 유럽은 1980년대부터 2000년대 초반 600℃급 USC 기술 상용화에 성공했으나, 한국은 2002년부터 정부 주도로 기술 개발을 실시해 2008년 처음 독자모

이에 대해 환경부는 수요 예측의 불확실성, 온실가스 감축목표와의 충돌, 영흥 7·8호기 등 수도권 인근의 대규모 석탄발전소 증설로인한 대기오염 문제 등을 강력히 제기하며, 지식경제부가 제시한 전력수급계획(안)을 그대로 인정할 수 없다는 입장을 공문으로 전달하면서까지 지식경제부를 압박하였다. 그러나 지식경제부는 대규모화력발전 증설계획을 원안대로 전력정책심의회에 제출하였다.[68] 관계 법령상 에너지 정책에 대한 어떠한 권한도 갖고 있지 않았던 환경부의 견해는 쉽게 무시될 수 있었던 것으로 보인다. 2013년 2월 22일 최종 의결 과정에서 민간 전문가 등으로 구성된 전력정책심의회 심의절차가 이루어졌으나 이와 같은 환경부의 지적에 대한 논의는 충분히 이루어지지 못한 채로 역시 원안대로 통과되었다.

이러한 사례는 당시까지도 지식경제부가 수급 안정을 에너지 정책이 추구해야할 제일의 가치로 여겼으며, 온실가스 감축이나 친환경성의 추구는 부차적인 목표로 얼마든지 희생될 수 있는 것으로 여겼다는 점을 분명히 보여준다. 제6차 전력수급기본계획과 관련해 국회에서 온실가스 배출량 증가 문제를 지적하자 지식경제부장관은 "온실가스 감축은 특정 부처 문제가 아니라 국가 목표"라면서 온실가스 감축의 문제를 지식경제부의 문제로 인정하는데 소극적인 자

델 개발에 성공하였고, 실증화 사업이 신보령화력 1·2호기에 적용되어 2011년 건설이 시작되었다. USC 기술은 발전효율이 높아 온실가스 배출을 대거 감축할 것으로 기대되었으나, 최근 한국의 초임계압과 초초임계압 발전소의 송전단 효율을 고려한 CO_2 배출계수를 산정한 결과에 따르면 초임계압 발전소의 CO_2 배출계수는 1.017kg/kWh, 초초임계압 발전소는 0.947kg/kWh으로, 초초임계압 발전소의 CO_2 배출계수 감축 효과는 7% (0.047kg/kWh) 정도에 불과한 것으로 분석되고 있다(장신규, 「화력발전 기술개발 동향」, 기계저널, 제48권 제4호, 2008; 노준영, 강성민, 이화수, 전의찬, 초초임계압 발전소 확대에 따른 CO_2 감축잠재량 연구, 한국기후변화학회지, Vol. 11, No. 6-2, 2020).

68) 연합뉴스, "환경부 "전력수급계획 인정 못한다" 강경 대응", 2013. 2. 25.

세를 보였다.[69] 제6차 전력수급기본계획 발표 이후, 온실가스 감축
목표와의 불일치를 주요 문제 중 하나로 지적하는 국회예산정책처
의 보고서가 발간되자 산업통상자원부[70]는 별도의 설명자료를 배포
해, "저탄소 녹색성장 기본법 등 상위계획 목표 달성을 위해 노력하
지만 전력수급 안정을 목표로 하는 전력수급기본계획을 타법의 목
표와 완전히 일치시키는 것은 어려운 것이 사실"이라며, '수급안정'
이 전력수급기본계획 업무의 최우선 목표이고 온실가스 감축은 부
차적인 목표라는 입장을 분명히 하였다.[71]

나. (민간) 발전사업자

한국의 전력시장은 2001년 4월경 그 구조가 개편되었는데, 기존
한국전력의 발전부문은 6개 발전자회사(5개의 화력 자회사, 1개의
원자력 자회사)로 분할되었다. 이에 따라 발전부문에 명목상 경쟁이
도입되었으나 민간의 참여는 제한적인 상황이 상당기간 유지되었다.
특히 석탄화력의 경우에는 가스복합화력에 비해 건설비가 많이 소
요되는 문제 등으로 민간사업자가 나서지 않는 상황이었다.[72]

그러던 중 2010년 제5차 전력수급기본계획 수립 과정에서 STX전
력과 동부건설이 500MW급 석탄화력발전 설비의 건설의향서를 제출
함으로써, 민간사업자가 최초로 석탄화력발전 분야에 진출하게 되
었다.[73] 2010년 민간기업의 첫 석탄화력 사업 진출 결정 당시 전력

---

69) 2013. 2. 15. 국회 지식경제위 전체회의 회의록.
70) 2013년 3월 23일 지식경제부가 산업통상자원부로 개편되면서 에너지 관련
    업무는 그대로 산업통상자원부가 담당하게 되었다.
71) 산업통상자원부, "국회예산정책처 '6차 전력수급기본계획, 법적요건 미비
    및 발전설비 과투자 우려' 보도자료 관련"(보도설명자료), 2013. 4. 17.
72) 이투뉴스, "민간업계 화력발전사업 참여 환영한다", 2010. 5. 24.
73) 이투뉴스, "[국내최초 민간 석탄화력발전 급물살] 동부건설, 석탄화력발전
    소 건설", 2010. 5. 24.

시장운영규칙에 따르면 정산조정계수를 이용한 전력거래대금 조정은 한국전력 발전자회사와 발전사업으로 허가받은 부생가스 사업자에게만 적용되는 것이었다(동규칙 제11.10조). 따라서 당시 민간 전력사업자의 경우 한국전력 발전자회사와 동일하게 계통한계가격(SMP)을 적용받으면서도 정산조정계수의 적용은 받지 않았으므로 평균적으로 11.7%에 달하는 안정적인 영업이익률을 누리는 상황이었다.74)

이는 전력구매대금을 지불해야 하는 한국전력의 부담과 함께 최종소비자의 전기요금 부담을 가중시키는 요인으로 지적되었다.75) 비판적인 여론이 증가하자 정산조정계수를 민간 석탄사업자에게도 도입하는 방향으로 2012년 5월 전력시장운영규칙이 개정되는 등 민간 발전사업자의 수익을 제한하기 위한 조치가 시작되었다.76) 그럼에도 2012년 5월말부터 7월까지 약 8주간 실시된 발전설비 건설의향 조사에는 77.4 GW에 달하는 규모의 신규 발전설비에 대한 건설의향서가 접수되었다. 2012년 당시 국내 발전설비 전체 용량이 81.8GW에 불과하였다는 점을 고려할 때, 이러한 건설의향서 접수 결과는 석탄화력 등 발전사업이 안정적인 현금흐름 창출원이 될 것이라는 시장의 기대가 당시 얼마나 높은 상태였는가를 그대로 보여준다.77) 정부는 이러한 시장기대 형성의 근거가 된 전력시장 정책이 존속되지 않

---

74) 김대진, 전력시장 환경변화가 민자발전사에 미치는 영향과 시사점, Energy Focus, 2013 여름호, 에너지경제연구원.

75) 2012년 기준 한국전력은 발전자회사 대비 78.6% 높은 가격으로 민자발전사로부터 전력을 구매했으며, 이로 인한 영업손실이 2조 6,929억원에 달하는 상황이었다(김대진, 앞의 보고서, 7면).

76) 이후 2013년 5월경에는 정산조정계수 대신 정부승인차액계약(Vesting Contract) 도입이 결정되어 3년여간 관련 논의가 지속되다가 2016년경 다시 정산조정계수 제도로 회귀하였다.

77) 국민일보, "거세지는 원전 역풍…석탄화력발전 시대로 U턴 하나", 2012. 9. 25; 매거진 한경, "삼척서 대기업들 혈투 벌이는 내막, '민자 발전 쟁탈전 후끈…황금알 낳는 거위 떠올라'", 2012. 12. 13.

을 수 있다는 등의 명확한 정책 신호를 보내기보다는 방관하였고 오
히려 제6차 전력수급기본계획에 민간 화력사업의 비중을 크게 반영
하는 것으로 화답하였다.

다. 시민·환경단체

2013년 제6차 전력수급기본계획이 확정되기까지 전력수급기본계
획 관련 법령에는 계획 확정 전 정부 내 관련 부처는 물론이고, 공청
회 등 의견 수렴 절차에 대한 규정이 전혀 존재하지 않았다. 그 결과
전력수급기본계획 수립 절차는 주무 부처인 지식경제부와 해당 부
처 산하기관, 일부 전문가들만이 참여하는 폐쇄적인 절차로 운영되
었다.

대규모 화력발전 설비의 신규 건설 계획이 알려지면서 대기업 특
혜에 대한 우려 섞인 여론과 함께 건설예정지역 주민과 시민·환경단
체 등이 반발하고 나섰지만,[78] 전력수급기본계획 작성 단계에서 이
러한 의견이 반영될 기회는 전혀 존재하지 않았다. 지식경제부는 건
설의향서 제출단계에서 사업자가 지방의회와 지역주민의 동의서를
첨부하게 함으로써 대규모 발전소 건설과 관련한 사회적 의견 수렴
을 사업자에게 전적으로 맡겨 두었으며, 이러한 설비 확충계획의 가
장 기본이 되는 전력수요 전망과 설비 구성 결정을 위한 기준 등에

---

78) 용인, 포천, 보은, 고흥, 해남, 김제, 포항, 남해, 동해, 고성, 삼척 등 전국
    곳곳에서 가스복합화력, 석탄화력 사업에 대한 주민동의 절차가 진행되었
    고 지역사회는 찬반 논쟁에 휩싸였다. 당시 가장 격렬한 반대에 부딪혔던
    충남 당진의 당진에코 석탄발전소 건설사업은 이후 결국 가스복합 발전
    소로 전환이 결정되어 2017년 제8차 전력수급기본계획에 수정 반영되었
    다(제6차 전력수급기본계획 수립 과정에서 발생한 지역갈등에 관한 내용
    은 김광구, 김동영, 이선우, 화력발전소 입지 갈등해소에 관한 연구: 화력
    발전소 건설동의 확보절차 개선을 중심으로, 한국자치행정학보, 제29권
    제1호, 2015 참조).

대한 사전적인 설명과 의견 수렴은 생략하였다.

이러한 계획 수립 절차에 대한 비판을 인식한 듯 지식경제부는 계획안이 도출된 이후인 2013년 2월 1일 제6차 전력수급기본계획(안)에 대한 공청회를 시행하고자 하였으나, 이미 정해진 계획에 대한 통과 수순에 불과함을 우려한 환경단체는 물론이고, 발전소 및 송전선로 예정지역 주민, 발전 부문의 민영화를 우려한 발전노조 등의 반발로 무산되었다.

이 과정에서 환경단체들은 국가 온실가스 감축목표와의 상충, 과다수요 예측, 환경·지역사회를 고려한 평가기준 미비 등을 근거로 제6차 전력수급기본계획을 백지화할 것을 주장하고 나섰다. 특히 전력수급기본계획의 상위 정책계획이라고 할 수 있는 국가 에너지기본계획 수립 절차가 2013년 예정되어 있음을 고려해 "제2차 국가 에너지기본계획이 충분한 의견 수렴을 거쳐 정해진 이후에 다시 전력수급을 계획해도 늦지 않다"라고 주장해 정책계획 간의 체계적 연계와 정합성 확보를 강조하였다.79)

라. 국회의원·정치인

당시 야당이었던 민주당, 정의당 소속의 국회의원들은 화력발전 비중 확대와 관련하여 환경단체 등과 견해를 같이하였다. 2013년 1월 31일 민주당은 지식경제부와의 간담회에서 제2차 에너지기본계획 수립이 연내에 예정된 만큼 굳이 전력수급기본계획을 2013년 초에 먼저 확정할 이유가 없다고 주장하였고, 국민 생활에 영향을 미치는 국가의 중요한 계획인 전력수급기본계획과 에너지기본계획 수립 과정에서 국회의 역할과 권한을 보장할 것을 주장했다.80)

---

79) 연합뉴스, "환경부 '전력수급계획 인정 못한다' 강경대응", 2013. 2. 25.
80) 에너지데일리, "제6차 전력수급기본계획, 서두를 필요 없다", 2013. 2. 1.

소관 상임위인 지식경제위에서는 제6차 전력수급기본계획에 따른 전력시장 민간 개방, 과다수요 예측, 과도한 화력발전 건설로 인한 수도권의 대기오염 악화, 온실가스 배출 증가 등의 문제가 도마 위에 올랐고, 결국 민주당의 주도로 감사원에 제6차 전력수급기본계획 작성 당시 이루어진 발전 사업자 선정 과정에 위법·부당한 점이 없는지 살펴달라는 감사 청구까지 이루어졌다. 2014년 발표된 감사원 감사 결과에 따라 당초 목표로 했던 적정 설비예비율을 초과 달성하였는데도 계통연계가 현실적으로 불가능한 발전소를 추가 선정한 사실이 확인되어 해당 설비를 차기 전력수급기본계획에서 제외하도록 하는 등 일부 석탄발전소 건설계획이 취소되기도 하였다.[81]

이러한 야당의 적극적인 행보는 제6차 전력수급기본계획 고유의 문제도 있지만, 당시 정부에서 원전과 화력발전 확대 정책을 펼치면서 에너지 정책 이슈가 쟁점화되자 정부와 대립각을 세우고 정치적 입지를 다지려는 동기 역시 컸던 것으로 생각된다. 당시 여당이었던 새누리당에서는 당시 인천에 지역구를 두고 있는 의원만 나서서 영흥 7·8호기 건설계획의 적절성에 대해 이슈를 제기하는 등 제6차 전력수급기본계획의 문제를 파헤치는 데 야당보다 소극적인 자세를 취하였다.

4. 사례의 요약 및 분석

이와 같은 정책 형성 및 결정 절차에서 확인할 수 있는 참여자들의 입장과 견해표명 내용을 간단히 요약하면 그림과 같다. 2012~2013년 당시는 이미 국제사회에 한국이 자발적으로 국가 온실가스 감축목표를 선언하고 적극적인 온실가스 감축정책 이행을 약속했으

---

81) 감사원, 「감사결과보고서: 전력수급기본계획 관련 발전사업자 선정실태」, 2014. 11.

며, 대통령 역시 '녹색성장'을 새로운 국가 비전으로 선언한 지 2년 여가 지난 시점이었다. 본 사례는 그럼에도 불구하고 이러한 기후 정책의 목표가 유관 분야의 주요정책 단위까지 침투하지는 못한 상황이었음을 선명하게 보여준다. 전력수급기본계획 수립 권한을 지닌 주관부서(지식경제부)는 환경부 등 관련 부서의 공식적인 견해 표명과 시민사회의 우려, 야당 정치인들의 견제에도 불구하고, '전력수급 안정'이 최우선이라는 입장을 강력하게 고수하였다. 석탄발전소가 향후 좌초자산화할 수 있으며, 온실가스 감축목표의 달성에 커다란 걸림돌이 될 것이리는 점에 대한 환경단체들의 지적, 야당의원들의 경고, 환경부의 의견 등은 고유의 정책 영역에 대한 부당한 간섭으로 취급된 것으로 보인다. 이 과정에서 안정적인 수익 확보 기회를 발견한 사업자들은 대규모 화력발전소 증설계획을 제출하며 지식경제부의 입장에 화답하였다. 계획수립 과정은 지식경제부 주관으로 철저히 정부 관료의 재량하에 정부 관료와 사업자 중심의 절차로 진행되었고, 법적으로 이러한 행정부의 재량적인 의사결정을 견

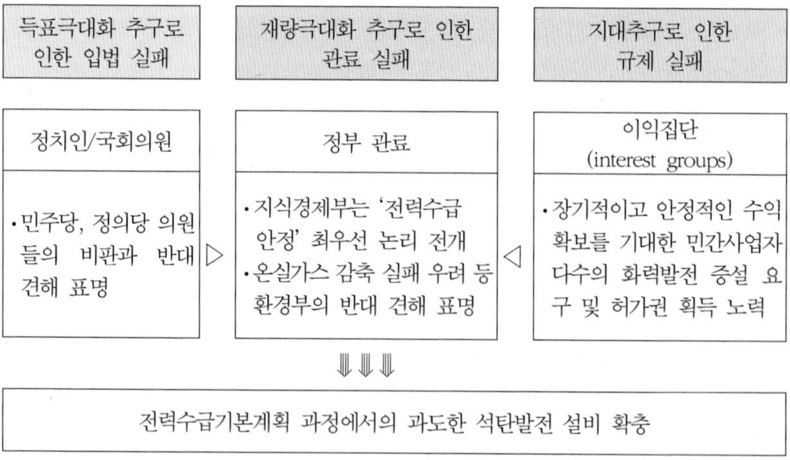

득표극대화 추구로 인한 입법 실패	재량극대화 추구로 인한 관료 실패	지대추구로 인한 규제 실패
정치인/국회의원	정부 관료	이익집단 (interest groups)
• 민주당, 정의당 의원들의 비판과 반대 견해 표명	• 지식경제부는 '전력수급 안정' 최우선 논리 전개 • 온실가스 감축 실패 우려 등 환경부의 반대 견해 표명	• 장기적이고 안정적인 수익 확보를 기대한 민간사업자 다수의 화력발전 증설 요구 및 허가권 획득 노력

⇊ ⇊ ⇊

전력수급기본계획 과정에서의 과도한 석탄발전 설비 확충

[그림 17] 사례 1 분석 결과 종합

제할 기회는 계획안이 도출되어 공표되기 전 마지막으로 한차례 진행되는 공청회 절차가 전부였다.

이상의 과정은 전력수급기본계획 절차가 정부 관료와 특정 이익집단에 의해 지배되어 미래의 전력믹스를 둘러싼 사회적 선호의 결집을 제대로 이루어내지 못했기 때문에 과도한 화력발전소 건설계획을 내놓은 사례로 요약해 볼 수 있다. 그간 이러한 전력수급기본계획의 문제는 정책 결정 과정에 대하여 관계 중앙행정기관의 장, 국회 소관 상임위원회, 시민·환경 단체 등 외부 이해관계자들의 참여 기회를 확대하는 방식으로 대응이 이루어져 왔다.82) 또한, 전력수급기본계획 단계에서도 환경영향에 대한 검토가 제대로 반영될 수 있도록 전력수급기본계획을 전략환경영향평가 대상인 정책계획에 포함하도록 환경영향평가법을 개정하는 등의 입법적인 대응이 이루어졌다. 그 결과 가장 최근에 진행된 제9차 전력수급기본계획 수립과정에는 전략환경영향평가가 이루어졌고, 전환 부문의 온실가스 감축목표를 '반드시 준수'하겠다는 내용이 계획안에 포함되는 등의 변화가 일부 이루어지기도 하였다.

이와 같이 에너지 정책 계획 수립과 관련하여 정부 내 관련 부처는 물론 시민과 전문가들에게 의견표명의 기회를 제공하고, 계획 내용에서도 환경성, 온실가스 감축과 같은 정책 목표를 반드시 고려하도록 에너지 정책 수립 과정에 관한 절차적 규율은 물론 실체적 규율을 강화하는 것은 기후·에너지 정책 간의 조율을 위한 직접적인 처방이 될 수 있다. 정부 관료와 사업자 중심으로 이루어져 오던 행정계획의 과정을 외부에 공개하고 참여의 기회를 제공함으로써, 정부 관료의 업무 수행 과정에 대한 감시를 강화하고, 사업자의 지대

---

82) 이러한 전력수급기본계획 수립 과정의 문제점은 전기사업법상 관련 규정의 개정을 촉진하는 계기가 되었다(제4장 제2절 제4항 이하 "전력수급기본계획" 관련 내용 참조).

추구 행위를 견제하는 효과도 기대할 수 있다. 이외에도 본 사례의 분석 결과는 기후·에너지 정책 각각의 영역을 담당하는 정부 관료의 재량극대화를 위한 행동이 정책 조율 실패로 이어지지 않도록 전력수급의 안정뿐만 아니라 환경성의 제고와 온실가스 감축 역시 지식경제부 업무의 주요 목표 중 하나라는 점을 인식할 수 있도록 에너지 정책 담당 관료의 업무를 명확하게 규정하는 것이 필요하며, 궁극적으로는 전력수급기본계획 수립에 있어 가장 큰 권한을 가진 에너지 정책 담당 부처가 전력수급기본계획의 소관 부처로서 온실가스 감축에 고유의 책임을 부남하게 하는 등 유관 부처에 감축 행동에 관한 유인을 부여하는 것이 중요하다는 점을 보여 준다.

제 3 항 배출권거래제의 설계(2010~2012년)

1. 실패 사례 개요

배출권거래제는 온실가스 감축을 위한 주요한 정책 수단이다. 업체간 감축비용 격차를 이용해 감축비용이 비싼 업체가 저렴한 업체의 잉여배출권을 구매해 감축의무를 이행하게 함으로써 개별 기업에는 비용효과적인 감축기술 개발에 관한 금전적 인센티브를 제공하고, 국가 전체적으로는 '거래'라는 시장 메커니즘을 활용해 감축비용을 절감하는 효과를 기대할 수 있다는 것이 최대 장점으로 거론된다.

배출권거래제의 이론적 기초는 1960년대 코즈(Coase), 데일즈(Dales) 등의 연구에서 찾을 수 있다. 코즈는 환경문제와 같은 외부성(externality)의 문제를 설명하면서 자원에 대한 소유권의 확립을 통해 당사자 간 자발적 협상(bargain)을 기대할 수 있으며, 이를 통해 정부의 개입이 없이도 자원의 효율적 배분이 가능하다고 주장하였다. 이러한 소유권의 확립과 자발적 협상은 배출권거래제의 핵심 개념에 해당한다. 이후 데일즈(Dales)는 제도적으로 배출권(right to emit)을 설정해 거래를 허용함으로써 이해당사자 간 자원의 효율적 배분이 가능함을 이론적으로 증명하였다.[83]

이러한 이론적 근거를 바탕으로 1975년 미국 환경보호청(EPA)은 청정대기법(Clean Air Act)에 따른 오염물질 규제를 보다 유연하게 달성하는 방안으로 배출권거래 프로그램(Emissions Trading Program)을 도입했다. 이를 시발점으로 미국에서는 1994년 캘리포니아 주의 지역청정대기인센티브마켓(Regional Clean Air Incentives Market, RECLAIM)[84], 1995년 산성비 프로그램(Acid Rain Program)[85] 등 다양한 형태의 배출권거래제도가 도입되었다. 특히 1997년 교토의정서 채택으로 선진국의 감축의무 이행 지원을 위해 배출권거래제를 포함한 시장 메커니즘 활용을 허용하기로 하면서 온실가스를 대상으로 한 배출권거래제가 본격적으로 도입·확산되기 시작하였다.[86]

한국에서는 1998년 12월 수립된 '제1차 기후변화협약 대응 종합대책' 수립 과정에서 처음으로 배출권거래제의 국내 도입 여부가 쟁점이 되었으나, 결론에 이르지 못하였다. 국가 및 기업 경쟁력 제고를 위해서는 온실가스 감축을 위한 규제 도입은 최대한 늦추어야 한

---

83) Raul P Lejano & Rei Hirose, Testing the assumptions behind emissions trading in non-market goods: the RECLAIM program in Southern California, *Environmental Science & Policy*, Vol. 8 Issue 4, August 2005.

84) US South Coast AQMD 홈페이지, "REgional CLean Air Incentives Market (RECLAIM)", http://www.aqmd.gov/home/programs/business/about-reclaim (최종접속일: 2021. 8. 10.).

85) US EPA 홈페이지, "Acid Rain Program", https://www.epa.gov/acidrain/acid-rain- program (최종접속일: 2021. 8. 10.).

86) 공성용, 김이건, 김용건, 「배출권거래제도의 벤치마크 사례 국제비교 연구」, 한국환경정책·평가연구원, 2015, 8-9면.

다는 지식경제부와 온실가스 감축을 통해 거둘 수 있는 미래 편익과 장기적인 국제 경쟁력 제고를 위해서는 조기 도입해야 한다고 주장하던 환경부 간의 견해 차이가 컸기 때문이다. 두 부처의 갈등은 '제1차 기후변화협약 대응 종합대책'('98.12)에서부터 시작되어 '제2차 종합대책'('01.2) 작성과정에서 가시화되었고, '제3차 종합대책'('05.1) 수립 시에는 배출권거래제 시범사업 도입을 위해 각 부처가 별도의 추진계획을 수립할 정도에 이르게 되었다.[87)]

그러나 2008년 새로 수립된 정부가 '저탄소 녹색성장'을 천명하면서, 배출권거래제 도입 논의는 급격히 진전을 이루었다. 같은 해 9월 발표된 '기후변화대응·기본계획'에는 2009년까지 배출권거래제 도입에 관한 기본계획을 수립해 2010년부터 2012년까지는 시범사업을 시행하도록 한다는 계획이 포함되었고 2009년 저탄소 녹색성장 기본법에 총량제한 배출권거래제 도입의 법적 근거가 포함되었다. 동법 제46조에서 배출권을 거래하는 제도를 둘 수 있으며(제1항), 배출허용량의 할당 방법, 등록·관리방법 및 거래소 설치·운영 등은 따로 법률로 정하기로 한 것이다(제4항).

위와 같은 법적 근거를 바탕으로 정부에서는 배출권거래제 시행을 위한 기초적인 사항을 담은 「온실가스 배출권의 할당 및 거래에 관한 법률」(이하 '배출권거래제법') 제정을 추진하였고, 2010년 11월 17일 초안을 입법예고하기에 이르렀다. 해당 입법예고안에는 2013년부터 배출권거래제를 도입하되, 1차 계획기간(2013~2015년)에는 90% 이상 무상할당 하더라도 2차 계획기간에는 국제적 동향을 고려해 무상할당 비율을 대통령령으로 결정하도록 하고, 3차 계획기간에는

---

87) 당시 환경부는 산자부, 산업계 전문가 등이 주도해 종합대책을 수립하다 보니, 지나치게 온실가스 저감에 보수적인 산업계와 경제부처의 논리만이 반영되었다고 주장하면서 공개적으로 문제를 제기하기도 하였다 (변종립, 앞의 논문, 161-162면).

100% 유상할당으로 전환하겠다는 비교적 강력한 형태의 배출권거래제에 대한 밑그림이 제시되어 있었다. 이에 대하여 산업계는 도입 초기부터 반대 의사를 분명히 하였다. 2011년 2월에는 대한상공회의소를 중심으로 총 18개 기관이 '「온실가스 배출권거래제도에 관한 법률 제정안」에 대한 산업계 의견'이라는 제목의 공동 건의문을 제출하기도 하였다.

결국 정부가 2011년 3월 재입법예고를 거쳐 4월 국회에 제출한 법률안은 산업계의 의견을 대폭 수용한 것이었다. 정부는 재입법예고를 실시하면서 당초 공개한 입법예고안에 대해 공청회는 물론 경제단체, 업종별협회, 환경단체, 노동계 등의 이해관계자와 수십 차례 공식·비공식 협의를 시행했다는 점을 강조하기도 하였다.[88] 이후 2012년 5월 수정된 법률안이 국회를 통과하였고, 2012년 7월 23일 배출권거래제법 시행령 입법예고가 이루어졌다. 정부는 논란의 대상이었던 무상할당 비율에 관해 1차 계획기간에는 100%, 2차 계획기간에는 97%, 3차 계획기간 이후는 90% 이하로 정하겠다는 상당히 완화된 입장을 밝혔다.[89]

최종적으로 확정된 배출권거래제의 모습을 살펴보면 입법예고(2010년 11월)와 재입법예고(2011년 3월), 국회 논의를 거치는 동안 시행시기, 무상할당 비율, 과징금, 과태료의 부담 수준, 배출권의 이월 등과 관련해 당초 정부안에서 산업계의 의견을 반영하는 쪽으로 제도의 모습이 대폭 수정된 것을 확인할 수 있다. 2013년에서 2015년으로 배출권거래제의 시행이 지체되고 100% 유상할당에서 10% 유상할당 등으로 제도의 내용이 완화되어 가는 과정은 기후정책이 현실

---

88) 녹색성장위원회, "「온실가스 배출권 거래제도에 관한 법률안」 재입법예고 실시", (보도자료), 2011. 2. 25.
89) 녹색성장위원회, "「온실가스 배출권거래제법」 시행령 공청회 자료", 2012. 8. 17.

적인 이해관계의 벽에 부딪힘에 따라 어떠한 양상으로 변모하게 되
는가를 단적으로 보여 준다.

[표 15] 배출권거래제 입법 과정에서의 제도 변화(요약)

구 분	입법예고(안) (2010. 11.)	국회제출안 (2011. 4.)	최종수정안 (2012)
시행시기	2013. 1. 1. 시행	2015. 1. 1. 시행	좌 동
이중규제	-	배출권거래제 적용 시 목표관리제 적용 배제	좌 동
할당량 조정	-	예상치 못한 신·증설시 배출권 할당량 변경신청 가능	생산품목 변경을 조정사 유로 추가 (산업계 의견 반영)
무상할당 비율	1차 90% 이상 무상 2차 대통령령, 3차 100% 유상	1차 95% 이상 무상, 2차 계획기간 이후는 대 통령령에서 규정)	2차 계획기간까지 95% 이상 무상 (3차 계획기간 이후 대통령령에서 규정) 민감업종 전체 무상할당 근거 신설
적용대상	업체 할당량 결정시 고려	할당계획 수립 시 적용 부문 및 업종을 결정	좌 동
제3자 참여	제3자 참여 필요	시행초기 제3자 참여 제한('15년부터 3년 범위)	시행초기 제3자 참여 제한('15년부터 6년 범위)
과징금	시장가의 5배 이하 (최고액 100만원 이하)	시장 평균가의 3배 이하 (최고액은 삭제)	10만원 범위에서 시장 평균가의 3배 이하
과태료	5천만 원	1천만 원	좌 동
산업계 지원	거래제 관련 수입으로 기금 조성	금융·세제상 지원 및 보조금 지급근거 마련	좌 동
기간 이월	불 허	허용 근거 마련(단, 1차→2차 이월 불가)	계획기간 사이 이월 전면 허용

출처: 기획재정부, "온실가스 배출권의 할당 및 거래에 관한 법률 국회 통과" (보도자료), 2012. 5. 3.

제4장 한국의 기후·에너지 법·정책과 정부 실패 227

2. 정부 실패의 유형과 내용

한국의 배출권거래제가 본격 시행된 지 5년여가 흐른 지금 '아시아 최초의 국가 단위 배출권거래제'라는 명성에 걸맞은 성과를 올리고 있는지에 대해서는 부정적인 평가가 다수를 차지한다. 제도 시행 이후 배출권거래제 적용대상 기업의 온실가스 배출량이 감소하기는커녕 오히려 꾸준히 증가하는 양상을 보이고 있으며 산업부문 배출량은 제도 시행이 이루어진 2015년 대비 2020년까지 12.3%나 증가하였다. 이러한 추세는 현행 배출권거래제가 충분한 온실가스 감축 유인을 제공하고 있는 것인지에 대해 큰 의문을 품게 한다. 특히 한국전력의 5개 화력발전 자회사가 배출권거래제에서 상당한 비중을 차지하는 발전 부문의 경우[90] 배출권비용이 전력도매시장에서 급전순위 결정에 전혀 반영되지 않고 사후에 한국전력에서 전력구매대금과 별도로 모두 정산받는 등 배출권거래제 도입이후에도 관련비용을 내부화하여 감축유인을 부여하려는 후속조치가 전혀 이루어지지 않고 있다.[91]

이와 같은 현실을 감안할 때 배출권거래제법의 입법 결과는 그 자체로 '입법 실패'임은 물론이고, 법률 도입 이후에 시행령 제정과 감축유인 부여를 위한 관련 제도의 정비 역시 미흡하였다는 점에서 '관료 실패'에도 해당한다. 온실가스 다배출업종을 중심으로 뚜렷한 이해관계자가 존재해 자기 이익 추구 활동을 활발히 했다는 점에서

---

90) 심성희, 이지웅, 우리나라 배출권거래제의 시장 왜곡 요인과 정책적 함의, 에너지경제연구, 제14권 제2호, 2015
91) 발전 부문의 감축 인센티브 부재는 실증적인 연구를 통해서도 증명되고 있다(유종민, 유재형, 김지태, 이종은, 한국 온실가스 감축정책의 효과: 배출권거래제 전후 비교, 환경정책, 제25권 제2호, 2017; 손인성, 「온실가스 배출권거래제 제1차 계획기간의 성과 분석」, 에너지경제연구원 기본연구 보고서 19-9, 2019 등 참조).

'지대추구로 인한 실패' 사례로 볼 수도 있다.

3. 참여자의 주요한 행동과 견해 표명 내용 분석

가. 정부 관료

정부 내에서 배출권거래제 정책 형성과 관련한 주요 행위자는 녹색성장위원회, 환경부와 그 산하기관, 지식경제부(현 산업통상자원부)와 그 산하기관 등으로 크게 구분할 수 있다. 배출권거래제의 도입과 관련해 초기 논의 단계에서부터 환경부와 지식경제부는 서로 충돌하는 양상을 보였다.[92] 2009년 2월 대통령 직속 조직으로 녹색성장 정책의 실행을 위해 필요한 부처 간 조정 기능을 수행하고자한 녹색성장위원회의 주도하에 녹색성장 이념을 뒷받침할 기본법을 제정하면서, 배출권거래제 도입의 근거를 마련함으로써 배출권거래제의 도입 여부를 둘러싼 두 부처의 오랜 갈등은 종지부를 찍게 되었다. 이와 관련해 가장 직접적인 이해관계를 갖고 있는 대한상공회의소를 비롯한 경제단체들이 산업경쟁력 악화를 이유로 강력한 반대 입장을 표명했지만, 동 법안은 그대로 2009년 2월 27일 국회에 제출되었다.[93]

그러나 일단 「저탄소 녹색성장 기본법」이 제정되어 배출권거래제 도입이 결정된 이후 실제 세부적인 제도 설계를 통해 배출권거래제법을 제정하는 과정에서는 산업 진흥의 논리가 우선적으로 고려된 것으로 보인다. 온실가스 감축 효과를 고려해 제도 도입을 강력히

---

92) 이에 대해 탄소배출권거래 도입과정을 연구한 변종립은 녹색성장위원회와 환경부는 환경단체, 진보 언론과 일치하는 이해관계를 가지고 있는 '친환경 세력'으로, 지식경제부의 경우에는 사업자와 친한 '친시장 세력'으로 구분하였다(변종립, 앞의 논문, 158면).
93) 변종립, 앞의 논문, 170면.

주장했던 환경부 역시 제도 도입이 결정된 이후에는 규제 강도와 관련해 지식경제부와 크게 다르지 않은 입장으로 선회하였다. 일례로 최초의 배출권거래제법 입법예고가 이루어지고 난 뒤 2010년 12월 23일 한국환경정책·평가연구원이 개최한 '온실가스 배출권 거래제도 도입방향에 대한 토론회'에서는 환경부가 나서서 이중 규제에 따른 부담을 완화하기 위해 발전 부문을 배출권거래제 적용대상에서 제외하는 것은 물론, 배출권 유상할당 수준과 벌칙, 배출권 이월 제한 규정을 대폭 완화할 것을 제안하였다.

한국은 오랜 기간 수출 주도 경제성장을 추구해 왔으므로, 정부 관료들에게 단기적으로라도 국제 무대에서 한국 기업의 가격 경쟁력을 약화시킬 것이 예상되는 규제를 추가로 도입하는 것은 어려운 선택이었던 것으로 보인다. 배출권거래제를 도입하더라도 수출 기업에 피해가 클 수 있으므로, 무상할당 확대, R&D 보조 등으로 피해를 최소화해야 한다는 논리가 관철되었다. 이 과정에서 일단 새로운 규제 제도의 도입이 결정된 이후에는 수범자인 산업계와 우호적인 관계를 형성함으로써 제도 도입으로 인한 잡음을 줄이고자 하였던 것 또한 중요한 이유가 될 것이다. 녹색성장위원회는 재입법예고 사실을 알리는 보도자료에서 "산업계 의견을 충실히 반영하여 차질 없는 제도 시행을 준비"했다는 점을 특히 강조하기도 하였다.[94]

한편에서는 지식경제부, 환경부, 기획재정부 등을 중심으로 배출권거래제 주관 조직을 어느 부처 소관으로 둘 것인가가 이슈로 부상하였다. 최종적으로 배출권거래제의 중·장기 정책 목표와 기본 방향을 정하는 '배출권거래제 기본계획'은 물가 등 경제적 영향과 국내 산업 지원대책 등 국가 경제 전반에 관한 사항을 고려할 수 있도록 기획재정부장관이 수립하되, 제도를 관장하는 주무관청은 제도 운

---

94) 녹색성장위원회, 「온실가스 배출권 거래제도에 관한 법률안」 재입법예고 실시" (보도자료), 2011. 2. 25.

영의 객관성, 신뢰성, 효율성 제고를 위해 환경부 장관으로 일원화하기로 결정하였다.[95] 이는 새로운 제도의 도입은 정책 목표로 지향하는 공익적 가치뿐만 아니라, 해당 부처의 위상과 영향력의 크기와 같은 부처 고유의 이해관계가 얽혀있는 문제임을 단적으로 드러내는 사례로 규제 설계에 있어 관료들의 자기 이익 추구 동기가 작동한다는 공공선택이론의 가정이 현실에 상당히 부합한다는 점을 보여준다.

나. 산업계(배출권거래제 대상 기업)

배출권거래제의 형성 과정에서 산업계는 자신의 목적을 달성하기 위해 정부에 직접 건의문을 제출하거나, 국회의원에게 산업계의 의견을 담은 정보를 제공함으로써 자신들의 입장을 대변하게 하는 등 산업계의 이익을 유지하기 위한 자기 이익 추구 활동을 활발히 전개하였다.[96]

일례로 전국경제인연합회와 대한상공회의소 등 경제 단체는 2010년 11월 첫 입법예고안이 공개된 직후 배출권거래제 연기를 공개적으로 건의한 것은 물론이고,[97] 2011년 3월 산업계의 의견을 대폭 반영한 수정 법률안에 따라 완화된 형태로 배출권거래제법이 다시 입법예고되었음에도 줄곧 부정적인 의사를 표시하였다. 당시 산업계 반대의견의 주요 논거는 전 세계적으로 한국의 온실가스 배출량이 1.7%에 불과함에도 중국(25%), 미국(18%)에서도 도입하지 않은 배출권거래제를 도입하는 것은 시기상조라는 점, 배출권거래제가 기업

---

95) 심성희, 「배출권거래제의 최적 운영을 위한 사회여건 연구」, 에너지경제연구원 기본연구보고서 12-11, 52면
96) 국회 18대 282회 제5차 기후변화대책특별위원회 회의록(2009.04.14), 국회 제18대 304회 제1차 기후변화대응·녹색성장특별소위 회의록(2011.12.28), 국회 18대 305회 제5차 기후변화대응·녹색성장특별위원회 회의록(2012. 02. 08) 등 참고.
97) 동아사이언스, "온실가스 배출권 거래제 도입연기 건의", 2010. 12. 8.

에 연간 4.2~13.9조 원 이상의 추가비용 부담을 유발해 한국 기업의 가격 경쟁력을 저해할 것이라는 점,[98] 온실가스 목표관리제와 중복 규제에 해당한다는 점 등이었다. 산업계는 이와 같은 주장을 반복적으로 제시하며 국회가 관련 법률안의 의결을 추진하는 것에 대해 반대 입장을 강력하게 표명했다.[99]

그 결과로 배출권거래제의 최종 시행시기는 2015년으로 늦추어졌으며, 산업계의 부담을 대폭 줄이는 방향으로 최종 입법이 이루어졌다. 일례로 가장 큰 비중을 차지하는 발전부문(2015년 기준 전체 할당량의 46% 차지)의 경우 제1차 계획기간(2015~2017년) 동안 무상할당량과 예상배출량을 바탕으로 비용을 산출한 결과 2016년까지도 배출권 구입 비용이 발생하지 않으며, 2017년에서야 비로소 680만 톤의 배출권 구입 부담이 발생하는 것으로 나타났다. 이를 배출권 가격에 따라 금전적으로 환산하면 341~5,461억 원으로 당초 산업계가 추산했던 금전적 부담 규모가 얼마나 과장된 것이었는지, 그리고 산업계의 주장에 따라 규제 강도가 얼마나 완화되었는지를 확인할 수 있다.[100]

이렇게 산업계는 배출권거래제에 대해 비교적 동질적인 입장을 가지고 있으며, 집합 행동을 통해 개별적으로 얻을 수 있는 이익이 크기 때문에 잘 조직된 효과적인 집합 행동에 대한 유인이 컸다. 그리고 이를 통해 정책 결정 과정에서 커다란 정치적 영향력을 행사할 수 있었던 것으로 보인다.

---

98) 주간경향, "[이슈와 논점]온실가스 배출권거래제도", 주간경향 916호, 2011. 3. 11.
99) 매일경제, "산업계 '배출권거래제 도입 시기상조…2015년 후 논의해야'", 2011. 2. 7.
100) 이상림, 「7차 전력수급기본계획하에서 배출권거래제가 전력시장에 미치는 영향」, 에너지경제연구원 수시연구보고서 15-04, 2015, 41-42면.

다. 시민·환경단체

배출권거래제 도입 여부에 대해 시민사회는 초기부터 통일된 목소리를 내기 어려웠다. 일부 시민단체들은 배출권거래제는 자본주의 시장메커니즘에 기초한 제도로 온실가스를 줄이기는커녕 투기를 조장하고 오염 기업의 초과수익을 보장할 것이라며, 배출권거래제를 대신해 탄소세를 도입하거나 명령통제식 직접규제를 강화해야 한다는 강경한 입장을 고수하였다.

배출권거래제의 도입이 결정된 이후에는 한목소리로 산업계의 논리를 견제하기 위해 노력한 것으로 보인다. 산업계가 가능한 무상할당 기간을 오랫동안 유지하고 무상할당 비율 또한 높게 설정해 줄 것을 주장하고 나서는 것을 비판하며, '오염자 부담의 원칙'을 관철하고 온실가스 감축을 촉진하기 위해 유상할당 비율을 강화해야 한다는 주장을 견지하였다. 그러나 결과적으로 환경단체는 산업계와는 달리 효과적인 집합행동을 위한 자원이나 유인이 부족했다. 결국 정부는 산업계의 의견을 더 무겁게 받아들였으며, 산업계에 감축유인을 제시하기 보다는 당장의 부담을 최소화하는 형태로 배출권거래제를 설계하였다.

라. 정치인·국회의원

배출권거래제의 도입 결정에는 앞서 살펴보았듯이 대통령의 의지와 대통령 직속기구인 '녹색성장위원회'의 역할이 컸다. 그러나 2010년 이후 제도 설계 과정에는 이러한 리더십을 찾아보기 어려웠고 국회가 그 역할을 일부 수행한 것으로 보인다. 두 번의 입법예고 끝에 2011년 3월 국회에 제출된 배출권거래제 법안의 경우 주무 부처가 당시 정해져 있지 않다는 이유로 행정자치위원회에 법안이 제출되었으나, 동 법안에 대해 더 전문적인 심의가 필요하다는 판단하

에 '기후변화대응·녹색성장 특별위원회(이하 기후특위)'가 구성되었
다. 기후특위에서는 제도 시행 시기, 배출권 할당 대상업체와 할당의
기준, 할당 절차, 배출권의 이월 및 차입, 과징금 등에 대한 견해 대
립이 첨예하게 이루어졌다. 기후특위는 각계 전문가를 초청한 공청
회 등을 통해 다양한 사회적 의견을 청취하는 등 온실가스 배출량
감축을 위해 강력한 제도의 도입을 원하는 친환경 진영과 배출권거
래제를 산업 경쟁력을 약화하는 새로운 규제로 보고, 규제 완화를
주장하는 산업계를 중재해 타협안을 이끌어 내는 중재자 역할을 하
였다. 이러한 과정을 거쳐 2012년 5월초 최종적으로 국회 법제사법
위원회와 본회의를 통과하였다.101)

4. 사례의 요약 및 분석

이와 같은 정책 형성 및 결정 절차에서 확인할 수 있는 참여자들
의 입장과 견해표명 내용을 간단히 요약하면 다음 그림과 같다. 배
출권거래제의 도입 지연과 느슨한 설계에 이르기까지의 과정은 '배
출권거래제'의 도입 자체를 재임기간의 하나의 업적이자 저탄소 녹
색성장이라는 국가 비전의 이행과 관련한 상징적인 정책적 성취로
여긴 대통령과 국회가 득표극대화에만 치중한 나머지 배출권거래제
의 세부 설계에 대해서는 충분히 관심을 기울이지 못하는 가운데,
산업계가 산업경쟁력 악화에 대한 우려를 적극적으로 표명함으로써
정부 부처내에서 제도의 도입과 설계, 규제권한의 획득을 위해 수년
간 주도권 경쟁을 벌여온 지식경제부와 환경부 간의 경쟁에서 지식
경제부의 논리가 우선하게 된 결과로 요약해 볼 수 있다.

---

101) 심성희, 앞의 보고서, 48면.

득표극대화 추구로 인한 입법 실패	재량극대화 추구로 인한 관료 실패	지대추구로 인한 규제 실패
정치인/국회의원	정부 관료	이익집단 (interest groups)
• 대통령은 '저탄소 경제성 장'의 비전 제시로 만족 • 의회는 산업계 논리와 친 환경 논리 사이에서 절충 적 역할에 만족	• 지식경제부/기획재정부 는 '국제경쟁력' 최우선 논리 전개 • 환경부는 제도도입 결정 이후 타협적 입장으로 변화	• 산업경쟁력 약화 논리 로 적극적인 반대 논리 전개

⇊ ⇊ ⇊

"배출권거래제의 도입 지연과 느슨한 설계"

[그림 18] 사례 2 분석 결과 종합

산업계는 새로운 규제의 도입과 관련해 공개적으로 상당한 반대 의사를 표명하였는데, 이들의 단합된 목소리는 제도 설계에 상당히 큰 영향을 미친 것으로 보인다. 그 결과로 2010년 11월 1차 입법예고 되었던 법안이 이례적으로 4개월만인 2011년 3월 산업계의 의견을 대폭 반영된 형태로 수정되어 재입법예고되는 우여곡절을 겪었다. 반면 시민사회 등 소위 친환경 진영에서는 그만큼 강력하고 일관적으로 고유한 입장을 표명하고 관철시키는데 어려움을 겪었다.

특히 이 과정에서 산업계는 배출량, 감축기술, 한계감축비용 등 핵심적인 정보를 가지고 있지만, 투명하게 공개하지 않음으로써 정부와의 협상에 있어 상당히 우월한 지위를 점하였던 것으로 보인다. 제도시행전 사업자가 추산한 배출권거래제 시행으로 인한 경제적 비용 부담과 실제 비용 부담 규모 간의 현격한 격차가 관찰된 것은 산업계가 위와 같은 정보 우위를 얼마나 산업계에 유리한 방식으로 활용했는지를 보여주는 단적인 사례라 할 수 있다. 이는 정부와의 협상에 있어 이익집단이 가지는 우월한 지위의 근원이 되는 정보 비대칭의 문제를 해결할 수 있도록 이익집단의 주장을 검증하는 장치가 필요함을 보여준다. 온실가스 감축정책과 관련한 최신의 정보와 분석력을 가진 전문가 기구의 도입과 역할 강화 등을 고려해 볼 수 있을 것이다.

또한 배출권거래제의 세부 설계가 입법절차에서 조금씩 완화되어가는 과정에서 산업계의 의견 표명뿐만 아니라 지식경제부의 견제 역시 중요한 역할을 했다는 점에 주목할 필요가 있다. 배출권거래제 도입 이후 6년여가 흐른 현재에도 유상할당 비율의 상향, 전환부문 온실가스 할당기준의 조정 등 배출권거래제 시행과 관련한 중요한 변경사항이 있을 때마다 에너지 정책 주관부처(지식경제부, 산업통상자원부)와 기후 정책 주관부처(환경부)는 협력하기 보다는 대립하는 양상을 보이고 있다. 이는 산업계의 이해관계가 어떻게 기후정책에 영향을 주는지, 그리고 정부 관료들이 산업경쟁력 최우선 논리를 취할 경우 기후 정책 목표가 얼마나 위협받을 수 있는지를 보여준다. 이러한 사례 분석 결과는 기후 정책과 유관분야 정책 간의 원활한 조율을 위해서는 강력한 온실가스 감축정책을 통해 어떻게 장기적으로 국가경쟁력의 향상을 도모할 것인가에 관한 고유의 전략을 기후 정책 담당 부처 뿐만 아니라 유관 부처 전체가 공유하는 것이 중요하다는 점을 보여 준다.

제 4 항 2030 온실가스 감축 로드맵 수정(2018년)

1. 실패 사례 개요

2015년 기후변화협약 당사국총회를 앞두고 한국이 선언한 2030년 국가 온실가스 감축목표는 연간 감축량의 30.5%에 달하는 수량(약 95.9백만 톤)의 배출권을 해외에서 구입해 감축목표를 달성하겠다는 계획이 포함되어 있었다. 이는 2020년 감축목표와 비교할 때 실질적으로는 국내 감축량이 줄어드는 결과를 낳게 되어, 후퇴한 기후 정책 목표를 보여주는 대표적인 사례로 국내외로부터 많은 비판에 직면하였다.

이후 2017년 새로 출범한 정부는 에너지 전환을 주요 국정과제로 정하면서 '안전하고 깨끗한 에너지로의 전환'을 목표로 신고리 5·6호기 공론화, 제8차 전력수급기본계획, 재생에너지 3020 이행계획 등을 통해 에너지 정책의 방향 전환을 시도하였다.[102] 정부는 이러한 정책 방향 변화를 반영하고, 국내에서의 온실가스 감축 노력을 최대화하여 2030년까지 구체적인 감축경로를 도출한다는 목표하에 2017년 9월경부터 정부산하 연구기관, 온실가스 정보센터 등을 중심으로 합동작업반을 구성해 기존의 2030 감축 로드맵에 대한 수정에 착수하였다. 2018년 4월 수정안의 수립 방향이 도출된 직후부터는 전용 홈페이지를 통한 국민 의견 수렴과 함께 공개 포럼과 토론회를 병행해 전문가 의견 수렴을 추진하였다. 그리고 최종본을 확정, 공개하기 전에는 환경부 민관협의체, 산업부 주관 업계간담회 등을 통해 산업 부문 감축목표에 대한 의견 수렴을 추진하였다.

2018년 7월 녹색성장위원회 심의를 거쳐 국무회의에서 확정된 2030 감축 로드맵 수정안에서는 최종적으로 국외 감축의 많은 부분을 국내로 전환하는 데는 성공하였다. 그러나 국내 배출량 감축의 많은 부분을 담당했던 전환 부문의 감축량이 64.5백만 톤에서 57.8백만 톤으로 오히려 줄어드는 등 전환 부문에 대한 감축 정책의 의

---

102) 이상엽, 「에너지전환정책에 따른 2030 온실가스 감축 로드맵 수정 방향」, 한국환경정책·평가연구원 정책보고서 2018-02, 2018.

[표 16] 2030 감축 로드맵과 수정 로드맵 비교

부문		배출 전망 (BAU)	기존 로드맵		수정안	
			감축후 배출량 (감축량)	BAU 대비 감축률	감축후 배출량 (감축량)	BAU 대비 감축률
배출원 감축	산업	481.0	424.6	11.7%	382.4	20.5%
	건물	197.2	161.4	18.1%	132.7	32.7%
	수송	105.2	79.3	24.6%	74.4	29.3%
	폐기물	15.5	11.9	23.0%	11.0	28.9%
	공공(기타)	21.0	17.4	17.3%	15.7	25.3%
	농축산	20.7	19.7	4.8%	19.0	7.9%
	탈루 등	10.3	10.3	0.0%	7.2	30.5%
감축 수단 활용	전환	(333.2)	- 64.5		(확정 감축량) -23.7	
					(추가 감축 잠재량) -34.1	
	신산업 /CCUS	-	- 28.2	-	- 10.3	-
	산림흡수원		-		- 38.3	4.5%
	국외감축 등	-	- 95.9	11.3%		
국내감축			631.9	25.7%	574.3	32.5%
합계		850.8	536.0	37.0%	536.0	37.0%

출처: 대한민국 정부, 「제2차 기후변화대응 기본계획」, 2019. 10, 18면

욕성은 당초의 로드맵에서 후퇴하는 모습을 보였다. 더군다나 전환 부문 감축량 중 34.1백만 톤은 감축 수단 확정에 실패하여 "추가 감축 잠재량"으로 구분하여 표기함으로써 결과적으로 2030 국가 온실가스 감축목표 달성은 이전보다 더욱 불확실한 상황에 놓이게 되었고, 향후 온실가스 감축정책 논의에 있어 커다란 과제를 남기게 되었다.

2. 정부 실패의 유형과 내용

2030년 감축 로드맵 수정안 수립 당시 전환 부문에서 34.1백만 톤에 대해 감축 수단을 확정하지 못한 문제는 2018년 6월경 공개된 수정안 초안에서부터 존재했던 문제였다. 이에 대해 수 차례 외부 전문가가 참여하는 토론회와 포럼 등을 통해 의견 수렴을 시도하였고, 녹색성장위원회 심의에서도 이러한 문제에 대한 지적과 보완 요청이 이루어졌지만 결국에는 초안의 내용 그대로 최종안으로 확정되었다.

로드맵 초안이 마련된 과정을 살펴보면, 초안 도출은 정부 산하 연구기관, 온실가스종합정보센터(GIR)가 주도한 합동작업단에서 이루어졌으며, 실제 로드맵 수정을 담당한 로드맵 작업반에 일부 민간 위원이 참여한 것으로 명시되어 있지만, 결과가 도출되기까지의 어떠한 논의를 거쳤는지는 외부에 공개된 바 없기에 정확히 그 원인을 파악하는 데에는 한계가 있다. 다만, 당시 심의에 참여한 녹색위 위원들과 같은 민간전문가들은 산업부에서 전환 부문에서 추가로 감축할만한 여력이 없다는 비협조적인 태도로 일관하였던 것이 이러한 결론에 이르게 된 원인이라고 지적하였다.

이러한 사례는 기후 정책 목표를 달성하기 위한 세부 이행계획 수립과정에서 에너지 정책과의 조율 실패를 보여 주는 사례로 유관 부처 정부 관료의 재량극대화 추구로 인한 '관료 실패'에 해당한다.

3. 참여자의 주요한 행동과 견해 표명 내용 분석

가. 정부 관료

환경부는 배출권거래제 실무 주관기관으로서 2030 감축 로드맵 수정 작업을 총괄 지휘하였다. 2017년 9월부터 공동작업단을 구성해

2018년 6월 수정안 초안을 마련하였고, 세 차례의 공개 토론회를 비롯하여 이해관계자 의견 수렴, 관련 부처와의 협의 등을 수행하였다.

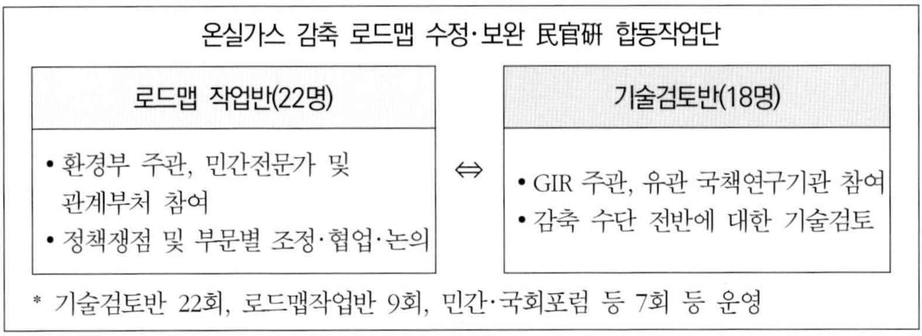

```
┌──────────────────────────────────────────────────────┐
│         온실가스 감축 로드맵 수정·보완 民官硏 합동작업단         │
│  ┌──────────────────┐        ┌──────────────────┐    │
│  │   로드맵 작업반(22명)  │        │   기술검토반(18명)     │    │
│  ├──────────────────┤  ⇔     ├──────────────────┤    │
│  │ • 환경부 주관, 민간전문가 및 │        │ • GIR 주관, 유관 국책연구기관 참여 │
│  │   관계부처 참여        │        │ • 감축 수단 전반에 대한 기술검토  │
│  │ • 정책쟁점 및 부문별 조정·협업·논의 │   │                  │    │
│  └──────────────────┘        └──────────────────┘    │
│  * 기술검토반 22회, 로드맵작업반 9회, 민간·국회포럼 등 7회 등 운영    │
└──────────────────────────────────────────────────────┘
```

[그림 19] 2030 감축 로드맵 수정 관련 업무수행 체계

출처: 관계부처 합동, 「2030년 국가 온실가스 감축목표 달성을 위한 기본 로드맵 수정안」, 2018. 7. 18. 4면

2030 감축 로드맵 수정을 추진하던 당시는 산업통상자원부 주관으로 '제3차 에너지기본계획' 수립 역시 진행되고 있었다. 환경부는 로드맵 수정을 계기로 기후 정책 목표가 에너지 정책에 반영되는 것을 중요한 과제로 여기고 수차례 산업통상자원부와 협의를 시도하였다.103) 녹색성장위원회는 최종 수정안이 도출되기 전에 부처간 협의가 진행중인 안을 심의함으로써 중재자 역할을 수행하고자 하였다.

그러나 이러한 시도에도 불구하고 산업통상자원부는 로드맵 수립 과정에서 추가적인 감축 수단을 당장 확보하기 어렵다는 이유로 "추후 예정된 미세먼지관리 종합대책 보완, 제3차 에너지기본계획, 제9차 전력수급기본계획 등을 통해 추가적인 감축 계획을 마련하겠

---

103) 당시 로드맵 수정작업 실무를 주도한 한국환경정책·평가연구원 관계자는 "이번 로드맵 수정은 전환 부문 에너지 전환에 대해 중요한 사전 가이드라인적 성격"을 지닌다는 점을 강조한 바 있다(국회 대토론회, 「2030 온실가스 감축 로드맵 수정·보완, 쟁점을 논하다!」(자료집), 2018. 5. 23., 17면).

다"는 입장을 고수했고, 이러한 내용을 2030 감축 로드맵에 반영하는 것으로 협상은 마무리되었다. 2017년부터 녹색성장위원회에 참여해 온 한 민간위원은 "현재 녹색성장위원회에서 핵심적인 역할을 하고 있는 민간 위원들이 모두 비상임위원이고, 자체적인 예산과 조직적인 뒷받침이 없으며, 법적으로 그 역할이 정부가 가져오는 안을 최종안 발표전에 '심의'하는 것에 한정되어 있기 때문에 기후 정책목표와의 조율을 위해 에너지 정책계획의 구체적인 내용을 변경하는 등 계획 간 상이한 부분을 조율하는 데는 근본적인 한계가 있다"며 위와 같은 조율 실패의 원인을 진단하기도 하였다.104)

이렇게 2030 감축 로드맵 수립 과정은 정부 관료와 일부 전문가들을 중심으로 진행되었고, 주요 감축 수단과 관련한 논의에 대해서는 공식적인 기록이 거의 존재하지 않는다. 녹색성장위원회의 심의 절차 역시 마찬가지이다. 이러한 의사결정 과정에 대한 정보 공개 미흡으로 인해 전환 부문의 감축 수단 확정에 대해 산업통상자원부가 부정적인 입장을 취한 근거에 대해서는 그 동기를 파악하기가 어렵다. 그간 온실가스 감축목표 달성을 위해 기후 정책 수립 과정에서 기존의 에너지 정책을 수정하는 등 기후·에너지 정책 간의 조정 사례가 거의 없었던 점을 고려할 때 이러한 시도는 산업통상자원부 고유 업무와 재량에 대한 부당한 간섭으로 받아들였을 가능성이 크다. 또한, 그간 산업통상자원부가 추구해온 산업 진흥, 에너지의 안정적 공급이라는 고유의 업무 목표와 온실가스 감축목표 간의 충돌

---

104) 해당 전문가는 국제사회의 추이, 기후과학의 요구를 감안하여 국가 온실가스 감축정책을 만들어 가는데 녹색성장위원회가 역할을 할 수 있으려면 영국의 기후변화위원회와 같이 자체적인 연구와 분석을 통해 정부안이 나오기 전에 위원회가 객관적인 근거를 바탕으로 독자적으로 의견을 낼 수 있어야 한다는 견해를 제시하기도 했다(에너지전환포럼, "탄소중립 세미나: 영국의 기후변화대응 성과와 탄소중립 이행방안" 세미나, http://energytransitionkorea.org/post/42760, 최종접속일: 2021. 8. 8.).

이 우려되는 상황에서 산업통상자원부는 고유의 업무 목표를 선택한 것으로 보인다.

나. 사업자

직접 이해당사자인 발전사업자들은 배출권거래제 도입 당시와는 달리 공개적인 의견 표명을 자제하였다. 이는 발전시장에서 큰 비중을 차지하는 발전사업자가 공기업이라는 사실과 관련이 있을 것으로 생각된다. 산업통상자원부는 이미 여러 경로로 이러한 공기업 발전자회사들을 대변하는 역할을 충실히 수행하고 있었다. 기업지배구조 상으로도 산업통상자원부는 소관 분야 공기업인 한국전력공사와 발전자회사들의 주주와 같은 지위에 있다. 산업통상자원부는 로드맵 수정 과정에서 전환 부문의 감축목표를 후퇴시키고, 구체적인 감축 수단의 확정을 미룸으로써 고탄소 전원 설비를 보유한 공기업 발전사들의 이해관계를 대변하는 역할을 충실히 수행하였다. 따라서 전환부문의 감축목표 수정과 관련하여서는 사업자들의 직접적인 견해 표명과 행동을 공개적으로 진행할 필요가 없었던 것으로 생각된다.

다. 시민·환경단체

2018년 상반기 진행된 '기후변화대응 정책에 대한 대국민 인식 조사'에 따르면[105] 기후변화 대응을 위해 우리 정부가 추진 중인 정책을 지지한다는 응답이 절대 다수(92.2%)를 차지하고 있으며, 더욱 적극적인 정책을 지지하는 응답 역시 상당이 높았다(매우 지지 47.8%, 다소 지지 42.1%). 적극적으로 추진해야 할 온실가스 감축정책에 관

---

105) 전국 만 19세 이상 성인남녀 2천 명을 대상으로 2018년 2월 21일~28일까지 진행된 조사 결과로 표본오차는 95% 신뢰수준에서 ±2.1%p를 기록하였다.

한 질문에서는 저탄소에너지 공급 확대가 1순위를 차지하는 등 온실가스 문제 대응을 위해 에너지 정책을 개선해야 한다는 데 많은 국민이 공감하고 있는 상황이었다.[106]

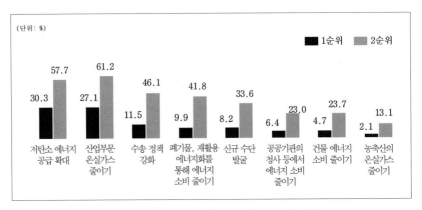

[그림 20] 온실가스 감축정책 선호도 조사 결과

출처: 국무조정실, 「2030 국가 온실가스 감축 기본로드맵 수정, 보완 작업 지원을 위한 연구용역」(최종보고서), 2018. 7. 31, 91면

2030 감축 로드맵 수정과 관련해서는 위와 같은 여론조사를 포함하여 전용 홈페이지 등 온·오프라인 채널을 활용해 국민 의견을 수렴하고 반영하기 위한 절차가 제한적이나마 이루어졌다. 또한 한국환경정책·평가연구원 주관으로 두차례 대규모 토론회가 개최되었다. 제1차 토론회("2030 온실가스 감축 로드맵 어디로 가야하나", 2018. 4. 16)에서는 로드맵 수정 보완의 의미, 감축목표 설정방식, 부문별 감축률 조정 방향, 배출권거래제와의 연계성, 로드맵 제시방식, 신기후체제 등 기타 고려사항으로 구분해 주제별 토론을 진행하였다. 2차 토론회("문재인 정부의 2030 온실가스 감축 로드맵 평가와 제언",

---

106) 국무조정실, 「2030 국가 온실가스 감축 기본로드맵 수정, 보완 작업 지원을 위한 연구용역」(최종보고서), 2018. 7. 31, 91면.

2018. 6. 28)에서는 정부 공개안을 바탕으로 1차 토론회에서 제기된 사항의 반영 정도와 정부안에 대한 총평 및 추가 제언 사항이 논의되었다.107) 시민·환경단체들 역시 위와 같은 토론회에 참여하는 것과 별개로 대규모 토론회를 주최하거나108) 시민사회 입장문을 발표109)하면서 2030년 감축목표 자체를 파리협정 온도목표에 맞추어 상향 조정할 것을 요구하는 한편, 정책 수단의 실효성 측면에서 34.1백만 톤에 달하는 전환 부문의 추가 감축 잠재량에 대한 감축 수단 확정이 꼭 필요하다는 점을 주장하였다. 그러나 이러한 의견은 최종 로드맵에 반영되지 않았고, 그 이유에 대한 설명도 따로 제시되지 않았다.

라. 정치인·국회의원

2016년 최초의 2030 감축 로드맵 발표 직후 국회예산정책처는 "온실가스 감축 로드맵은 국민 전체의 생활과 밀접한 계획을 가지는 행정계획이므로, 사회적 숙의 과정이 필요하고, 따라서 국회에서 관여할 수 있도록 법적인 근거가 필요"하다는 견해도 제시한 바 있다.110) 특히 에너지계획의 소관부처인 산업통상자원부가 비협조적인 태도로 일관하고 있는 상황에서 전문적인 식견을 바탕으로 중재자 역할을 할 수 있는 국회의 역할이 더 중요할 수 있지만 당시에는

---

107) 이상엽, 앞의 보고서, 4면; 환경부, "2030 온실가스 감축 로드맵 수정안 및 2018~2020 배출권 할당계획 확정"(보도자료), 2018. 7. 24.
108) 시민사회 주관으로는 5월 10일 '시민사회에서 바라본 온실가스감축 로드맵·제3차 에너지기본계획 수립의 쟁점과 과제'라는 주제로 토론회가 개최되었다.
109) 그린피스 등, "2030 온실가스 감축 로드맵에 대한 시민사회 의견", 2018. 5. 14. http://kfem.or.kr/?p=190881 (최종접속일: 2021. 5. 30.).
110) 국회예산정책처, 「Post-2020 국가 온실가스 감축목표 평가 및 해외 배출권 확보방안 분석」, 2016.

로드맵의 법적 위상이 불분명하여, 국회의 개입 절차 등에 관한 법적 근거가 전혀 존재하지 않는 상황이었다.

2030 감축 로드맵 수정 과정에서는 국회 기후변화포럼에서 주최하는 세미나가 1회 개최되었을 뿐, 국회 차원에서 감축 로드맵 수정안을 검토하고 의견을 제시할 기회가 거의 주어지지 않았다. 그 결과로 2030 감축 로드맵 수정 과정에서 국회의 역할은 미미할 수밖에 없었다.

4. 사례의 요약 및 분석

2030 감축 로드맵 수정 시 전환 부문의 추가 감축 수단 확정에 실패한 것은 행정부 주도의 정책 목표 결정 과정에서의 실패로 정부 관료의 재량극대화 추구로 인한 '관료 실패' 사례에 해당한다. 이익집단의 지대추구 행위는 적어도 외부적으로 활발하게 관측되지 않았다. 이와 같은 정책 형성 및 결정 절차에서 확인할 수 있는 참여자들의 입장과 견해 표명 내용을 간단히 요약하면 [그림 21]과 같다.

이상의 과정은 전향적인 온실가스 감축정책과 저탄소 에너지원 공급 확대에 대한 시민의 선호가 반영될 기회가 존재하지 않는 가운데, 기후 정책 목표 결정 절차가 정부 관료 주도로 폐쇄적으로 진행된 결과 에너지 정책과 관련한 재량극대화를 추구하는 유관 부처의 비협조로 인해 전환 부문의 추가 감축 수단을 확정하지 못하였고 결과적으로 전환 부문의 감축목표가 후퇴한 사례로 요약해 볼 수 있다.

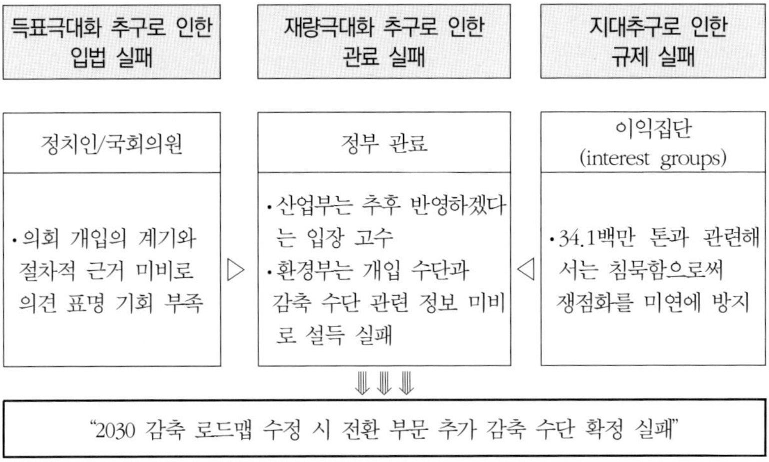

득표극대화 추구로 인한 입법 실패	재량극대화 추구로 인한 관료 실패	지대추구로 인한 규제 실패
정치인/국회의원	정부 관료	이익집단 (interest groups)
• 의회 개입의 계기와 절차적 근거 미비로 의견 표명 기회 부족	• 산업부는 추후 반영하겠다 는 입장 고수 • 환경부는 개입 수단과 감축 수단 관련 정보 미비 로 설득 실패	• 34.1백만 톤과 관련해 서는 침묵함으로써 쟁점화를 미연에 방지

"2030 감축 로드맵 수정 시 전환 부문 추가 감축 수단 확정 실패"

[그림 21] 사례 3 분석 결과 종합

온실가스 감축을 둘러싸고 주무 부처인 환경부와 유관 부처인 산업통상자원부가 첨예하게 대립하는 가운데, 산업통상자원부는 에너지 정책 분야의 후속 정책계획에서 위와 같은 추가감축가능성을 검토해보고 정하겠다는 입장을 고수하였고 환경부는 이를 극복하지 못했다. 결국 2030 감축 로드맵 수정안에 "미세먼지관리 종합대책 보완('18.9), 제3차 에너지기본계획('18.12), 제9차 전력수급기본계획('19.12) 등을 통해 2020년 NDC 제출전까지 감축목표 및 수단 확정"할 것이라고 명시하는 것으로 타협이 이루어졌다. 실제로 2020년 12월경 확정된 제9차 전력수급기본계획에 석탄총량제한제를 감축 수단으로 언급하면서 2030 감축 로드맵 수정안에 제시된 전환 부문 추가 감축량을 모두 감축해 2030년까지 192.2백만 톤이라는 감축목표를 달성하겠다고 다시한 번 명시하였으나, 제10차 전력수급기본계획을 논의하고 있는 2022년 현재까지도 석탄총량제한제 시행 계획이 구체적으로 확정되지 않아 앞으로 목표 달성에는 불확실성이 크게 남아 있는 상황이다.

'온실가스 감축 로드맵'은 온실가스 감축목표를 구체화하는 행정 계획의 일종이지만, 그 실체적·절차적 요건에 대한 법적 규율이 존재하지 않았다. 「저탄소 녹색성장 기본법」에 규정된 기후변화 대응의 기본원칙(제38조) 정도가 추상적 형태의 가이드라인을 제시할 뿐이다. 따라서 정부 주도의 절차에 따라 일단 감축목표안이 마련된 이후에 이루어진 국민과 전문가를 대상으로 한 의견 수렴 절차에서 정부안이 변경되는 것을 기대하기도 어려웠던 것으로 보인다. 전환 부문의 감축 여력이 얼마나 되는지 다른 부문과의 감축한계비용을 고려할 때 어떤 부문에서 감축하는 것이 합리적인지 등과 같은 핵심적인 문제에 대한 정보가 제대로 제시되지 않은 상황에서 환경부가 파리협정의 준수, 국가 감축 계획에서 전환 부문이 차지하는 중요성 등을 바탕으로 한 당위적인 주장을 펼치는 것으로는 산업통상자원부의 입장을 견제하기에 충분하지 못했던 것으로 보인다.

이러한 사례는 핵심적인 기후목표 결정 과정에서 다양한 사회적 선호가 반영될 수 있도록 국가 온실가스 감축목표는 물론 부문별, 연차별 감축목표의 결정 절차를 제대로 규율할 필요가 있다는 점을 보여 준다. 특히 합리적인 정책 결정을 위해서는 의견 수렴 절차 진행시에도 유효한 의견 표명과 논의가 이루어질 수 있도록 감축정책 수립 근거, 논의 과정 등에 대한 투명한 정보공개 역시 필요하다.

제 4 절 소결

제 1 항 기후·에너지 정책 조율 실패의 원인

한국은 지난 1993년 기후변화협약 가입을 계기로 국제협약 대응을 위하여 범정부 차원의 거버넌스를 갖추기 위한 노력을 시작하였다. 2009년 최초의 국가 온실가스 감축목표를 국제사회에 선언했고, 곧바로 「저탄소 녹색성장 기본법」을 통해 온실가스 감축목표와 관련 정책 수단의 법적 근거를 마련하는 등 본격적인 기후변화 대응을 천명하였다. 파리협정에 따라 선진국과 개발도상국을 막론하고 전 세계적으로 온실가스 감축에 참여하는 신기후체제가 시작된 2016년에는 2030년까지의 온실가스 감축 로드맵을 내놓으면서 부처 책임제를 도입해 온실가스 감축정책의 실효적 추진을 다짐하기도 하였다. 그러나 이러한 다짐은 현실에서 제대로 실행되지 못하였고, 2020년에는 국가 감축목표를 1억 톤이 넘게 초과 배출하고 말았다. 특히 2009년 이후 2019년까지 지난 10년간 온실가스 배출 실적 분석 결과에 따르면 가장 감축이 절실한 에너지 부문에서 감축은커녕, 가장 빠른 증가 추이가 나타났다. 이러한 감축 실패의 원인은 무엇일까?

이 장에서는 2009년 한국 정부가 처음 국가 온실가스 감축목표를 선언한 이후부터 현재까지 기후·에너지 정책 간의 조율 과정을 연혁적으로 살펴보고, 전력수급기본계획 수립 과정(사례1), 온실가스 감축정책 수단의 설계 과정(사례2), 부문별 온실가스 감축목표의 수립 과정(사례3) 등 기후 정책이 에너지 정책과의 조율에 실패했던 순간들을 선정한 후 앞서 도출한 공공선택이론의 분석틀에 따른 분석을 시도하였다.

사례 분석 결과에 따르면 지금까지 한국의 온실가스 감축 실패는 주로 에너지·산업계의 지대추구 행위가 활발하게 진행된 데 따른 '규제 실패', 그리고 환경규제를 경제적 비용요인으로만 간주하던 과거의 관행에서 벗어나지 못한 채 온실가스 감축이라는 새로운 정책 목표를 본연의 업무로 받아들이지 못하고 기존의 업무 재량과 정책 우선순위를 유지하려는 에너지 정책 담당 관료들의 재량극대화로 인한 '관료 실패'의 성격을 가진다는 점을 확인할 수 있었다. 득표극대화 동기에 따라 온실가스 감축을 위한 정책 대안을 끈질기게 추구해 성과를 만들어 내려는 유인이 부족한 정치인·국회의원으로 인한 '입법 실패' 현상도 일부 관찰되었다.

제6차 전력수급기본계획 수립 당시 계획 수립 권한을 지닌 주관 부서(지식경제부)는 환경부 등 관련 부서의 공식적인 견해 표명과 시민사회의 우려, 야당 정치인들의 견제에도 불구하고, 그간의 고수해 왔던 '전력수급 안정'이 최우선이라는 입장을 강력하게 고수하였다. 이 과정에서 안정적인 수익 확보 기회를 발견한 사업자들은 대규모 화력발전소 증설계획을 제출하며 지식경제부의 입장에 화답하였다. 이상의 과정은 전력수급기본계획 절차가 정부 관료와 특정 이익집단에 의해 지배되어 미래의 전력믹스를 둘러싼 사회적 선호의 결집을 제대로 이루어내지 못했기 때문에, 과도한 화력발전소 건설계획을 내놓은 사례로 요약해 볼 수 있다. 비슷한 시기 진행된 배출권거래제 도입 관련 논의에 있어서도 배출권거래제 도입으로 인한 비용 부담, 장기적인 경제적 파급 효과 등과 관련하여 산업계가 내놓은 주장들이 논의 과정을 지배하게 되었고, 이러한 입장과 유사하게 한국 기업의 수출경쟁력, 경제성장율과 같은 정책 목표를 우선시 해온 지식경제부의 논리가 우선하게 되면서 제도 시행 시기가 늦추어지고 규제 강도 역시 대폭 완화되었다. 2018년 진행된 2030 온실가스 감축 로드맵 수정 과정에서는 산업통상자원부가 전환 부문의 감축 수단 확정은 후속적으로 예정된 에너지 정책 계획 과정을 통해 수행하겠다는 입장을 고수함으로써 감축 수단의 확정에 실패하였다.

이러한 실패 사례들은 강력한 온실가스 감축정책을 통한 기후위기 대응 필요성은 물론이고 재생에너지 산업의 육성, 에너지효율의 향상 등을 통한 국가경쟁력 향상과 같은 장기적인 비전이 기후 정책 담당부처는 물론이고 유관 부처까지 폭넓게 공유되지 못한 가운데, 기후 정책 목표의 추구를 관련 부처가 추구해온 고유한 정책 목표에 대한 부당한 간섭 내지는 재량의 축소 시도로 간주하는 정부 관료들의 인식, 에너지 집약적인 과거의 사업 관행을 계속 고수하려 하거나, 정부 인·허가를 통해 안정적인 현금흐름을 창출하고자 하는 산업적 이해관계가 강력하게 정책 결정 과정에 반영되고 있으며 이러한 요인들이 기후·에너지 정책 조율의 실패를 야기해 왔음을 보여준다.

이와 같은 조율 실패는 정책 결정 과정의 문제와도 결부되어 있다. 사례 연구의 대상으로 삼았던 대부분의 정책 결정 과정은 정부 관료와 사업자 중심의 절차를 통해 초안을 도출하고, 최종안을 결정하기 직전에서야 시민과 민간전문가, 환경단체들의 의견 수렴을 거치는 형태로 운영해 왔다. 시민들은 기후 문제에 대한 전반적인 관심에도 불구하고 실제 정책 결정 과정에 영향력을 미칠 수 있는 실질적인 기회를 제공받지 못하였다. 그러한 가운데 기후 정책 결정 과정에 대해 시민들은 합리적 무지 상태에 빠지기 쉽고, 이러한 현상은 기후변화 이슈에 대한 정치인·국회의원의 무관심으로 연결된다. 이러한 상황을 극복하기 위해 관료들의 자기 이익 추구와 사업자의 지대추구 행위를 견제할 수 있는 역량을 지닌 환경단체, 시민단체 등의 역할이 중요하지만 이들은 소수에 불과하고, 시민단체의 의견이 정책 과정에 반영될 수 있는 기회 역시 제한적이다. 녹색성장위원회 등 민간전문가들이 참여하는 위원회가 일부 중재자 역할을 자처하고 나선 사례도 관찰되었지만, 주로 비상임 민간 전문가들로 구성되어 있고, 법적으로는 '심의' 기능을 담당하고 있으며, 지원 조직도 제공되지 않는 가운데 위원회가 역량을 발휘하는 데는 현실적인 어려움이 존재했다. 이러한 정책 결정 과정의 문제는 결국 기후·에너지 정책 결정에 있어 이익집단과 에너지 정책 관료의 입장이 과대 대표되는 결과로 이어져 결국 온실가스 감축 실패를 유발하는 원인이 되고 있다.

제 2 항 조율 실패의 의미와 입법적 해결의 필요성

오늘날 벌어지는 사회문제, 특히 각종 정부 정책을 둘러싸고 일어나는 논쟁은 많은 경우 각 참여자가 소중히 여기는 가치와 가치 사이에서 벌어지는 갈등이라고 볼 수 있을 것이다. 주요 개발 사업에 대한 사회적 갈등 사례에서는 개발과 보전, 경제성장과 환경보전이라는 서로 대립되는 가치가 정면 충돌하는 양상을 보여왔다. 그리고 안전성, 환경친화성 등의 정책 목표가 중요해지면서 앞서 살펴본 바와 같이 오늘날 에너지 문제는 환경 문제와 마찬가지로 상호경쟁하는 '가치' 간의 조정의 문제로 변모한 것처럼 보인다.

문제는 많은 경우 이 상충하는 가치들이 '통약불능(incommensurable)'이라는 것이다. 즉, 문제의 해결을 위해서는 상쟁하는 가치들을 비교해 우선시해야 할 가치를 선택하거나 양자의 적절한 타협을 모색해야 하는데, 양자의 우열 비교 자체가 불가능한 경우가 많다. 따라서 이러한 가치 충돌의 문제는 사회적 이슈에 관해 구성원 사이에서 서로 다른 가치관이 상쟁하는 '도덕적 조정문제(moral coordination problem)' 상황에 해당한다. 이러한 문제 상황에서는 일반적으로 일단 그 문제에 관한 매듭이 잘 만들어진다면, 결과물의 도덕성 여하를 따지기보다는 이에 따르는 것이 '더 도덕적'이라고 본다.

바로 이런 경우 따를 수 있는 '규칙(rule)'을 설정해 둠으로써 사회적 상호작용을 조정하는 것이야말로 실정법이 가진 대표적 기능이다. 우리가 민주주의를 채택했다는 것은 이러한 조정의 기능을 '다수자'의 결정에 맡기겠다는 결단을 의미한다.111) 민주주의 체제 내에서는 '민주적 정통성(democratic legitimacy)'의 측면에서 우월한 정치 부문, 즉 의회로 대표되는 입법부와 대통령을 수반으로 하는 행정부가 바로 이런 조정문제를 해결할 수 있는 '지위'에 있다. 법원 역시 일찍이 소위 '부산대학교 사건'에서부터 환경권과 사유재산권의 상호충돌을 '조정'할 필요성을 인정한 바 있고, 일관되게 환경분쟁이 헌법상 환경권 조항만으로는 해결될 수 없는 조정문제임을 인정하고 있다.112) 환경분쟁 해결에 활용될 수 있는 '자연법'이나 '자연권'의 존재를 부정하고 있으며, 대립·상충하는 가치의 조정은 정치 부문의 몫이라는 것을 인정하는 것이다.

그런데 본 장에서 살펴본 바와 같이 현재까지의 기후·에너지 정책 결정은 실정법상 기후 정책과 에너지 정책 간의 조율에 관한 규율이 촘촘히 이루어지지 않은 상황에서 정부 관료가 주도하는 폐쇄적인 논의 절차를 통해 이루어지고 있고, 그 과정에서 대립·상충하는 가치의 조정이 원활히 이루어지지 못하고 있다. 기존의 기후·에너지 정책 결정 과정이 '경제성장', '공급안정성'과 같은 가치를 대변하면서 힘을 키워온 정부 관료와 산업계가 가진 기존 이해관계에 따라 지배된 상황에서 '매듭지음' 그 자체에 치중한 나머지 기후 정책 목표의 관철에 거듭 실패하고 있는 것이다. 이러한 분석 결과는 온

---

111) 조홍식, "제1장 사법통치의 정당성과 한계", 사법통치의 정당성과 한계, 서울: 박영사, 2009.

112) 대법원 1995. 5. 23. 선고 94마2218 결정; 부산고등법원 1999. 4. 29. 선고 98나10656 등.

실가스 감축이라는 임무를 부여받았던 행정부가 그 역할 수행에 실
패하고 있음을 의미한다.

따라서 이러한 조정 문제의 효과적인 해결을 위해서는 기후·에너
지 정책 간 조율 과정에서 대두되는 문제들에 관한 입법적 해결이
우선 시도되어야 할 것이다.113) 미래의 기후·에너지 정책을 조율하
는 과정에서 현재의 이해관계와 특정 집단의 선호가 과다대표되지
않도록 온실가스 감축정책의 결정 과정을 새롭게 설계하는 한편 그
러한 결정의 결과에 따라 안정적으로 꾸준히 온실가스 감축정책이
이행될 수 있도록 그에 대한 법적 규율을 강화해 나가야 한다. 다음
장에서는 이러한 점을 염두에 두고, 한국의 장기적인 온실가스 감축
목표 달성을 위해 요구되는 기후·에너지 법·정책 결정 과정에 대한
새로운 규율 방안을 제안해 보고자 한다.

---

113) 이러한 문제에 대한 입법적 해결이 용이하지 않고, 온실가스 감축 실패
의 문제가 계속된다면 사법부의 개입이 촉구되는 상황이 도래할 것이다.
전 세계적으로 이루어지고 있는 기후소송은 이러한 현상을 반영한다. 유
엔환경계획(UNEP)에서 발간한 기후소송 현황 보고서에 따르면 2017년에
는 24개국에서 884건의 기후소송이 진행 중이었으나, 2020년 상반기까지
유럽연합을 포함한 38개국에서 1,550건까지 증가하였다(UNEP, 「Global
Climate Litigation Report: 2020 Status Review」, 2021).

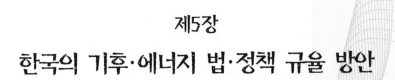

제5장

한국의 기후·에너지 법·정책 규율 방안

제 1 절 해결 방향의 도출

지금까지 한국과 유럽 주요 국가들의 온실가스 감축정책과 에너지 정책 간의 조율 과정을 공공선택이론의 틀을 활용해 정책 시장 참여자들의 자기 이익 추구 행동에 초점을 두고 분석해 보았다. 한국의 경우 전력수급기본계획 수립 과정에 상위 정책 목표인 온실가스 감축목표에 대한 고려가 작동하지 않았던 사례(사례1), 대표적인 온실가스 감축 수단인 배출권거래제의 설계(사례2), 온실가스 감축 로드맵 수정 과정에서 에너지 정책과의 조율에 실패하고 있는 현실 (사례3)을 분석한 결과에서 확인할 수 있듯이, 온실가스 감축목표를 필두로 유관 분야의 정책 목표를 수립하고 이행함으로써 온실가스 감축이라는 성과를 만들어 내는 사례가 아직 관찰되지 않고 있다. 이는 이익집단의 지대추구 행위로 인한 규제 실패, 에너지 정책 담당 관료들의 재량극대화로 인한 관료 실패 등의 현상으로 설명 가능하며, 시민과 환경단체 등이 참여해 충분히 의견을 형성하고 개진할 기회를 제한하고 사업자와 정부 관료를 중심으로 이루어지는 기후·에너지 정책 결정 과정의 문제가 그 기저에 있다고 생각된다.

한국보다 한발 앞서 기후변화 대응을 도모해왔으며 에너지 정책과의 조율을 통해 온실가스 감축을 이루어내고 있는 유럽 국가들 역시 유사한 실패의 경험을 가지고 있다. 앞서 제3장에서 살펴보았듯이 독일은 2020년 중기 온실가스 감축목표의 이행과 관련해 갈탄 산업 정책과의 조율에 있어 어려움을 겪었고, 영국은 온실가스 감축목표 달성을 위한 에너지 시장 정책의 개편과정에서 가스발전 정책과의 조율이 문제가 되었으며, 프랑스 역시 원자력발전 정책과의 조율 문제를 현재 경험하고 있다. 국가별로 문제되는 산업적 이해관계의 내용은 다르지만, 온실가스 감축정책과 에너지 정책 간의 조율 과정에서 기후 정책 담당부처와 에너지 정책 담당부처 간의 대립, 강력한 경제적 이해관계를 지닌 산업계의 적극적인 이익 추구 등이 원인이 되어 기후·에너지 정책 간의 조율에 있어 어려움을 겪었다. 이러한 사례 연구 결과는 기후·에너지 법·정책간 조율 문제의 핵심은 결국 기존 시스템 하에서 형성된 정치·경제·사회적 이해관계의 조율 문제라는 점 역시 시사한다.

이러한 정부 실패 문제에 관하여 공공선택이론 관점의 선행 연구에서는 정치 제도 개선에서 해법을 찾고자 하였다. 특히 뷰캐넌과 털럭은 국민이 입법자 혹은 정부 관료로부터 착취되는 것을 막을 수 있도록 중요한 의사결정에서 가중 다수결을 도입하는 것과 같이 의사결정의 기본원칙을 개선하는 등 헌법적 통제를 강화할 것을 주장하였다.1) 헌법적 통제의 다른 예시로는 균형 예산을 유지하는 것, 정부 예산과 통화량 증가를 국민소득의 일정 비율로 한정하는 것, 지방으로 정부 권한을 이양하는 것, 의원의 재임횟수를 제한하거나 대통령의 거부권을 확대하는 것 등을 들 수 있다.2) 헌법적 통제의 결과로 축소된 정부의 역할은 시장이 담당하거나(뷰캐넌), 다조직적 합의(multi-organizational arrangement)와 같은 대안적인 거버넌스를 통해 해결할 수 있다는 견해(오스트롬 & 오스트롬)3)가 등장하였다. 이

---

1) 에이먼 버틀러, 앞의 책, 126-136면 참조.
2) 열거된 헌법적 통제 방안의 효과성에 대해서 학계의 의견이 반드시 일치하는 것은 아니다. 문제가 된 정책과 정치환경에 따라 다른 효과가 나타날 수도 있을 것이다(최광, 황수연, "공공선택론의 개념적 고찰", 공공선택의 이론과 응용, 서울:봉명, 2006, 26면).
3) Elinor Ostrom & Vincent Ostrom, Public Chocie: A Different Approach to the Study of Public Administration, *Public Administration Review*, Vol. 31, Issue 2, 1971, 203-206.

익집단의 지대추구행위에 대해서는 지대추구행위에 대한 정보 공개, 일몰제 등을 통한 독점적 이익 환수 등의 대중적 처방에서부터 사회적으로 유용한 기술혁신과 기업가 정신이 발휘될 수 있는 사유재산권 조정체계의 구축 등을 통해 자기 이익 추구행위가 사회적 잉여를 증가시킬 수 있도록 규제 설계 자체를 변경하는 방안 등이 대안으로 제시된 바 있다.[4]

독일, 영국, 프랑스 등 사례 연구의 대상 국가들은 기후·에너지 정책의 결정 과정과 운영에 있어 다양한 이해관계의 조율을 위한 제도적 장치를 마련하고, 시민의 직접 참여를 확대하는 등의 변화를 통해 문제해결을 시도해 나가고 있는 것으로 보인다. 기후 정책 추진 과정에서 상충되는 이해관계 간의 구체적인 조율을 위해 별도의 임무를 부여받은 위원회를 구성하는가 하면, 온실가스 감축을 부처 고유의 업무로 인식할 수 있도록 부문별 감축목표를 부여하고, 독립적인 전문가위원회를 통해 부문별 감축 성과에 대한 검토 시스템을 마련하는 등 기후·에너지 정책 간의 원활한 조율을 위한 제도적 기반을 마련하고 있다. 또한 정책 형성 과정 및 추진 경과 등에 관한 정보 공개는 물론이고, 정책 형성의 과정에서 시민의 환경, 기후 문제에 대한 관심을 유지, 발전시킬 수 있도록 시민들의 직접 참여 기회를 확대해 나가고 있다.

이하에서는 이러한 관점에서 정책 목표와 수단의 결정부터 이행까지 한국의 기후·에너지 법·정책의 결정 과정을 어떻게 규율할 것인지 고찰해 보았다(제2절). 특히 2020년 탄소중립 선언 이후 꾸준히 기후위기 대응법제의 도입에 관한 논의가 이루어졌으며 2021년 9월에는 새로운 기본법이 제정되었음을 고려해 기후·에너지 정책 조율과 온실가스 감축을 촉진하기 위해 추가적으로 필요한 법적 규율과

---

4) 김윤권, 앞의 보고서, 64면.

관련한 구체적인 제언 사항을 도출하였다(제3절). 마지막으로 이러
한 사례 분석의 결과와 정책 제안이 기후·에너지 정책조율 실패의
문제, 나아가 환경정책 이행의 문제의 해결과 관련해 가지는 규범적
의미를 탐색해 보았다(제4절).

제 2 절 기후·에너지 법·정책의 새로운 규율 방안

제4장에서 진행한 한국의 온실가스 감축 실패에 관한 사례 연구를 통해 확인한 바와 같이 온실가스 감축의 문제는 결국 기존 시스템하에서 형성되어 온 정부 관료와 이익집단 등의 자기이익 추구를 지배하고 있는 정치, 경제, 사회적 이해관계의 조율 문제로 환원된다. 어떻게 이러한 문제를 극복하고 온실가스 감축을 이루어낼 것인가? 앞서 수행한 사례 연구의 결과는 기후·에너지 정책 목표와 정책 수단의 결정 과정에서 특정 집단의 이익추구가 견제될 수 있도록 하며 온실가스 감축에 관한 다양한 선호를 균형있게 반영할 수 있도록 하고, 적극적인 기후 정책을 통해 현재의 서로 다른 이해관계가 하나의 목표를 향해 조율될 수 있도록 새로운 유인체계를 만들어 가야 한다는 점을 시사한다. 이러한 관점에서 기후·에너지 법·정책이 결정되는 과정에 관한 새로운 규율 방안을 검토해 보기로 한다.

제 1 항 온실가스 감축목표의 법적 규율 향상

국가 온실가스 감축목표를 중심으로 온실가스 감축정책과 유관 분야 정책 간의 조율이 원활히 이루어지기 위해서는 먼저 국가 온실가스 감축목표에 관한 결정이 제대로 이루어져야 한다. 앞서 확인한 바와 같이 「저탄소 녹색성장 기본법」을 필두로 하였던 기존의 기후·에너지 법·정책체계에서는 하위 정책계획의 경우에는 의견 수렴과 정부 내 심의 절차를 더 상세히 관련 법률에 규율하고 있는 반면, 국가 온실가스 감축목표 선정과 같은 최상위 정책 목표와 관련해서는 법적 규율이 부족하였다. 「저탄소 녹색성장 기본법」에 따르면 "정부는 범지구적인 온실가스 감축에 적극 대응하고 저탄소 녹색성장을 효율적·체계적으로 추진하기 위하여 온실가스 감축목표 등과 관련하여 중장기 및 단계별 목표를 설정하고 그 달성을 위하여 필요한 조치를 강구하여야 한다"라고만 정하고 있을 뿐(동법 제42조 제1항 제1호) 국가 온실가스 감축목표 도출에 있어서 준수해야 할 실체적, 절차적 요건을 구체적으로 정한 바 없다. 온실가스 감축목표를 설정할 때 국내 여건 및 각국의 동향을 고려해야 한다고 하였으나(동법 제42조 제2항) 이는 지극히 일반적이고 추상적인 내용에 해당한다. 2017년 개정 시에 국가 온실가스 감축목표 변경 시 공청회 등을 통해 관계전문가 및 이해관계자의 의견을 들어야 한다고 하는 절차적 규율이 추가되었을 뿐이다(동법 제42조 제3항).

저탄소 녹색성장 기본법 제42조(기후변화대응 및 에너지의 목표관리) ① 정부는 범지구적인 온실가스 감축에 적극 대응하고 저탄소 녹색성장을 효율적·체계적으로 추진하기 위하여 다음 각 호의 사항에 대한 중장기 및 단계별 목표를 설정하고 그 달성을 위하여 필요한 조치를 강구하여야 한다.

　　1. 온실가스 감축목표

　　2. 에너지 절약 목표 및 에너지 이용효율 목표

　　3. 에너지 자립 목표

　　4. 신·재생에너지 보급 목표

② 정부는 제1항에 따른 목표를 설정할 때 국내 여건 및 각국의 동향 등을 고려하여야 한다.

③ 정부는 제1항제1호에 따른 온실가스 감축목표를 변경하는 경우에는 공청회 개최 등을 통하여 관계 전문가 및 이해관계자의 의견을 들어야 한다. 이 경우 그 의견이 타당하다고 인정하는 경우에는 이를 반

영하여야 한다. 〈신설 2017. 4. 18.〉

「저탄소 녹색성장 기본법」 전체로 확대해 보면 기후변화 대응 정책 및 관련 계획의 수립 시 준수해야 할 원칙(동법 제38조)을 제시하고 있으나, 온실가스 감축의 비용과 편익을 경제적으로 분석하고 국내 여건 등을 감안해 중장기 목표를 설정해야 한다는 것 뿐이어서 온실가스 감축목표의 구체적인 내용과 수준에 대해 여전히 어떠한 예측 가능성도 제공하지 못하고 있다.

저탄소 녹색성장 기본법 제38조(기후변화대응의 기본원칙) 정부는 저탄소 사회를 구현하기 위하여 기후변화대응 정책 및 관련 계획을 다음 각 호의 원칙에 따라 수립·시행하여야 한다.

1. 지구온난화에 따른 기후변화 문제의 심각성을 인식하고 국가적·국민적 역량을 모아 총체적으로 대응하고 범지구적 노력에 적극 참여한다.
2. 온실가스 감축의 비용과 편익을 경제적으로 분석하고 국내 여건 등을 감안하여 국가 온실가스 중장기 감축목표를 설정하고, 가격기능과 시장원리에 기반을 둔 비용효과적 방식의 합리적 규제체제를 도입함으로써 온실가스 감축을 효율적·체계적으로 추진한다.
3. 온실가스를 획기적으로 감축하기 위하여 정보통신·나노·생명 공학 등 첨단기술 및 융합기술을 적극 개발하고 활용한다.
4. 온실가스 배출에 따른 권리·의무를 명확히 하고 이에 대한 시장거래를 허용함으로써 다양한 감축수단을 자율적으로 선택할 수 있도록 하고, 국내 탄소시장을 활성화하여 국제 탄소시장에 적극 대비한다.
5. 대규모 자연재해, 환경생태와 작물상황의 변화에 대비하는 등 기후변화로 인한 영향을 최소화하고 그 위험 및 재난으로부터 국민의 안전과 재산을 보호한다.

국가 온실가스 감축목표가 지켜야 할 실체적·절차적 요건에 관한 법적 규율의 부족은 온실가스 감축목표에 관한 의사결정을 전적으로 정부의 재량에 맡기게 되고, 지구적인 기후위기 대응에 현저히 부족한 감축목표가 제정되더라도 이를 제대로 견제할 수 없는 결과로 이어졌다. 2030년 국가 온실가스 감축목표(536백만 톤)가 기존의 2020년 감축목표(543백만 톤)와 거의 동일한 수준으로 결정된 것, 2020년 한 해 동안 이루어진 2050년 감축목표에 대한 논의에서 국민 의견 수렴을 위해 정부가 제안한 감축목표(안)에 탄소중립 목표가 포함되지 않고 파리 협정에서 전세계가 합의한 1.5°C 목표 달성에 현저히 부족한 수준의 목표가 고려 대상으로 제시된 것5) 등은 바로 이러한 문제를 보여주는 단적인 사례이다.

따라서 국가 온실가스 감축목표가 기후위기 대응을 위해 요구되는 수준으로 향상될 수 있으려면 온실가스 감축목표 결정에 있어 준수해야 할 실체적·절차적 요건에 대한 법적 규율이 강화될 필요가 있다. 현재 세계 각국은 온실가스 감축의 중장기적인 목표를 법률에 명시하고, 장기 목표 달성을 위한 부문별 목표를 정하는가 하면, 만약 이러한 목표들 모두 법률에 정하지 않더라도 법률 차원에서 하위 규범에 설정될 온실가스 감축목표의 대략적인 내용과 수준을 예측할 수 있도록 위임규정을 상세히 규율하고 있다.

특히 독일 연방기후보호법의 경우를 구체적으로 살펴보면, 앞서 제3장에서 살펴본 바와 같이 2019년 제정법 제1조는 "파리협약 상의 기온 상승 억제 목표 및 2050년까지 탄소중립 목표 달성"을 동 법의 목적으로 명시하고 있다. 또한 제3조 제1항에서 "온실가스 배출량이 1990년 수준과 비교해 점진적으로 감소되어야 한다"는 점, "2030년까

---

5) 정부는 대통령의 2050 탄소중립 선언 불과 2주 전인 2020년 10월 15일 개최된 국민토론회에서 2050 탄소중립 목표는 불가능하다는 입장을 전제로 2017년 대비 75% 감축안을 가장 도전적인 목표로 제시하였다.

지 달성해야 하는 감소율이 최소 55% 이상이어야 한다"는 점 등을
명시하는 한편, 제3항에서 "이러한 목표가 강화될 수 있으나 완화될
수는 없다"는 점도 분명히 정하고 있다. 제4조 제1항에서 "에너지,
산업, 운송, 건물, 농업, 폐기물 등의 부문별 연간 배출 예산을 정하
여 연간 감축목표를 정하도록 그 기준을 구체적으로 제시"하고, 부
칙2에서 연도별로 부문별 연간 배출 허용치를 개별적으로 명시하는
한편, 이러한 연간 배출 예산이 '법적 구속력'을 가진다는 점을 분명
히 하고 그 변경에 대해 엄격한 제한을 가하고 있다.[6] 영국의 기후
변화법 역시 2050년 장기 목표와 함께 2020년까지의 중간목표가 준
수해야 할 최저한도를 법에 명시하고 있다.[7] 한국 역시 국가 온실가
스 감축목표의 수립 시 장기 목표와 중간목표를 법률로 정하는 것은
물론 각 감축목표가 어떠한 요건을 충족하여야 하는지에 대한 지침
을 구체적으로 법률에서 제공할 필요가 있다.

　또한 국가 온실가스 감축목표 결정 절차와 관련해서는 정부 주도
의 절차에 따라 모든 대안을 검토하고 결론을 정한 다음 공청회를
통해 의견을 수렴하기보다는 독립적 위상을 지닌 외부 전문가들이
참여하는 전문기구가 목표 결정 절차를 처음부터 주관하게 하는 등
기후·에너지 정책 결정과 관련해 실질적 영향력을 행사할 수 있도록
관련 절차를 개선할 필요가 있다. 만약 이러한 전문기구의 설치가
어렵다면 전문가위원회의 자문을 얻도록 하고 별다른 이견이 없는
한 자문 의견을 따르거나, 그렇지 않은 경우 이유를 제시하게 하는
방식도 고려해 볼 수 있을 것이다. 이러한 과정에서 제시된 의견과
정부내 검토의견, 최종 결정 사항과 관련 근거 등은 투명하게 공개
해야 한다. 불투명한 절차 운영은 비공개 정보를 수집할 역량과 자

---

6) 제3장 제2절 제3항 참조. 2021년 기후보호법이 개정되었으나, 감축목표의
　수준이 상향조정되었을 뿐 위와 같은 내용은 변함없이 유지되었다.
7) 제3장 제3절 제3항 참조.

원이 풍부한 이익집단의 이해관계에 따라 정책 결정이 이루어질 가
능성을 높일 수 있기 때문이다. 이러한 이해관계 충돌을 예방하기
위해서라도 정책 결정 과정은 최대한 투명하게 운영되어야 한다.

제 2 항 온실가스 감축목표의 이행 체계 구축

국가 온실가스 감축목표를 정했다면 이러한 목표의 이행을 촉진
할 수 있는 이행 메커니즘을 확립할 필요가 있다. 기존의 「저탄소 녹
색성장 기본법」 체계에서는 시행령에 국가 온실가스 감축목표가 반
영되어 있었고, 단계별 목표와 산업, 교통·수송, 가정·상업 등 부문
별 목표를 정하도록 하였다. 2018년 7월 발표된 2030 감축 로드맵(수
정안)에서는 3년 단위로 배출 평균치 또는 범위를 부여하는 방식으
로 감축 경로를 설정해 공개하였다. 이는 영국의 탄소예산 제도를
벤치마킹한 것으로 매년 발생하는 초과 배출량 또는 초과 감축량을
주어진 예산기간 내에서 이월이 가능하도록 허용함으로써 감축 행
동에 유연성을 부여한 것으로 평가할 수 있다.

그러나 이와 같은 기존의 온실가스 감축 로드맵의 감축경로는 관
련 법령에 규정된 것도 아니고, 해당 감축경로를 벗어날 경우에 대
한 통제 수단이 별도로 규정되어 있지 않아 별도의 규범적 효력을
갖고 있다고 보기 어렵다. 그 결과 탄소예산의 핵심적인 목표인 '총
누적 배출량'의 통제 기능을 갖지 못한다는 한계가 있다. 부문별 감
축목표의 감축경로는 아예 제시하고 있지 않다. 온실가스 배출 실적
에 대한 점검 및 평가 절차 역시 상당히 느슨하게 규율하고 있다. 매
년 국가 온실가스 인벤토리 보고서를 발간하면서 국가 배출량을 연
1회 공개하고, 5년마다 수립되는 기후변화대응 기본계획을 통해 감
축목표 달성 여부를 점검하도록 하였을 뿐이다.

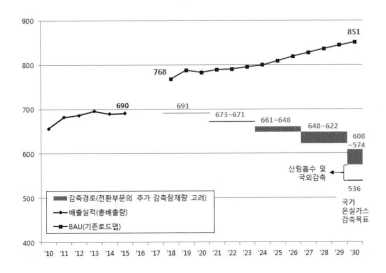

[그림 22] 2030 수정 로드맵(2018년)상 감축경로

출처: 관계부처 합동, 「2030년 국가 온실가스 감축목표 달성을 위한 기본 로드맵 수정안」, 2018. 7. 18, 7면

따라서 온실가스 감축목표의 달성에 필요한 관련 부처의 협조를 끌어내는 것이 필수적이지만, 앞서 제3장에서 사례 분석을 통해서 살펴본 바에 따르면 부문별 감축정책을 이끌어나가야 하는 유관 부서에서는 해당 부문에 주어진 온실가스 감축목표를 이행하는 것보다는 감축목표를 적게 받으려고 하거나, 감축정책 고안에 대한 타 부처의 요청을 고유 정책 영역에 대한 부당한 간섭으로 여기는 경향이 관찰되었다. 이러한 현실은 감축목표의 점검과 평가, 감축 실패시의 추가적인 이행조치에 대한 규정을 통해 유관 정부 부처가 온실가스 감축을 당해 부처의 업무로 인식하고 더 높은 목표를 추구할 유인을 부여하는 방향으로 기후 정책의 이행 메커니즘을 구축해 나갈 필요가 있다는 점을 보여준다.

가장 선행되어야 할 것은 에너지 정책 담당 부처가 기후목표의 달성을 본연의 업무로 인식할 수 있도록 온실가스 감축에 관한 역할과 책임을 명확히 부여하는 것이다. 이미 2030년 국가 온실가스 감축목표 수립 이후 작성된 '제1차 기후변화대응 기본계획'부터는 에너지, 산업, 수송, 건물, 농축산업 등 부문별 감축 계획에 대해 소관 부처의 책임을 명시하는 등 부처책임제의 도입을 위한 시도를 일부 진행한 것으로 보인다. 이제는 그러한 시도를 현실에서 제도적으로 정착시키기 위한 조치가 이루어져야 한다. 매년 부처별 소관 영역에서의 온실가스 감축 실적을 점검하고 미진한 부분은 다음연도 사업 계획에 반영하도록 하는 등 기후·에너지 정책의 결과를 점검하기 위한 별도의 절차를 구축하는 것은 유력한 대안이 될 수 있다.

앞서 살펴본 바와 같이 독일의 연방기후보호법은 장기적인 온실가스 감축목표와 더불어 이러한 목표의 달성을 점검하는 이행 체계와 관련한 규정을 함께 담고 있다. 매년 3월 직전 연도 배출량이 발표되면 독립적인 외부 전문가로 구성된 위원회를 통해 전체 목표와 부문별 목표의 달성 여부를 검증하고, 달성하지 못한 분야가 있다면 소관 부처에서 대응방안을 마련하고 차기년도에 그만큼 더 감축하도록 관련 정책을 강화하도록 규정한 것이다. 독일 만큼 유관 부처에 명확한 의무를 부여한 것은 아니지만, 영국이나 프랑스의 경우 연간 목표의 이행 여부에 대해서 정부 자체 평가는 물론 전문가위원회와 같은 독립 기구의 점검을 받도록 하고 있다는 점 역시 주목할 만하다.

또한 관련된 기후·에너지 행정계획 체계간의 규율을 강화할 필요가 있다. 특히 온실가스 감축 로드맵과 기후변화대응기본계획, 에너지기본계획 간의 위상을 분명히 정해야 한다. 「저탄소 녹색성장 기본법」에서는 기후변화대응기본계획과 에너지기본계획을 온실가스 감축목표와 함께 하나의 장에 규율하고 있으면서도 별도의 규정으로 병렬적으로 규율해 기후변화대응의 기본원칙과 에너지 정책의 기본원칙을 별도로 정함에 따라, 형식적으로는 전혀 다른 별도의 행정계획으로 운용될 수 있도록 방치하였다. 국가 온실가스 감축목표 달성을 위해서는 연도별 감축목표를 담은 로드맵과 이러한 감축목표 달성을 위한 기후변화대응 기본계획이 작성되어, 이를 위한 에너지 부문의 기본계획을 에너지기본계획에 담을 수 있게 함으로써 두 개의 행정계획이 별도로 운용되지 않도록 법적 근거를 갖출 필요가 있다.

근본적으로는 재생에너지의 확대 및 에너지 효율성의 제고 등 온실가스 감축을 위한 조치들이 국가적인 이익에 부합한다는 점에 대한 인식과 그러한 측면에서 담당 업무의 영역에서 반드시 성공사례를 만들어 내겠다는 의지를 불러일으킬 수 있도록 온실가스 감축을 통한 국가발전 전략을 고안해내는 것이 필요하다. 에너지 정책 담당 부처 역시 산업 육성, 수출경쟁력 확보를 위한 안정적인 에너지 공급뿐만 아니라 저탄소 에너지원으로의 전환을 고유의 정책 목표로 받아들인다면 보다 능동적으로 온실가스 감축에 나설 것을 기대할 수 있기 때문이다. 2008년의 '녹색성장'은 그러한 시도가 '실행'으로 이어져서 온실가스 감축과 더불어 국민총생산의 증가라는 결실을 이루어내지 못한 아쉬움이 있지만, 여러 유관 부처가 온실가스 감축을 본연의 업무로 인식하고 참여할 수 있는 계기를 제공했다는 점에서 의미 있는 시도였다. 이러한 시도는 2020년 정부가 발표한 '그린 뉴딜'로 이어져 왔다. 이러한 새로운 국가발전전략 모델이 슬로건에서 머물지 않고, 특히 온실가스 감축 측면에서 성과를 낼 수 있도록 더욱 정교하게 마련될 필요가 있다.

제 3 항 기후·에너지 정책 결정과 시민 참여 확대

확고한 과학적 근거를 바탕으로 국가 온실가스 감축목표와 같은 정책 목표를 정했다면, 정책 수단 결정을 위해 폭넓은 소통과 의견 수렴 기회를 제공하고, 그 결과를 바탕으로 정책 결정이 이루어지는 절차를 마련해야 한다. 관료, 사업자 중심의 폐쇄적인 정책 결정 절차 운영은 그 결과로 도출된 기후·에너지 정책 자체의 합리성을 저해할 수 있다. 의사 결정 절차가 유리한 정보를 수집·생산할 역량과 자원이 풍부한 이익집단의 이해관계에 따라 좌우됨에 따라 사회적 최적 지점에서 벗어난 의사결정이 이루어질 수 있기 때문이다. 앞서 독일의 사례는 그러한 점을 분명히 보여준다.

기후변화 문제의 경우 온실가스 배출 책임이나 기후변화의 영향을 고려할 때 모든 사회 구성원들이 온실가스 감축정책의 이해관계자라고 할 수 있다. 따라서 더 많은 시민이 정책 결정 과정에 참여하고, 발생 가능한 대립과 갈등을 예측해 이를 조율하는 기회를 사전에 가지는 것은 철저한 검증과 합의를 통해 정책의 이행가능성을 높이게 될 것이다. 앞서 해외사례의 분석(제3장)에서는 기후·에너지 정책에 대한 입법 과정에서 광범위한 의견 수렴 절차를 진행하고 있는 프랑스 등의 사례를 살펴보았다. 기후 위기에 대한 시민의 요구가 높아짐에 따라 광범위한 시민 참여의 실험은 영국, 독일로 확대되었다. 여기서 등장하는 "시민의회"는 숙의적 의사결정 모델 중 하나로 분류해 볼 수 있다.

오늘날 점점 더 많은 국민이 민의의 대변자로 선출된 국회의원들이 국회에서 민의를 대변하기 보다는 당리당략에 따라, 자기 이익에 따라 행동하며 주어진 역할을 제대로 하지 못하고 있다고 생각한다. 정부 관료들 역시 시대변화를 읽지 못하고 낡은 지식으로 구태의연하게 행정을 추진할 뿐만 아니라, 시민의 목소리보다는 강력한 이익집단들의 목소리가 정치인이나 관료들에게 더 잘 통한다고 느낀다. 그간 고수해 온 대의제와 관료제가 많은 한계를 가지고 있다는 인식이 널리 공유되고 있는 것이다.[8] 이러한 가운데 최근 주목받고 있는 숙의민주주의(deliberative democracy)[9]는 평범한 시민의 자유롭고 평등한 참여와 토론을 통해 도출된 건전한 판단이 정부정책 결정의 바탕이 되어야 한다고 주장하는 이념이다. 숙의민주주의는 국민에게 큰 영향을 미치는 의사결정에서 정부나 이해당사자들보다는 일반 시민이 더 주도적인 역할을 해야 한다는 생각에 기초하고 있다. 시민들 간의 합리적이고 개방적인 토론을 통해 보다 좋은 정책 결정이 내려질 수 있고, 그 과정을 통해 시민의식이 함양되고 정책의 실효성이 담보될 수 있다는 것이다. 이러한 숙의민주주의의 이념을 실현하기 위해 고안된 제도적 설계를 숙의적 의사결정 모델이라고 칭한다.[10]

이에 따라 합의회의, 시민배심제, 공론조사 등 다양한 형태의 의사결정 모델의 도입 시도가 전 세계적으로 이루어져 왔다.[11] 최근에

---

8) 박형준, 「규제협상의 적용방안에 관한 연구」, 한국행정연구원, 2007. 12, 6면.
9) "deliberative democracy"에 대해 1980년 조셉 베세트(Joseph M. Besette)는 "의사결정의 핵심적 과정으로 폭넓고 개방된 공적 논의를 취하는 민주주의의 형식"을 deliverative democracy로 정의했다. 이후 소위 '대표제의 위기'가 심각하게 인식되었던 1990년대에 세계 정치학계에서는 롤스, 하버마스, 코헨, 엘스터, 드라이젝, 구트만과 톰슨, 피시킨 등 많은 연구자들이 deliberative democracy에 대해 관심을 기울였다. 2000년대를 전후하여 한국에서도 민주주의의 질적 향상을 위해 숙의민주주의에 대한 관심과 논의가 시작되었는데, 심의민주주의, 토의민주주의, 참여민주주의, 직접민주주의 등 다양한 번역가 사용되지만 현재는 deliberative democracy를 '숙의민주주의'로 번역하는 것이 압도적인 다수로 판단된다(이관후, Deliberative Democracy의 한국적 수용과 시민의회: 숙의, 심의, 토의라는 번역을 중심으로, 현대정치연구, 제11권 제1호, 2018. 4.).
10) 박형준, 앞의 보고서, 7면.
11) 조희정, "시민참여제와 민주주의: 합의회의와 공론화위원회를 중심으로", 시민과세계 통권 32호, 2018. 6.

는 '추첨'에 기반한 새로운 형식의 의회로 시민의회(citizen assembly)
가 등장하여 가장 급진적이면서도 민주적인 잠재성을 지닌 모델로
각광받아왔다. 2004년 캐나다 온타리오(Ontario)주와 네덜란드 시민
의회(civic forum)가 선거법 개정이라는 의제를 가지고 운영되었으며,
2009년 아이슬란드, 2012년과 2016년 아일랜드 헌법 개정을 위해 운
영된 것을 비롯하여 2019년 프랑스, 2020년에는 영국과 독일에서 기
후변화를 의제로 한 시민의회가 각각 소집되었다.12)

[표 17] 숙의적 의사결정 모델의 유형과 특징

구분	갈등의 성격	갈등의 범위	이해 당사자	대표성/숙의성
합의회의	가치갈등	전국적, 지역적	전국민	대표성 낮고? 숙의성 높음
시민배심제	가치갈등	전국적, 지역적	전국민	무작위 추출을 원칙으로 하나, 대표성 요건은 갖추지 못함
시나리오 워크숍	가치갈등 이해갈등	지역적	지역민	설계에 따라 숙의성을 높일 수 있음
규제협상	이해갈등	전국적, 지역적	특정인	
공론조사	가치갈등 이해갈등	전국적, 지역적	전국민	대표성 높고 숙의성 낮음?

출처: 신고리 5·6호기 공론화위원회, 「숙의와 경청, 그 여정의 기록: 신고리 5·6호기 공론화 백서」, 2018. 1. 12. 95면

---

12) 부설준(2021)은 시민의회를 추첨을 통해 선발된 시민들이 참여하는 의사
결정 제도로 정의하고 이러한 '미니공중'을 통하여 결국 정책 결정이 이루
어진다면 미니공중은 더 큰 정당성의 기준을 요구받게 되는데, 캐나다, 네
덜란드, 아일랜드, 벨기에 등에서 이루어진 시민의회 사례에 대한 분석을
통해 시민의회 제도의 과학적 설계를 통해 미니공중 내부의 대표성과 숙
의성을 담보하는 '규범적 정당성'을 넘어서 미니공중 외부의 시민으로부
터 '인지적 정당성'을 확보해야 한다고 주장한다. (부설준, 미니공중의 정
당성에 대한 연구: 시민의회의 사례 비교 분석, 서울대학교(정치학석사 학
위논문), 2012. 2.). 이렇게 숙의적 의사결정 모델의 성공적 설계를 위한 고
민이 필요하며, 이러한 주제는 후속적인 연구 주제로 남겨두기로 한다.

한국의 경우에도 국민참여단을 통한 '숙의(deliberation)'에 기반한 의사결정 방법론이 2017년 신고리 5·6호기 공사 중단과 관련해 도입된 이래로 숙의적 의사결정 모델의 활용이 관심의 대상이 되고 있다.[13] 2050 탄소중립 시나리오와 관련하여서도 '탄소중립 시민회의'를 출범하여 국민 의견수렴을 진행하기도 했다.[14]

앞으로 국가 온실가스 감축정책의 결정 과정에서도 정부 주도로 모든 것이 정해진 뒤에 이루어지는 단순한 여론조사나 형식적인 공청회가 아니라 과학적 근거를 바탕으로 가능한 한 많은 시민이 관심을 가지고 정책 결정 과정의 초기부터 참여할 수 있도록 다양한 시민참여 제도의 활용을 확대할 필요가 있다. 다만 숙의적 의사결정 모델의 활용은 사회적 합의 도출에 기여한다는 점에서는 긍정적으로 평가할 수 있지만, 대의민주주의 제도 내에서 숙의민주주의 수용이 얼마나 가능한 것인지, 실질적인 시민 참여를 이루어낼 수 있는지 등과 관련한 근본적인 문제 제기에서부터 현실적으로 공론조사, 합의회의, 시민의회 등의 구현 과정에서 구성되는 시민참여단의 대표성, 시민대표에 대한 정보 제공, 숙의 과정의 폭과 깊이 등에 관한 현실적인 문제 제기가 다수 존재한다. 특히 대의민주주의와 관료제의 한계를 보완할 수 있더라도 이익집단의 영향에는 더 무력하다는 비판도 존재하는 만큼 제도 설계에서 주의를 요한다. 다원주의의 틀 안에서는 오히려 더 강력하고 잘 조직된 이익집단이 정책 결정 과정에서 오히려 더 큰 힘을 발휘할 수 있는 가능성도 존재하기 때문이다.[15] 숙의민주주의 절차의 설계에서도 투명하고 공정한 절차 운영

---

13) 서복경, 한국 정치는 '숙의형 조사'를 어떻게 변형시켰나: '신고리 5·6호기', '대통령 개헌안', '대입제도 개편안' 사례를 중심으로, 시민과세계, 통권 33호, 2018, 2면.
14) 2050 탄소중립위원회, "탄소중립위, 세 가지 종류의 탄소중립 시나리오 초안 공개" (보도자료), 2021. 8. 7.
15) 박형준, 앞의 보고서, 8면.

이 무엇보다 중요한 이유다.

이러한 시민 참여 기반의 투명하고 공정한 정책 결정 절차 구축을 위해 가장 기초적으로 필요한 것이 바로 정보 공개이다. 감축목표 달성을 위해 필요한 정책 결정을 위해서는 주어진 감축목표를 놓고 여러 가지 정책 수단의 온실가스 감축 잠재량, 감축 한계비용 등을 고려해 과학적 측면에서 감축 시나리오를 작성하는 후방 분석(backcasting approach)을 통해 에너지 시스템의 재구성을 제안하는 방안 등을 고려해 볼 수 있다.16) 그러나 앞서 사례 연구(제4장)에서 확인했듯이 온실가스 감축 행동을 담당하는 유관 부처에서 감축정책 결정을 위해 필수적인 정보를 공개하지 않을 경우에는 국가 경제 전체적으로 가장 효율성이 높은 감축 대안이 무엇인지 분석하는 것이 어려워질 수밖에 없다. 숙의적 의사결정 모델을 도입하더라도 실효성있는 정책 대안의 도출을 위해서는 온실가스 감축 현황과 감축 잠재량, 주요 정책 수단의 시행 효과 등에 대해 투명하게 정보 공개가 이루어지고, 여러 이해관계자가 이해 가능한 형태로 제시될 수 있어야 할 것이다.

---

16) 박년배, 선진국의 2050년 온실가스 저감 시나리오에 관한 연구 동향과 시사점, 환경정책연구, 제5권 제3호, 2006, 72면; 이상엽, 김대수, 정예민, 「에너지전환을 고려한 중장기(2050) 국가 온실가스 감축전략」, 한국환경정책·평가연구원, 기후환경정책연구 2018-01, 2018 등 참조.

제 3 절 기후위기 대응을 위한 제언

제 1 항 기후위기 대응법제의 개선

탄소중립 사회로의 이행은 사회경제구조 전반의 근본적인 변화를 요하는 만만치 않은 과업이다. 새로운 목표에 맞추어 기존의 정부 조직과 정책을 변화시켜야 하며, 민간의 사업구조와 투자 관행, 생활양식 역시 변화해야 한다. 탄소중립 목표와 이행 체계를 법률로 정하는 것이 중요한 이유다. 한국에서는 1999년 환경부의 지구온난화방지대책법안 제정 추진을 시작으로 기후변화 관련 입법이 꾸준히 시도되었으나 초기에는 기후변화 이슈에 대한 관심 부족, 부처 간 이견과 산업계의 반대 등으로 법률 제정이라는 결실로 이어지지 못하였다.[17] 국제 무대에서 한국의 감축의무 부담 여부가 첨예한 관심사로 대두되던 2010년 1월 「저탄소 녹색성장 기본법」이 제정되면서 동법 시행령을 통해 2020년 국가 온실가스 감축목표를 법제화하고 '기후변화대응 기본계획'의 수립·이행, 주요 감축 수단으로서 배출권거래제의 도입 등을 규정함으로써 기후변화 대응을 위한 법·정책적 기반이 처음 마련되었다.

그러나 「저탄소 녹색성장 기본법」에 대해서는 기후·에너지 정책의 조율 실패 사례에서 보듯이 융합법제로서 각종 분야를 망라하는 데 몰두한 나머지 분야 간 우선순위나 조율 방식에 관해 추상적인 원칙을 규정하는데 그쳤다는 점,[18] 각 부처가 달성해야 할 행정목표

---

17) 김이진, 이수철, 앞의 보고서, 7면.
18) 조홍식, 기후변화의 법제정-녹색성장기본법을 중심으로, 녹색성장 법제I, 법제처, 2010.

를 바탕으로 운영하는 현행 체계를 전제로 하고 있어 환경과 경제의 조화를 위한 협력이 의도한 대로 이루어지기 어려울 것이라는 점,[19] 온실가스 감축을 목적으로 한 저탄소 산업 발전을 위한 기본법 역할을 자처하고 있으나 기본적으로 '성장'에 기반을 두고 있기에 온실가스 감축목표의 이행이 중심에 있지 못하다는 점[20] 등이 지적되어 왔다. 그리고 이러한 비판을 뒷받침하듯 그간 한국의 온실가스 배출량은 꾸준히 증가해왔다.

　이러한 난점을 극복하고 기후변화 대응과 온실가스 감축이라는 정책 목표를 선명하게 가져가려는 시도로 2014년에는 기후변화대응기본법안이 새롭게 제안된 바 있다. 한명숙 의원이 대표발의한 이 법안은 기후변화법 제정을 지지하는 전국의 시민단체와 함께 당시 전국적으로 진행된 한국판 '빅 애스크(Big Ask)' 캠페인에서 시민 4만 4천여 명의 지지를 얻은 시민참여형 법안이라는 점에서 큰 의미가 있다.[21] 본 법안에서는 2020년까지 2005년 대비 4% 감축을 시작으로 2050년까지 50~80% 감축한다는 국가 온실가스 감축목표를 법에 명시하고, 목표 달성을 위한 5년 단위 국가계획을 설정하면 이에 대해 중앙 행정부처와 지방자치단체가 연차별 시행계획을 작성하고, 다음 계획 작성 시 직전 계획에 대한 실적 및 평가를 의무화하며, 이러한 온실가스 감축정책을 이끌어갈 수 있도록 대통령 직속의 기후변화위원회를 설치하는 등의 내용을 포함하였다.[22] 그러나 「저탄소 녹색성장 기본법」, 「지속가능발전법」과의 관계 설정 등이 문제가 되면

---

19) 현준원, 저탄소 녹색성장 분야의 법제적 성과와 과제, 2012년 녹색성장 법제 연구논문집, 법제처, 2012.

20) 김홍균, 신기후변화체제(파리협정)의 평가와 그 대응, 환경법연구, 제39권 제2호, 2017, 221면.

21) 한명숙의원실, "한명숙의원, 기후변화대응기본법 대표발의" (보도자료), 2014. 11. 5, https://ecoarchive.org/items/show/22902 (최종접속일: 2021. 3. 14).

22) 2014. 11. 5. 한명숙의원 대표발의안(의안번호: 제1912312호).

서 국회에서 제대로 논의가 이루어지지 못하였고, 제19대 국회의 임기만료로 그대로 폐기되었다.

2020년도 한 해에는 그린 뉴딜, 2050년 국가 온실가스 감축목표 등에 대한 논의가 활발히 이루어지면서 '저탄소 녹색성장'에서 한 걸음 더 나아가 '기후위기 대응', '녹색전환', '탈탄소사회로의 이행' 등의 관점에서 한층 더 적극적이고 진일보한 기후 대응을 표방하는 입법안의 제출이 활발하게 이루어졌다.

[표 18] 21대 국회 기후위기 관련 법안 발의 현황

법안명	발의	발의일	주요 내용
탈탄소사회로의 정의로운 전환을 위한 그린뉴딜정책 특별법안	심상정의원 등 10인	'20. 8. 4.	2050 탄소중립 목표 법제화, 대통령 소속 그린뉴딜정책특위 설치 등
기후위기 대응을 위한 탈탄소사회 이행 기본법안	이소영의원 등 46인	'20.11.11.	2050 탄소중립, 대통령 소속 국가기후위기위원회, 기후위기 대응기금, 정의로운전환 지원 등
기후위기대응법안	안호영의원 등 17인	'20.12. 1.	부문별 감축목표, 탄소예산 도입, 국무총리 소속 위원회, 기후변화영향평가 등
기후위기대응 기본법안	유의동의원 등 28인	'20.12.18.	2050 탄소중립, 2030 '17년 대비 22.4% 감축, 국무총리 소속 위원회, 기후위기영향평가, 대응기금 등
지속가능한 사회를 위한 녹색전환 기본법안	한정애의원 등 52인	'20.12.18.	대통령 소속 지속가능발전을 위한 녹색전환 국가위원회, 녹색전환 기본계획/추진계획 수립 등
기후위기 대응과 정의로운 녹색전환을 위한 기본법안	강은미의원 등 10인	'21. 4.23.	2050 이전 탄소중립/2030 50% 이상 감축('10년 대비), 대통령 소속 위원회, 정의로운전환 기본계획 등
탄소중립 녹색성장 기본법안	임이자의원 등 11인	'21. 6.16.	2050 탄소중립 목표, 대통령 소속 탄소중립녹색성장위원회, 공정전환지원센터 등
기후위기대응 및 탄소중립 이행에 관한 기본법안	이수진의원 등 15인	'21. 6.18.	2050 탄소중립/2030 50% 이상 감축('17년 대비), 대통령 소속 탄소중립위원회, 온실가스배출세 도입 등

[표 19] 21대 국회 제안된 기후위기 관련 주요 법안 비교 분석

구분	이소영의원안	안호영의원안	유의동의원안	강은미의원안	임이자의원안	이수진의원안
온실가스 감축목표	2050 탄소중립, 부문별 목표 2030 (위임)	2050 탄소중립, 중장기 목표 5년 단위 부문별 설정	2050 탄소중립, 2030 목표 2025년부터 매 5년마다 탄소예산 설정	2050 이전 탄소중립, 2030년 목표	2050 탄소중립 중장기 목표	2050 탄소중립 목표 2030 10년단위 목표/ 부문별 연도별목표
감축목표 실제적 규율	파리협정에 따른 진전의 원칙 준수		이전목표보다 가장 높은 의욕 수준 반영(진전의 원칙)	파리협정에 따른 진전의 원칙 준수		
감축목표 절차적 규율		공청회 개최 및 절과 반영 위원회 심의, 국무회의 의결로 확정			국민, 사업자의 의견 청취	중장기/부문별/연도별 목표 변경시 공청회 개최 및 반영
이행 성과 평가	2030 목표는 매년, 2050 목표는 5년마다 목표 부문별 연도별 목표 미달성 시 위원회의 지침계획 제출 위원회의 연차보고서 국회제출·공표	환경부장관이 매년점검, 위원회 심의 후 결과 공개 부문별 탄소예산 기준 5년단위 평가 시행	5년목표 달성을 위한 국가종합계획의 연차별 시행계획 수립 정부의 매년 실적 평가 다음 연도 계획 반영	2050 목표는 5년마다 목표 제검토 10년 목표와 누적배출량 매년 제검토 위원장이 국가전략 등의 이행사항 점검·평가	중장기 목표는 5년마다 제검토 정부가 국가전략의 이행 성과 매년 점검·평가, 평가결과에 대해 위원회 심의 후 공개	중장기 목표는 5년마다 제검토 위원회는 탄소중립기본계획 등 이행현황 매년 점검·평가
법부처 위원회	대통령 소속 국가기후위원회 (중앙행정기관, 9인 중 4인 비상임)	기후위기대응위원회 (위원장: 국무총리, 25인 이하, 민간 과반수)	국가기후위기대응위원회 (국무총리+민간공동위원장, 25인 이하, 민간 과반수)	대통령 소속 탄소사회화위원회 (중앙행정기관, 15인 중 3인 상임, 이해관계자대표 반영)	대통령 소속 탄소중립녹색성장위원회 (국무총리+민간 공동위원장, 50인 이하, 민간 과반수)	대통령 소속 탄소중립위원회 (국무총리+민간 공동위원장, 50인 이하, 민간 과반수)
민간 참여	전문위원회		전문위원회(민간전문가 참여 명시)		사무처에 전문가 임용	

이 법안들은 공통적으로 2050년까지 탄소중립 목표를 법률에 명시하고, 탄소예산의 개념을 도입하거나, 사후평가를 강화하는 방식으로 온실가스 감축을 실질적으로 촉진할 수 있는 평가체계를 제안하였으며, 관련 부처 간의 대립되는 이해관계를 조율하는 매커니즘으로 범부처 위원회의 운영 등을 제안했다는 점에서 한층 진일보한 측면이 있다(이전 표23)).

그리고 이렇게 제출된 법안들을 바탕으로 2021년 9월 24일 「기후위기 대응을 위한 탄소중립·녹색성장 기본법」(이하 '탄소중립기본법')이 제정되어 「저탄소 녹색성장 기본법」을 대체하는 새로운 기후기본법이 제정되었다. 탄소중립기본법은 "2050년까지 탄소중립을 목표로 하여 탄소중립 사회로 이행하고 환경과 경제의 조화로운 발전을 도모하는 것을 국가비전으로 한다"는 것을 법에 명시하였고(제7조 제1항), 2030년 국가 온실가스 감축목표와 같은 중장기 온실가스 감축목표의 수립과 관련하여 보다 구체적인 가이드라인을 제시하고자 했다(제8조). 대통령 소속 2050 탄소중립녹색성장위원회(제15조)을 설치하고, 위원회를 중심으로 온실가스 감축 성과에 대한 현황점검을 매년 실시하고, 그 결과를 공개하도록 하는 등(제9조) 온실가스 감축 목표의 이행과 관련한 사항과 정보 공개에 관한 사항을 새롭게 규율하였다. 그러나 여전히 기후 정책 목표 수립과 관련한 실체적·절차적 규율, 기후 정책의 과학적 기반 확충, 부처 간의 이해관계 조율 등을 위한 세부적인 규율은 물론이고, 외부 전문가와 시민참여 통로 마련 등에 있어 부족한 점이 관찰된다. 본 연구에서는 앞선 논의 결과를 반영해 다음과 같은 점을 제안하고자 한다.

첫째, 국가 온실가스 감축목표 관련 실체적 요건의 규율을 강화

---

23) 발의된 기후위기 관련 법안중 심상정의원안과 한정애의원안의 경우 온실가스 감축에 관한 사항을 직접적으로 규율하고 있지 않아 비교 분석의 범위에서 제외하였다.

할 필요가 있다. 현행 탄소중립기본법은 중장기목표등의 수립에 있어 파리협정 제4조의 진전의 원칙을 준수할 것을 요구(제8조 제4항)하는 등 과거 저탄소녹색성장기본법 보다 한단계 더 발전된 형태를 취하고 있다. 여기서 한발 더 나아가 독일 연방기후보호법의 사례에서 보듯 파리협정의 온도 목표 준수 등을 법의 목표에 명시하는 등 국가 온실가스 감축목표 수립 시 전 세계적으로 남은 탄소예산을 고려해 의욕적인 수준의 감축목표가 설정되도록 촉구해나갈 필요가 있다.

둘째, 국가 중장기 온실가스 감축목표 선정은 물론이고 감축전략 수립과 관련한 절차적 규율이 강화될 필요가 있다. 탄소중립기본법에 따르면, "정부는 중장기감축목표등을 설정·변경하는 경우에는 공청회 개최 등을 통하여 관계 전문가나 이해관계자 등의 의견을 듣고 이를 반영하도록 노력하여야" 하고(제8조 제6항), 국가비전 및 중장기감축목표등의 설정 등에 관한 사항, 국가전략의 수립·변경에 관한 사항을 2050 탄소중립녹색성장위원회의 심의·의결 사항의 하나로 정하고 있으나(제16조), 정부 주도하에 온실가스 감축정책의 내용이 대부분 결정된 이후에 외부 전문가의 검토를 거치거나, 단순히 의견을 청취하는 방법으로는 의욕적인 감축목표의 선정은 물론이고, 감축목표의 이행에 필요한 사회적 공감대 형성이 어렵다는 점을 우리는 반복적으로 확인한 바 있다. 감축목표는 물론이고 탄소예산의 설정 단계부터 전문가위원회의 역할이 시작되는 영국과 독일 등의 사례를 참고하여 온실가스 감축목표의 수립 단계에서부터 파리협정에 전 세계가 합의한 온도목표에서 요구되는 감축 수준, 사회경제적 영향에 대한 과학적 분석 등을 바탕으로 기존의 산업적·경제적·사회적 이해관계에서 독립된 전문가들의 주도하에 감축목표 초안이 마련되도록 하고 그에 대한 사회적 의견수렴이 제대로 진행될 수 있도록 할 필요가 있다. 또한 감축목표 이행 수단과 관련한 결정에 있어서는 이미 전 세계적으로 확대되고 있는 기후변화를 의제로 한 시민의회(citizen's assembly) 사례 등을 고려해 일반시민의 참여와 충분한 토론, 의견 수렴을 통해 정책 대안을 도출할 수 있도록 새로운 정책수립 절차의 고안이 필요하다.

셋째, 국가 온실가스 감축목표의 이행과 점검 체계에 대한 보다 세밀한 규율과 함께 확실한 감축을 담보하기 위한 조치들이 강화되어야 한다. 탄소중립기본법은 2050년 탄소중립을 장기 목표로 설정하고(제7조), 2030년 배출량 목표를 중간목표로 설정한 후(제8조 제1항) 목표 달성을 위해 산업, 건물, 수송, 발전, 폐기물 등 부문별 목표를 설정하는 것은 물론(동조 제2항), 각 부문에 대한 연도별 감축목표(동조 제3항)를 정하도록 했다. 뿐만 아니라 감축목표의 이행현황 점검에 대한 사항도 규율하고 있는데 2050 탄소중립녹색성장위원회 위원장이 연도별 감축목표의 이행현황을 매년 점검하고 목표달성 여부, 부진사항 및 개선사항 등을 담은 결과보고서를 작성하여 공개하도록 하는 한편(제9조 제1항, 제2항), 배출 실적이 이행계획에 부합하지 않는 경우 해당 부문의 업무를 관장하는 행정기관의 장에게 배출 저감 계획을 작성해 위원회에 제출할 것을 요구하고 있다(제9조 제3항). 위원회는 이러한 감축 성과를 포함한 국가 탄소중립기본계획의 추진상황 점검결과를 국회에 보고해야 한다(제78조 제3항). 이러한 현황점검과 국회 보고 절차는 정부 내 유관 부처의 감축 책임을 촉진하기 위한 장치는 될 수 있겠으나 추가적인 감축을 담보할 수 있을지에 대해서는 여전히 의문이 있다. 독일 탄소중립기본법 사례와 같이 목표한 만큼의 감축이 이루어지지 않았을 경우 추가 감축해야 할 의무 등을 법률에 규정하는 것을 고려해 볼 필요가 있다.

또한, 국가 온실가스 감축목표의 이행과 관련하여서도 계속적인 감축을 담보하기 위한 조치가 필요하다. 탄소중립기본법의 통과로 폐기된 기존 법률안 중에서 '기후위기대응법안'(안호영의원 대표발의)은 국가 온실가스 감축목표와 부문별 감축목표를 달성할 수 있도록 탄소예산을 설정한다는 규정을 두어(동법률안 제17조 제3항) 탄소예산 제도의 도입을 규정한 바 있다. 해당안은 5년 단위의 탄소예산이 설정되면 정부는 일정 기간 동안 발생한 부문별 순배출량이 탄소예산을 넘지 않도록 노력해야 하며(동조 제7항), 배출량이 탄소예산을 초과했을 경우 해당 부분을 차기 탄소예산에서 공제하도록 규정하였다(동조 제8항). 이렇게 5년 단위 탄소예산 제약을 설정하고, 그 성과를 점검하여 부족할 경우 차기에 더 감축하도록 하는 조치등을 도입하는 것은 그간의 실패를 만회할 수 있는 기회를 다시 제공하는 것임은 물론이고, 확실한 감축과 함께 온실가스 감축이 목표로 하는 온도 목표의 달성을 담보할 수 있다는 점에서 장점이 있다.

넷째, 온실가스 감축정책을 관장하는 최고 의사결정기구의 위상과 역할을 강화해야 한다. 현재 탄소중립기본법에서 규정하고 있는 위원회의 형태는 지난 10여년 간 운영되어 온 녹색성장위원회 또는 지속가능발전위원회의 형태를 그대로 답습하였다. 그간 기후 정책의 시행 경과를 생각할 때 부문별 온실가스 감축목표의 설정부터 이행실적 평가까지 부처 간 입장 차이를 조정하고, 이행을 촉진하기 위해서는 개별 부처의 이해관계에서 독립된 중재자 또는 감독자의 역할이 무척 중요하다는 점, 기후 정책 목표의 수립과 이행 성과의 모니터링에 기후과학, 경제학, 환경학은 물론이고 전 세계적인 대응 동향과 같은 전문적인 지식이 요구된다는 점, 많은 국가에서 '2050 탄소중립'이라는 도전적이고 장기적인 목표의 이행을 위해 정부 관료가 아닌 외부 전문가들의 역량을 활용하고자 전문가위원회를 적극적으로 활용하고 있다는 점을 고려할 때 한국 역시 이러한 민간의 전문가들이 대거 참여하면서도 정책 결정 과정에 있어 실질적인 위상을 유지할 수 있도록 위원회의 위상을 강화할 필요가 있다.

제 2 항 온실가스 감축정책의 추진 방향

국가 온실가스 감축목표의 수립 절차에 대한 실체적, 절차적 규율을 강화함으로써 기후과학에 기반해 미래 지향적인 관점에서 국가 온실가스 감축목표를 도출하고, 이를 바탕으로 현재의 이해관계를 뛰어넘어 감축목표가 잘 이행될 수 있도록 점검하고 촉진하는 이행 체계를 갖추며, 감축 정책의 결정 과정에서 시민 참여 절차 등을 통해 시민의 관심과 참여를 유도하는 것은 정치적 과정을 통해 결정된 국가 온실가스 감축목표와 관련 정책이 시민의 선호를 충분히 반영하여 최적의 수준에서 결정될 수 있도록 하려는 노력의 일환으로 볼 수 있다. 공공선택이론은 이렇게 결정된 온실가스 감축목표 이행 체계가 현실에서 제대로 작동해 온실가스 감축이라는 성과로 이어지기 위해서는 전 구성원의 온실가스 감축 행동을 끌어낼 수 있는 유인체계가 제대로 작동하도록 관련 정책의 뒷받침이 필요하다는 점 역시 시사한다.

이러한 유인체계 구축을 위해서는 우선 적극적으로 탄소배출비용과 같은 외부비용의 내부화를 추진할 필요가 있다. 온실가스 감축을 위해 한국이 도입한 대표적인 정책 수단은 바로 배출권거래제이다. 그러나 앞서 살펴본 바와 같이 배출권거래제는 많은 규제 비용을 수반해 왔으며 온실가스 감축이라는 성과 창출에도 실패하고 있다. 이는 그간 온실가스 배출권의 대부분을 무상할당하고 배출권거래비용을 전력시장에 반영하지 않은 데서 충분히 예견된 결과다. 앞으로도 제3기 배출권거래제 시행계획에 따르더라도 단기간에 커다란 제도적 개선을 기대하기 어려운 상황에 있다. 그러한 점에서 탄소배출 비용의 내부화를 위한 정책적 조치로 탄소세와 같이 일정수준 이상의 탄소비용 지불을 강제하는 제도의 도입을 검토할 필요가 있다.[24]

탄소세는 온실가스 배출행위의 사회적 한계비용과 개별적 한계비용 간의 차이에 해당하는 만큼의 세금을 화석연료에 부과하는 가격정책이다. 배출권거래제의 경우에는 정부가 환경목표에 부합하는 배출권을 일정 범위의 배출자들에게 발행하고 배출자는 배출권을 할당받거나 구입해 보유 배출권의 범위 안에서만 오염물질을 배출할 수 있게 하므로, 일부 배출자들에게만 추가적인 부담이 주어지게 되고, 이들이 주로 감축 행동에 나설 것으로 기대된다. 이와 달리 탄소세는 이산화탄소를 배출하는 모든 주체에 부과할 수 있으므로 가정, 상업 부문 등 소규모 배출자의 참여가 가능하다. 또한 에너지 가격 등에 대해 가격 확실성을 부여함으로써 저탄소 투자의 전망에 대한 불확실성을 제거할 수 있다. 탄소세를 통해 새로운 세수 확보가 가능하므로 탄소세 시행으로 새로운 부담을 안게 되는 저소득층을 지원하거나, 친환경에너지를 촉진하는 데 활용 가능한 재원이 확보된다. 많은 경제학자가 보다 단순하고 투명하며, 효율적이라는 점에서 탄소세가 배출권거래제보다 우월하다고 평가해 왔다.[25] 한국은

---

[24] 최근 탄소세법안·탄소세의배당에관한법률안(2021. 3. 12. 용혜인의원 대표발의), 교통·에너지·환경세법 전부개정법률안(2021. 6. 21. 장혜영의원 대표발의) 등 탄소세법안이 잇따라 발의되었다. 기후위기 대응을 위한 기본법 형태로 발의된 법안 중 가장 최근에 발의된 기후위기대응및탄소중립이행에관한기본법률안(2021. 6. 18. 이수진의원 대표발의)의 경우에는 '온실가스배출세' 도입 근거 조항을 포함하고 있다. 발의된 법안들은 유연탄, 무연탄, 중유, LNG 등 화석연료를 모두 과세 대상으로 하고, 이산화탄소 톤당 탄소가격을 부과해 (장혜영의원안의 경우 이산화탄소톤당 50~100 USD를 제안하였다) 이로 인한 추가 세수를 전 국민에게 공정하게 배당하거나, 산업구조의 변화와 에너지 가격 상승 등으로 피해를 보는 취약 계층에 대한 특별지원에 사용할 것을 제안하였다.

[25] 딘 칼란(Dean Karlan) & 조너선 모두크(Jonathan Morduch), 성효용 외 옮김, (현실을 담은) 경제학원론, 2017, 529면; Steven F. Hayward, Kenneth P. Green, Kevin A. Hasset, 「Climate change: caps vs. taxes」, Environmental Policy Outlook, No. 2, June 2007 등 참조.

물론 유럽에서 지금까지 운영되어 온 배출권거래제의 효과에 관한
실증연구 결과를 보더라도 배출권거래제가 탄소세보다 효과가 느리
고 불확실성이 크다는 평가가 지배적이다.[26]

다음으로 탄소세 도입과 같은 온실가스 배출비용의 증가가 제대
로 시장에 반영될 수 있도록 가격경쟁이 제대로 이루어지는 전력시
장 구조를 고안해 낼 필요가 있다. 국제에너지기구(IEA)는 저탄소 전
력시스템으로의 전환에 관한 전 세계 동향을 분석한 결과를 바탕으
로 대규모 발전소에서 수요처까지 한 방향으로 전력을 공급하던 기
존의 시스템이 계속 고수된다면 새로운 저탄소 에너지원이 들어설
자리가 없다며, 저탄소 전력 시스템으로의 전환을 위해서는 산업구
조와 시장, 규제의 재설계가 필요하다는 점을 강조한 바 있다.[27] 공
기업 발전소는 물론이고, 민자석탄발전사업에도 총괄 원가를 보장
하는 현행 전력시장운영규칙은 적극적인 온실가스 감축정책이 도입
되면 도태될 수밖에 없는 석탄발전소의 수명을 늘이는 보험 역할을
하고 있다. 이러한 전력시장의 규칙들이 한국경제의 탈탄소화 목표
에 부합하는 것인지 총괄적으로 검토되고 개선되어야 한다.

궁극적으로는 온실가스 감축을 통해 산업경쟁력은 물론이고 국
가경쟁력을 확보할 수 있도록 생태적 근대화 전략과 같은 사회경제
적 구조 개선을 위한 전략 등이 요구된다. 유럽 국가들은 1970년대
와 80년대에 환경정책에 자주 활용되었던 명령통제적 규제(command
and control-based regulation)에서 벗어나 환경세와 배출권거래제 등
경제적 유인에 기초한(incentive-based) 정책 수단을 도입했고, 이를

---

26) Brian Andrew, Market failure, government failure and externalities in climate
change mitigation: The case for a carbon tax, *Public Administration and
Development*, December 28, 2008, 393.

27) IEA, 「Re-powering Markets - Market design and regulation during the transition
to low-carbon power systems」, 2016, 35.

통해 최근에는 온실가스 감축과 경제성장이라는 목표를 동시에 이루어 내고 있다. 1990~2018년 동안 유럽연합 경제규모는 61% 증가했으나 온실가스 배출량은 23% 감소한 것이다.[28] 이러한 성과의 이념적 기초로 자주 거론되는 것이 생태적 근대화론(ecological modernization)이다. 생태적 근대화론은 환경문제는 자본주의 정치경제를 환경적으로 좀 더 건전한 수준으로 재구성함으로써 풀 수 있으며, 반근대화(anti-modernization)나 과거로의 회귀가 아니라 정치·경제·사회·문화를 환경을 중심으로 한층 더 근대화함으로써 그러한 문제를 해결할 수 있다고 보는 담론이다.[29] 환경문제는 사회생산구조와 밀접한 연관성을 지닌 문제이지만, 완전히 다른 정치경제 시스템이 필요한 방식은 아니며 생태적 한계가 실제로 존재하더라도 질적으로 다른 형태의 성장은 그와 같은 한계에 직면하지 않을 수도 있다는 것이다. 이러한 관점에서는 자본주의적 경제구조 안에서도 환경을 배려하고 강력한 내부화 조치를 취함으로써 환경개선과 경제성장이 동시에 이루어질 수 있다고 본다.[30]

만약 이렇게 온실가스 감축을 위한 기술적·정책적 대안이 존재하고, 그러한 대안을 추구하는 과정에서 경제적 부가가치가 계속 창출될 수 있다면 이러한 노선을 적극적으로 추구하는 것이 합리적 선택일 것이다. 그러나 아직 한국 사회는 이러한 생태적 근대화 전략을

28) 국회예산정책처, 「지속성장을 위한 기후변화 대응전략」, 2020, 8면
29) 이와 대비되는 입장으로 생태사회주의, 심층생태주의 등을 들 수 있다. 생태사회주의는 자본주의는 생산활동을 통해 생산의 토대가 되는 자연을 파괴하는 모순을 내포하고 있어 지속가능할 수 없다고 본다. 심층생태주의는 산업화 과정이 유발한 생태적 기술적 위험에 대한 인식을 바탕으로 인간중심주의적 관점으로부터 생태중심주의적 관점으로 전환하고 경제 활동과 사회 규제 등을 지역화하고 탈중심화할 때만 환경문제 해결의 단초가 열린다고 본다.
30) F. H. Buttel, Ecological Modernization as Social Theory, *Geoforum*, Vol. 31 Issue 1, February 2000.

현실에 구현하기 위한 노력이 본격적으로 이루어지지 못하고 있는 것으로 보인다. 2020년 7월 한국 정부는 경제위기 극복 및 지속가능한 성장의 방안으로 그린 뉴딜과 디지털 뉴딜을 양대 축으로 하는 '한국판 뉴딜 종합계획'을 발표하였다. 그린 뉴딜 분야만 살펴본다면 2025년까지 74조 4천억 원을 투입하여 그린 리모델링 등 도시·공간·생활 인프라를 녹색으로 전환(12조 1천억 원)하고, 그린에너지 정책과 친환경 모빌리티 보급을 통해 저탄소·분산형 에너지를 확산시키고(24조 4천억 원), 녹색산업의 혁신 생태계를 조성(6조 3천억 원) 하겠다는 계획이다.[31] 그러나 이러한 계획으로 인한 온실가스 저감효과가 현재 계속 건설을 용인하고 있는 대형 석탄발전소 1개소의 1년 배출량에도 못 미치는 것으로 드러나 비판의 대상이 된 바 있다. 앞으로 이러한 시도가 경제적 기회를 창출하는 것뿐만 아니라, 단기적으로 혹은 장기적으로 온실가스 감축, 탄소중립 목표의 달성이라는 성과로 이어질 수 있도록 근본적인 전략의 수정이 필요하다.

---

31) 관계부처 합동, 「한국판 뉴딜 종합계획」, 2020. 7. 14.

제 4 절 공공선택이론의 함의

공공선택이론(Public Choice Theory)은 앞서 살펴본 바와 같이 경제학적 접근 방법을 사용해 시장 이외의 사회현상을 설명하고자 하는 하나의 이론이다. 이에 따르면 선험적으로 존재하는 '공익(public interest)'이란 존재하지 않으며, 만약 정치적 사안에 대한 개인적 선호를 사회적으로 결집해내는 정치의 과정이 모든 면에서 효율적으로 작동하고 있다면 정치 과정에서 도출되는 정책의 내용이 개인 간의 자발적 거래로 발견되는 균형점에서 벗어날 이유가 없다. 외부성(externalities)의 문제가 존재하는 경우도 마찬가지이다. 이러한 경우에도 시민의 선호가 잘 표출되고 반영되는 정치 시장이라면, 강력한 내부화 조치(internalization)에 대한 시민의 요구가 정합적으로 정치과정에서 나타날 것이고 그 정치적 요구들이 선거와 투표, 입법절차, 행정위임입법의 과정을 거쳐 완전하게 반영된 정책이 만들어질 것이기 때문이다.[32]

그러나 현실적으로 정부 정책은 종종 실패로 귀결된다. 현실정치에서는 정치인의 득표극대화 추구, 정부 관료의 재량극대화 추구, 이익집단의 지대추구와 같은 현상이 원인이 되어 정부 실패를 촉발하는 현상이 꾸준히 관찰되었다. 본 연구에서는 이러한 현상이 온실가스 감축정책과 관련해서도 나타난다는 점을 확인하였다. 특정지역 혹은 특정산업의 표를 의식하거나 단기적인 인기에 영합한 정치인

---

[32] 허성욱, 규제행정의 규범적·실증적 목적으로서 경제적 효율성과 정치적 효율성: SSM 규제에 대한 효율성 분석을 중심으로, 법경제학연구, 제12권 제1호, 2015.

의 행동, 현재 부여받은 부처 소관의 업무에만 우선순위를 둔 관료
들의 행동, 느슨한 기후 정책을 통한 단기적 이익과 과거의 에너지
집약적인 시스템에서 확보한 지위를 통해 최대한의 이윤을 추구하
는 이익집단들의 행동이 종합적으로 영향을 미친 결과 기후정책과
에너지 정책과의 조율 실패의 문제로 귀결되고 있는 것이다. 이러한
사정은 정책 결정 과정에서 소외되어 합리적 무지 상태를 택하기 쉬
운 시민에게 잘 알려지지 못하고 있다. 이것이 바로 현재까지 한국
에서 온실가스 감축정책이 성과를 거두지 못한 원인이었고, 독일, 영
국, 프랑스 등에서도 기후 정책의 일시적 후퇴 또는 실패를 야기한
원인으로 생각된다.

　그렇다면 해법은 무엇일까? 정부실패의 가능성에 대한 우려와 비
판은 종종 정부 개입을 중단하고 자유시장에 근거한 경제학적 처방
을 택하자는 결론으로 성급하게 이어지기도 하며, 이는 공공선택이
론에 대한 비판을 불러오기도 한다. 그러나 공공선택이론은 사회현
상을 연구하는 하나의 접근 방법을 제안한 것일 뿐, 특정한 처방을
주장하는 이론은 아니다.33) 공공선택이론은 자유시장의 논리를 공
공부문에 적용하려는 접근 방법이라는 오해를 받곤 하는데, 이는 많
은 공공선택이론 연구자들이 정부 개입이 실패할 수밖에 없다고 주
장하기 때문이다. 그러나 공공선택이론을 적용해 정부의 실패뿐만
아니라 성공을 분석하려는 시도 역시 꾸준히 존재해 왔으며,34) 정부
실패에 대한 실증 연구가 언제나 정부 개입의 축소라는 대안으로 귀
결될 수밖에 없었던 것도 아니다.35)

---

33) 같은 취지의 논문으로 이명석, "행정학으로서의 공공선택이론", 공공선택
　의 이론과 응용, 서울:봉명, 2006, 141-166면 등 참조
34) 일례로 한국행정연구원은 지난 2010년 연구보고서를 통해 역대 정부가 추
　진해온 핵심 정책 및 국책사업을 공공선택이론을 적용해 분석하였다. 연구
　보고서에서는 정책 성공 또는 실패 사례에 대한 객관적이고 합리적인 분석
　이 가능하다는 점을 공공선택이론 채택의 이유로 들었다.

뷰캐넌이 지적했듯이 공공선택이론이 실증적인 관점을 채택한
만큼 정부 실패의 제도적 대안으로 '이상적인 시장(idealized market)'
을 상정한 것도 아니었다.36) 경제적 인간(Homo Economicus)의 가정
에 따른 공공선택이론 분석의 궁극적인 목표는 정책 시장에서 모든
행위자가 경제적 인간으로서 자기 이익 추구를 최우선에 놓고 행동
하는 경우에 도달하게 되는 결론을 예측해 제시함으로써 제도 설계
를 돕는 것이다. 다원주의의 기초에서 정책 시장 참여자의 행동과
선택을 관찰해 그 기저에 있는 참여자들의 유인 구조의 내용을 분석
해 보고, 이것이 잘 조율되어 원하는 결과를 얻을 수 있도록 그에 맞
는 유인체계(incentive mechanism)를 설계할 수 있다면 정부 규제도
얼마든지 성공할 수 있는 것이다. 이러한 점에서 공공선택이론은 정
부 실패 현상을 분석하고 대안을 모색하는 데 유용한 분석틀을 제공
한다. 같은 견지에서 크롤리는 공공선택이론의 분석 결과를 고려해
공공복리를 증진시키는 방향으로 규제 절차를 설계할 수 있으며, 이
를 통해 더 나은 규제를 만들어 내기 위해 노력할 것을 제안하기도
했다.37) 이러한 크롤리의 제안은 기후·에너지 정책 간의 조율을 위
해 정책 결정 과정에 대한 새로운 규율을 제안한 본 연구의 결과와
도 상통하는 면이 있다.

또한, 뷰캐넌에 따르면 산업별 특성에 따라 시장을 통해 창출할

---

35) 대표적인 학자 오스트롬의 경우 사회적 딜레마는 시장에서 개인의 자율적
인 선택에 의해서 해결될 수 없으며, 또한 정부 관료제에 의해서도 효율적
으로 해결될 수 없으므로 대안적인 제도적 장치가 필요하다고 설명한다
(Ostrom & Ostrom, op. cit.).

36) James M. Buchanan, "2. The Achievement and the Limits of Public Choice in
Diagnosing Government Failure and in Offering Bases for Constructive
Reform", *Anatomy of Government Deficiencies*, Berlin Heidelberg: Springer-
Verlag, 1983, 16.

37) Steven P. Croley, "An Uneasy Commitment to Regulatory Government", Regulation
and Public Interest, Princeton University Press, 2008, 4.

수 있는 가치와 정부를 통해 창출할 수 있는 가치가 달라질 수 있는
데, 이러한 논리에 따르면 특히 외부성의 문제가 존재하는 경우 정
부의 역할이 커질 수밖에 없다. 시장을 통해 문제를 해결하려면 외
부불경제를 정확히 계량해 시장에 반영하기 위해서라도 정부와 같
은 존재의 개입이 필수적이기 때문이다.[38] 결국 환경문제와 같은 해
로운 외부성의 문제나 기후위기와 같은 공공재의 위기를 해결하기
위해서는 개선된 시장 규칙, 즉 '상호합의된 바에 따른 상호강제
(mutual coercion mutually agreed upon)'를 도출해 낼 수 있는 정부의
역할이 중요하다. 개인의 합리적 선택이 사회적 합리적 선택으로 귀
결되지 않는 문제 상황에서 우리는 정부 개입을 통해서 완벽히 사회
문제를 해결할 수 있기를 기대한다.[39]

따라서 본 연구에서는 정부 개입의 축소가 아니라 정부 개입의
과정, 즉, 온실가스 감축을 위한 기후·에너지 법·정책이 도출되고 이
행되는 과정에 대한 새로운 규율을 대안으로 제안하였다. 온실가스
감축목표의 수립 과정이 특정 이익집단과 정부 관료에 의해 지배되
지 않도록 절차적·실체적 규율을 강화하고, 온실가스 감축정책을 이
행할 책임이 있는 정부 관료가 의욕적으로 감축정책의 이행에 임할
수 있도록 해당 부처에 감축 책임을 부여하도록 하며, 그 감축 성과
를 주기적으로 점검하면서, 그 전 과정을 외부에 투명하게 공개하고,
기후 법·정책의 수립에 있어 시민참여의 기회를 제공하는 것은 온실

---

38) 정부 개입이 필요최소한으로 한정되어야 한다고 주장하는 공공선택이론의
입장에서도 공공재의 생산과 공급은 종종 이러한 '필요최소한'의 범위에
포함된다. 일례로 소병희(2007년)는 국방·치안·도로·공원·사회복지와 같은
공공재의 생산과 공급과 함께, 전기·가스·수도·전화 등 자연독점사업, 각
종 자격제도와 같은 사회적 신뢰를 요하는 제도, 국민경제 수준에 비해 과
도한 자본, 비용, 위험부담사업의 경우 공공부문이 담당하는 것이 맞다고
보았다(소병희, 앞의 책(2007), 80면).
39) 허성욱, 공법의 근본개념으로서 자유와 권리, 공법연구, 제48집 제4호, 2020.

가스 감축목표의 수립과 이행을 둘러싼 정치 과정이 사회적 선호를 제대로 결집해내는 과정으로 자리매김할 수 있도록 촉진할 것이다. 그리고 이를 통해 국가 온실가스 감축이라는 성과도 기대할 수 있을 것이다.

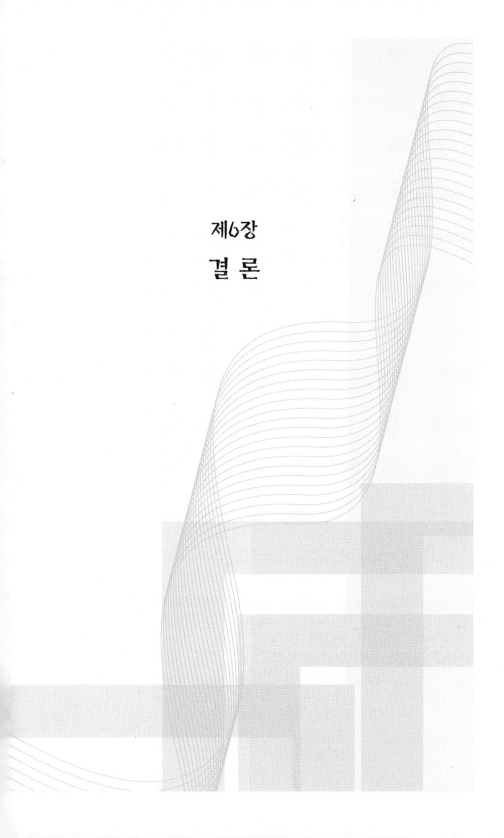

제6장

결 론

제 1 절 연구의 결과 요약

기후위기 대응을 위해 전 세계적으로 탄소집약적인 연료사용을 저감하기 위한 직접규제는 물론이고, 탄소세, 화석연료 부담금, 배출권거래제 등 온실가스 배출에 경제적 부담을 가중시키는 간접 규제와 저탄소 기술을 촉진하는 보조 정책이 확산되면서 에너지 법·정책을 변화시키고 있다. 이러한 변화는 에너지 정책의 환경정책화, 에너지 시장에 대한 정부 개입의 증가를 의미한다.

정부 개입의 증가는 필연적으로 두 가지 측면의 우려를 수반한다. 첫 번째는 비효율적인 규제이다. 기후 정책 목표에 따라 에너지 문제에 대한 규율 방식을 변화시킨다는 것은 '친환경', '탈탄소'라는 새로운 에너지 정책 목표의 실현을 위해 기존 체제에서 보장되어 온 행위자들의 자유와 권리를 제한하는 새로운 규제 도입의 성격을 지닌다. 그 과정에서 에너지 정책의 결정 과정이 가치 충돌의 장으로 변모하면서 불필요한 사회적 비용을 증가시키고 일부 이익집단의 지대추구 등과 결합해 비효율적인 규제를 낳을 가능성을 주의해야 한다. 두 번째는 정부 규제의 효과성이다. 과연 정부 규제가 당초 의도한 만큼 온실가스 감축을 가져올 수 있을 것인가, 이것만으로 인류가 직면한 기후위기에 대응하기에 충분한가 하는 질문이다.

이러한 우려는 전혀 근거가 없는 것이 아니다. 안타깝게도 전 세계적인 온실가스 감축노력에도 불구하고 온실가스 배출량은 계속 증가하고 있으며, 유엔환경계획(UNEP)에서는 현재까지 각국 정부에서 내놓은 감축목표가 모두 이행되더라도 금세기말까지 지구 평균 기온이 2.4℃에서 2.6℃ 가량 상승할 것으로 전망하고 우려하고 있다.[1] 한국의 경우만 보더라도, 2009년 국가 온실가스 감축목표를 처음으로 선언한 이래로 지속적으로 목표 대비 초과 배출하였으며, 2020년 감축목표를 1억 톤 이상 초과배출 하였다. 본 연구는 그간 한국의 온실가스 감축정책의 형성과 집행 과정에 대한 분석을 통해 이러한 온실가스 감축 실패가 기후 정책과 에너지 정책 간의 조율 실패로 인한 것임을 밝혀내고 공공선택이론에 근거한 실증적 연구를 통한 원인 분석과 처방을 시도하였다. 온실가스 감축에서 소기의 성과를 거두고 있는 국가들의 경험 역시 같은 관점에서 분석하여 보는 한편, 해당 국가의 기후위기 대응법제에 관한 분석을 통해 기후위기 시대 한국의 기후 및 에너지 법·정책의 효과적인 규율 방안에 대한 시사점을 얻고자 하였다.

본격적인 사례 연구에 앞서 제2장에서는 온실가스 감축정책 실패의 원인 규명을 위한 기본적인 분석틀의 도출을 위해 공공선택이론과 정부 실패에 관한 기존 연구를 살펴보았다. 공공선택이론은 비시장적 의사결정에 관한 경제학적 연구를 일컫는다. 실제 정책이 형성되는 과정에서 행위 주체들의 선택에 주목함으로써 특정 규제의 탄생 근거에 대해 납득할 만한 설명을 제공해 줄 수 있다. 또한 현재까지 기후정책이 규제자와 피규제자 간의 교환행위, 규제기관 내의 역학 관계에 따라 형성되어온 점을 감안할 때 현실의 문제에 대한 분석을 위한 가장 적합한 이론적 기초를 제공하는 것으로 판단되었다.

공공선택이론의 기존 연구에 따르면 정치 시장에서 다수의 일반 투표자들은 합리적 무지 상태를 선택하고, 정치인들은 득표극대화 동기, 관료들은 재량극대화 동기, 이익집단은 지대추구 동기 등에 따라 움직이기 쉽다. 따라서 정치인이나 규제기관의 행정관료들에게

---

[1] UNEP, 「Emissions Gap Report 2022」, October 2022.

효율적인 정책을 추구할 유인이 존재하지 않는 상황에서는 정부 실패가 발생할 가능성이 높다. 특히 소규모 이익집단의 조직화된 지대추구가 정부 관료와 정치인의 자기 이익과 부합하게 된다면, 일반 국민의 합리적 무지 상황에서 이익집단을 시발점으로 하여 정부 실패가 야기되는 메커니즘 역시 상정해 볼 수 있다.

이러한 공공선택이론의 선행 연구 결과를 바탕으로 이미 어느 정도 안정된 기후 및 에너지 법·정책 체계를 구축하였으며 온실가스 감축서 소기의 성과를 올리고 있는 독일, 영국, 프랑스의 기후·에너지 정책 조율 과정에서 실패와 극복 사례를 살펴보았다. 이들 국가는 모두 꾸준한 온실가스 감축의 성과를 올리고 있으나, 이들 역시 기후 및 에너지 정책 간의 조율 실패를 경험한 바 있다. 독일의 경우 2016년 한 해 동안 2050년 감축목표 이행계획을 수립하는 과정에서 탈석탄 연도의 도출에 실패하였고, 영국의 경우 2013년 에너지법 개정 과정에서 기후변화위원회 등의 권고에도 불구하고, CCS시범사업에 참여 예정인 석탄발전소, 가스발전소 등에 대해 최저탄소가격 제도의 적용을 유예하였다. 프랑스의 경우에는 기후·에너지 정책 목표의 수립과 이행 노력에도 불구하고 재생에너지의 보급이 충분히 이루어지지 않고, 원자력발전 비중이 여전히 높은 상황이 계속되자 결국 2018년 제2차 중장기 에너지계획을 통해 원자력비중 축소정책을 완화하기로 결정했다. 이러한 유럽국가들의 사례는 강력한 기후 정책 목표의 선언과 이행 노력에도 불구하고, 산업적 이해관계, 정치적 지형 등 여러 가지 요인에 따라 갈탄, 가스, 원자력과 같은 기존 에너지원으로부터 전환 결정에 어려움을 겪고 있음을 보여준다. 이러한 문제의 해결을 위한 노력은 현재진행형이다. 독일의 경우는 일정 부분 성과를 거두기도 했다. 비록 2016년에 탈석탄목표를 확정하는 데 실패했지만, 탈석탄위원회를 2018년 6월경 출범시켰고, 6개월여의 협상 끝에 2019년 1월에 탈석탄 계획을 확정한 것이다.

사례 연구의 대상 국가들은 현재 모두 '2050년 탄소중립'이라는 목표를 수립하고 이에 맞추어 새로운 기후 정책을 수립해 이를 에너지 법·정책에 반영하고자 하는 노력에 한층 더 박차를 가하고 있다. 이들 국가의 움직임에는 많은 부분에서 공통점이 존재한다. 첫째, 과학적 근거를 바탕으로 국가 온실가스 감축목표를 설정하고, 이러한 감축목표에 맞추어 에너지 부문 등 핵심 분야의 정책 목표를 구체적으로 정해 법제화하였다. 둘째, 부문별 온실가스 감축목표를 수립하고 정책의 이행 성과와 온실가스 감축량 등을 독립적인 전문가위원회의 설립을 통해 점검하고 환류하는 절차를 갖추고 있다. 셋째, 새로운 감축정책 도출에 있어, 시민의 직접 참여기회를 확대함으로써 민간의 창의적인 아이디어가 정책 결정에 반영되도록 함은 물론이고, 온실가스 감축에 필요한 사회적 합의를 구하기 위해 노력하고 있다. 이러한 유럽 국가들의 경험은 한국의 기후 및 에너지 법·정책의 규율 방안 도출에도 많은 시사점을 준다.

이러한 해외사례 검토 결과를 바탕으로 제4장에서는 한국의 기후 및 에너지 법·정책의 형성 과정을 살펴보았다. 한국의 기후 정책은 1992년 유엔기후변화협약의 성립을 계기로 논의가 시작되었으며, 오랜 기간 국제협약 대응 차원의 외교적인 문제로 간주되었다. 2002년 교토의정서 비준을 계기로 감축의무 부담과 관련한 오랜 논쟁을 거쳐 2009년 당시 정부가 자발적으로 '2020년 국가 온실가스 감축목표'를 제시하고「저탄소 녹색성장 기본법」과 관련 법·정책 체계를 갖추기 시작하면서 한국의 온실가스 감축과 기후변화 적응을 위한 정책은 본격적으로 형성되기 시작하였다.

그러나 2020년 국가 온실가스 감축목표 수립(2008~2009년) 과정부터 2030년 감축목표 결정(2015년), 최근의 2050 탄소중립 선언(2020년)에 이르기까지 기후 정책 수립 과정에 대한 분석에 따르면 국가 온실가스 감축목표의 결정은 사회적 합의를 기반으로 한 선택이었다기보다는 국가 지도자의 정치적 결단의 형태로 이루어졌다. 이는 정책 목표의 결정 과정에서 우리 구성원들의 선호가 정합적으로 반영되지 않았다는 것을 의미하며, 그만큼 도출된 온실가스 감축목표와 관련해 이행의 문제가 존재할 수 있다는 점을 시사한다.

실제로 국가 온실가스 감축목표와 같은 기후 정책 목표의 수립을 통해 한국의 기후 정책은 계속 구체화되어 왔지만, 그간 기후 정책과 에너지 정책 간의 조율은 원활하지 않았다. 본 연구에서는 이러한 조율 실패의 원인을 파악하기 위해 2010년 「저탄소 녹색성장 기본법」 제정 이후 수립된 제6차 전력수급기본계획에서의 석탄발전 설비 확대 결정(2013년), 배출권거래제법의 통과 지연과 느슨한 설계(2015년), 2030 온실가스 감축 로드맵 수정 과정에서의 전환 부문 추가 감축 수단 확정 실패(2018년)의 사례를 상세히 분석해 보았다.

그 결과, 기후 정책과 에너지 정책의 조율 실패의 근원에는 기후 정책 결정에 있어 대중의 선호를 직접 반영할 수 있는 기회가 충분히 존재하지 않은 가운데, 이를 반대하는 산업계의 선호는 이들의 적극적인 집단행동으로 과다 대표되어 있고, 온실가스 감축을 통한 새로운 성장전략의 비전이 관료 사회에 널리 공유되지 못한 상황에서 에너지 정책을 담당하는 부처 관료에게 온실가스 감축정책 이행을 위한 유인이 전혀 제공되지 않아 환경정책 부처 관료와의 정책조율이 원활하게 이루어지지 않고 있는 등 각자 고유의 재량 극대화를 추구하는 과정에서 관료실패가 발생하고 있으며, 고탄소 산업에 대한 기존의 이해관계를 바탕으로 지속적인 이윤 창출 기회를 노리는 사업자의 지대추구 행위가 원인이 되어 지대추구로 인한 규제실패 역시 나다니고 있음을 확인할 수 있었다.

이러한 분석 결과들은 기후·에너지 정책 간의 조율 실패 문제를 극복하기 위해서는 정책 목표와 수단의 결정에 있어 특정한 산업적·경제적 이해관계에 좌우되지 않게 하고, 정책 시장 참여자들이 결정된 정책 목표의 달성을 위해 움직일 수 있도록 유인 구조를 만들어 나갈 필요가 있다는 점을 시사한다. 관료 중심의 불투명한 정책 결정 과정, 이해관계 충돌을 해결할 수 있는 중재 메커니즘의 부재와 같은 정책 결정 과정의 문제 역시 해결해야 할 것이다. 이와 같은 연구결과에 따라 제5장에서는 결론적으로 기후·에너지 법·정책의 규율과 관련하여 특히 다음의 요소들을 고려할 것을 제안하였다.

우선, 온실가스 감축목표와 감축 수단의 선정에 있어 준수해야 할 실체적 요건과 절차적 요건에 대한 규율을 강화해야 한다. 2050년 탄소중립 목표 뿐만 아니라, 파리협정의 온도 목표를 감안하여 중간 목표, 부문별 목표, 연도별 목표를 정하는 것은 물론이고, 정부 주도의 절차에 따라 결론을 정한 다음 공청회 등을 통하여 의견 수렴을 진행하기 보다는 독립적 위상을 지닌 전문기구가 목표 결정 절차를 주관하는 가운데 과학적 근거를 바탕으로 도출한 감축목표와 감축정책안을 제시하도록 하고 이를 바탕으로 감축목표 설정을 위한 정부내 검토, 사회적 합의 절차를 진행하는 등 온실가스 감축 목표 체계는 물론이고 감축목표와 감축정책 수립 절차를 새롭게 설계할 필요가 있다.

이를 바탕으로 온실가스 감축정책을 이행할 책임이 있는 정부 관료가 의욕적으로 감축정책에 임할 수 있도록 유관 부처에 감축 책임을 부여하며, 감축 성과의 주기적 점검, 연간평가와 정보 공개에 관련한 사항을 세밀하게 규정하는 것은 물론이고, 부문별 감축 성과가 미진할 경우 해당 행정기관에 추가적인 감축을 요구할 수 있는 법적인 근거는 물론이고, 탄소예산의 개념을 도입하여 국가 전체의 온실가스 감축목표가 일정 수준 이내로 관리될 수 있어야 할 것이다. 이러한 이행 체계 구축과 관련하여서 전문가위원회가 주도적인 역할을 할 수 있도록 그 지위를 보다 강화해야할 것이다.

마지막으로 기후·에너지 정책의 원활한 추진을 위해서 단순한 여론조사나 형식적인 공청회가 아니라 더 많은 시민이 참여한 가운데 학습과 토론이 이루어질 수 있도록 실질적인 참여의 기회를 제공할 필요가 있다. 이러한 절차를 통해서 발생가능한 대립과 갈등을 사전에 예측하고 조율할 기회를 가질 수 있는 것은 물론이고, 정책의 이행 가능성을 높일 수 있을 것이기 때문이다.

제 2 절 연구의 의의와 한계

기후 정책과 관련하여 최근 몇 년간 한국 정부는 국내외로부터 많은 비난과 압력의 대상이 되었다. 2020년 감축목표를 선언한 후 지난 십년여의 기간 동안 전혀 감축 성과를 보이지 못하였으며, 파리협정에 따라 어쩔 수 없이 2030년 감축목표를 수립하고 국가결정기여(NDC)를 제출하였으나, 전 세계가 합의한 온도 목표에 비추어볼 때 상당히 부족한 수준에 해당했음에도 구체적인 상향계획을 내놓지 못하였고, 2050년 국가 온실가스 감축목표의 경우에도 선진국이 잇따라 탄소중립 목표를 발표한 상황에서 한국이 이행해야 할 '공정한 부담'(fair share)에 훨씬 못 미치는 75% 감축안을 최고 부담안으로 놓고 여론 수렴에 나선 탓이다. 2020년 9월에는 중국이 2060년 탄소중립을, 10월에는 일본이 2050년 탄소중립을 차례로 선언하고 나서면서 한국 정부는 더욱 궁지에 몰렸다.

2020년 10월 28일 대통령이 시정연설에서 한국도 2050년 탄소중립 달성을 목표로 나아가겠다고 선언하면서 상황이 극적으로 변화하였다. 이러한 선언의 의미를 놓고 어떠한 평가를 내릴 것인가에 대해 의견이 분분하다. 만약 본 연구의 결론에 비추어 평가한다면, 첫째, 이러한 선언의 내용이 가지는 의욕성은 높이 평가하지만, 정책 결정 과정에 있어 사회적 선호의 수렴과 소통, 설득의 과정이 미진했던 만큼 상징적인 의견 표명으로 끝날 위험이 존재하며, 둘째, 2020 온실가스 감축목표, 2030 온실가스 감축목표 선언과 같은 과거의 실패를 답습하지 않고 실효성 있는 정책 결정과 집행 과정으로 이어질 수 있도록 후속적으로 이루어질 정부 내 의견 조율과 사회적 의견 수렴의 과정이 더욱 중요하다는 점을 지적할 수 있다. 또한 2050 탄소중립 목표 달성을 위해, 한국이 가지고 있는 감축 수단은 무엇인지, 가장 효과적이고 효율적인 정책 수단은 무엇인지, 충분한 과학적 정보를 바탕으로 정부 관료와 산업계 중심의 정책 결정 절차와는 다른 투명하고 공정한 시민참여 절차를 통해 후속 목표와 계획을 내놓아야 한다는 점을 지적할 수 있을 것이다. 이러한 지점이 바로 본 연구가 기여할 수 있는 지점이다.

환경보호 주장은 많은 경우 무제한적인 보호가 어려운 것으로 치부되고, 또 다른 공적 가치를 위한다는 명분으로 이익형량의 과정을 거쳐 제한되는 경우가 많다. 그러나 본 연구에서 진행한 사례 연구의 결과는 많은 경우 이러한 '공적 가치'의 주장이 과거의 관행에서 비롯되었거나, 특정 이해관계에 따른 사적 유인에 따른 주장일 가능성이 있다는 점을 시사한다. 정부가 기후변화 대응에 진전된 처방을 내지 못하는 것이 다른 종류의 기본권 제한이나 사회적 부담 때문이 아니라, 수출산업에 대한 단기적 위축 효과에 대한 근시안적인 집착 또는 부처 고유의 위상 축소에 대한 우려, 장기적 국가이익에 대한 이해 부족, 좌초산업에 강한 이해관계를 지닌 기존 경제 세력과의 유대관계 때문이라는 점이 드러난 것이다. 이는 더 강력한 온실가스 감축정책의 필요성을 지지하는 근거가 될 수 있을 것이다.

본 연구는 1990년대부터 이루어진 한국의 온실가스 감축정책에 대한 연혁적 연구와 국내외에서 이루어지고 있는 기후·에너지 정책 간의 조율에 관한 실증적 연구, 해외 기후위기법제와 관련한 비교법 연구 등 다양한 성격을 지니고 있다. 이러한 온실가스 감축정책과 연관 분야 정책 간의 조율 문제는 환경정책의 주류화(mainstreaming), 환경정책의 통합(integration), 정책의 통일성(policy cohesion) 등의 주제와도 연관이 있다. 이러한 문제는 환경문제 해결을 위해 배출구(end-of-pipe)에서의 오염물질 처리에 몰두하기 보다는 오염물질의 발생을 원천적으로 줄이거나 예방해야 한다는 예방적 접근의 일환으로 오랫동안 환경정책의 관심사이자 해결 과제로서 관심의 대상이었다. 따라서 본 연구의 결과는 환경정책의 주류화 문제에 관한 연구에도 시사점을 줄 수 있으리라 생각된다.

그러나 국내외 사례의 분석에 있어 자료 접근이 제한된 부분이 있었고, 경험의 한계로 인한 오류 역시 일부 존재할 수 있다는 점을 부인하기 어렵다. 앞으로 후속 연구를 통해 이러한 문제를 보완하고 더욱 진전된 연구를 내놓을 수 있기를 희망한다.

참고문헌

(1) 단행본

고든 털럭(Gordon Tullock) 외, 『공공선택론: 정부 실패』, 서울:대영문화사, 2005

고든 털럭(Gordon Tullock), 황수연 역, 『지대 추구』, 부산:경성대학교 출판부, 2007

고든 털럭(Gordon Tullock), 황수연 역, 『공공재, 재분배, 그리고 지대 추구』, 부산:경성대학교 출판부, 2008

고든 털럭(Gordon Tullock), 황수연 역, 『득표동기론 II』, 부산:경성대학교 출판부, 2009

고학수, 허성욱, "제5장 1절 영국의 기후변화법과 스턴 보고서", 『경제적 효율성과 법의 지배』, 서울:박영사, 2009

극지연구소, 『북극해를 말하다』, 서울: 한국해양수산개발원, 2012

김재한 외, 『공공선택』, 서울:박영사, 2012

김태호, "독일의 기후변화 대응 법 체계-공법적 의의", 조홍식 외 편, 『기후변화와 법의 지배』, 서울:박영사, 2010, 186-208면

딘 칼란(Dean Karlan) & 조너선 모두크(Jonathan Morduch), 성효용 외 옮김, 『(현실을 담은) 경제학원론』, 2017

랜들 G. 홀콤(Randall G. Holcombe), 황수연 역, 『공공선택론: 고급 개론』, 리버티, 2019

바츨라프 스밀(Vaclav Smil), 『에너지란 무엇인가: 석유·가스·전기소비자를 위한 교양서』, 서울: 삼천리, 2011

서정민, 정지원, 박혜리, 조명환, 『신기후체제하에서 한국의 대응전략: 새로운 감축-지원 통합 메커니즘의 모색』, 서울:대외경제정책연구원, 2012

소병희, 『공공부문의 경제학』, 서울:박영사, 2004

_____, 『한국경제와 한국정치: 공공선택론적 분석』, 서울:국민대학교 출판부, 2006

_____, "공공선택론의 이해", 『공공선택의 이론과 응용』, 서울:봉명, 2006, 53-77면

_____, 정부 실패, 서울:삼성경제연구소, 2007

앤터니 다운즈(Anthony Downs), 김인권, 안도경 공역, 『민주주의 경제학 이론 (An Economic Theory of Democracy)』, 서울: 나남출판, 1997

에이먼 버틀러(Eamonn Butler), 황수연 역, 『공공선택론 입문』, 리버티, 2013

이명석, "행정학으로서의 공공선택이론", 『공공선택의 이론과 응용』, 서울·봉명, 2006

이연상, 『쉽게 풀어보는 기후변화협약』, 서울·한울, 2008

이정전, 『(경제학에서 본) 정치와 정부』, 서울·박영사, 2005

_____, "합리적인 개인 대 비합리적인 사회", 『공공선택의 이론과 응용』, 서울·봉명, 2006

제임스 뷰캐넌(James M. Buchanan), 고든 털럭(Gordon Tullock), 전상경, 황수연 공역, 『국민합의의 분석: 헌법적 민주주의의 논리적 기초(The Calculus of Consent: Logical Foundations of Constitutional Democracy)』, 서울: 시공아카데미, 1999

조홍식, "제1장 사법통치의 정당성과 한계", 『사법통치의 정당성과 한계』, 서울: 박영사, 2009

조홍식, 이재협, 허성욱, 『기후변화와 법의 지배』, 서울·박영사, 2010

조홍식 외, 『기후변화시대의 에너지 법정책』, 서울·박영사, 2013

최광, 황수연, "공공선택론의 개념적 고찰", 『공공선택의 이론과 응용』, 서울·봉명, 2006

폴 크루그먼(Paul Krugman) 외, 김재영, 박대근, 전병헌 역, 『(크루그먼의) 경제학』, 서울: 시그마프레스, 2017

홍준형, 『환경법』, 서울·박영사, 1994

Cass R. Sunstein, *After the Rights Revolution: Reconceiving the Regulatory State*, 1990

Dennis C. Mueller, *Pubic Choice III*, Cambridge University Press: 3rd edition, 2003

James M. Buchanan, "2. The Achievement and the Limits of Public Choice in Diagnosing Government Failure and in Offering Bases for Constructive Reform", *Anatomy of Government Deficiencies*, Berlin Heidelberg: Springer-Verlag, 1983

Kenneth J. Arrow, *Social Choice and Individual Values*, New Haven: Yale University Press, 2012

Mancur Olson, *The Logic of Collective Action: Public Goods and the Theory of Groups*, Cambridge, Mass.: Harvard University Press, 1965

Nicolas Stern, *The Economics of Climate Change: The Stern Review*, Cambridge
University Press, January 2007.
Steven P. Croley, "An Uneasy Commitment to Regulatory Government",
Regulation and Public Interest, Princeton University Press, 2008

(2) 논문
강윤영, "우리나라의 기후변화협약 대응 정책 및 에너지절약 시책", 「한국지
구시스템공학지」, Vol. 40, No. 3, 2003
강윤호, "한국 관료의 예산 극대화 행태: '관료제와 대의정부'의 중앙 및 지방
정부에의 적용가능성 검정", 「지방정부연구」, 제3권 제2호, 1999
권태형, "신재생에너지 지원 정책과 지대추구: 국내 발전차액지원제도와 공
급의무화제도 사례", 「행정논총」, 제53권 제2호, 2015
김공록, 김정숙, "자원외교 정책 결정과정 비교 분석: 1970년대 오일쇼크와
2008년 유가급등", 「정부행정」, 제12권, 2016
김광구, 김동영, 이선우, "화력발전소 입지 갈등해소에 관한 연구: 화력발전
소 건설동의 확보절차 개선을 중심으로", 「한국자치행정학보」, 제29
권 제1호, 2015
김동욱, 정준화, "기후변화에 대응한 정부조직 설계", 「한국행정논집」, 제23
권 제1호, 2011
김두수, "기후변화에 대한 EU의 저탄소 경제정책", 「국제경제법연구」, 제12권
제2호, 2014
김면회, "기후변화 대응의 정치경제: 독일과 프랑스의 원자력발전 정책 상이
성 탐구", 「EU연구」, 제26호, 2010
김미자, "한국과 독일 환경정치의 초기발전과정 비교", 「국제정치연구」, 제15
권 제2호, 2012
김서용, 김근식, "위험사회와 에너지 체제 전환: 에너지 선호구조 분석 및 정
책적 합의", 「행정논총」, 제54권 제2호, 2016
김성진, "파리기후체제는 효과적으로 작동할 것인가?, 「국제정치논총」, 제56
권 제2호, 2016
김유향, 기후변화법과 녹색성장법 리뷰, 「의정연구」", 제15권 제1호, 2009
김유환, "환경법규에 있어서의 규제실패와 법적 대응", 「환경법연구」, 제16권,
1994
김정완, "신행정도시 건설의 공공선택론적 분석", 「한국정책과학회보」, 제10

권 제4호, 2006

김종천, "대규모 정전사태 방지를 위한 에너지수요관리 법제도 개선 방안", 「홍익법학」, 제15권 제1호, 2014

김행범, "정부 정책에서의 지대 추구(rent-seeking)에 관한 연구", 「사회과학연구」, 제26집 제1호, 2010

김현정, 고동완, "비시장실패 이론에 의한 공공주도형 관광지 개발의 과정 분석", 「국토연구」, 2008

노준영, 강성민, 이화수, 전의찬, "초초임계압 발전소 확대에 따른 CO_2 감축 잠재량 연구", 「한국기후변화학회지」, Vol. 11, No. 6-2, 2020

도민영, "68운동의 경제적 영향: 프랑스 5월 운동을 중심으로", 「경제사학」, 제57호, 2014

맹학균, "녹색성장과 환경법제의 정비", 「법제」, 2010. 7.

문병효, "유럽연합(EU)의 기후변화에 대한 정책과 법제도", 「유럽헌법연구」, 제26호, 2018

문영석, "지속가능한 에너지 정책 방향", 「가스연맹」, 2004년 겨울호

박년배, "선진국의 2050년 온실가스 저감 시나리오에 관한 연구 동향과 시사점", 「환경정책연구」, 제5권 제3호, 2006

박덕영, "EU의 환경 관련 입법과정과 법체계 고찰", 「국제경제법연구」, 제10권 제1호, 2012

박민정, "의료정책변화의 지대추구론적 분석", 「한국행정학보」, 제40권 제2호, 2006

박시원, "파리협약 의무이행을 위한 EU의 입법동향-脫석탄 정책을 중심으로", 「환경법과 정책」, 제26권, 2021

박지은, "녹색법제 범위와 체계", 「법제」, 2010. 7

박지혜, "국가 온실가스 감축목표의 법적 위상과 구속력-新기후체제의 요청과 향후 과제를 중심으로", 「환경법연구」, 제42권 제2호, 2020

박진희, "시민 참여와 재생가능에너지 정책의 새로운 철학-독일 에너지 전환 정책 사례를 토대로", 「환경철학」, 제16권

방동희, "저탄소 녹색성장 기본법의 규제실패 검토 및 발전적 시행에 관한 연구", 「환경법연구」, 제32권 제1호, 2010

배정생, "EU법상 환경 보호: 리스본조약 이후 최근 변화를 중심으로", 「유럽연구」, 제28권 제2호, 2010. 8.

변종립, "기후변화대응정책의 정책네트워크 연구", 「에너지경제연구」, 제9권 제1호, 2010

백옥선, "에너지사업 계획절차 관련법제 정비방안", 「토지공법연구」, 제79권, 2017

부설준, "미니공중의 정당성에 대한 연구: 시민의회의 사례 비교 분석", 서울대학교(정치학석사 학위논문), 2012. 2.

서복경, "한국 정치는 '숙의형 조사'를 어떻게 변형시켰나: '신고리 5·6호기', '대통령 개헌안', '대입제도 개편안' 사례를 중심으로", 「시민과세계」, 통권 33호, 2018

서진원, "배출권 할당 게임-정보비대칭과 전략적 행위", 「한국환경경제학회 하계학술대회 논문집」, 2014권 0호, 2014

소병희, "헌법자체의 경제학과 헌법 이후의 경제학", 「철학과 현실」, 1992

_____, "공공선택론의 이해와 정책학 분야에서의 응용", 「한국정책학회보」, 제5권 제2호, 1996

송병건, "산업혁명 시기 영국 기술선도의 요인", 「경제사학」, 제40권 203호, 2016

송태수, "유럽 녹색정치의 발전과정: 독일-프랑스 사례 비교를 중심으로", 「문화과학」, Vol. 56, 2008

심성희, 이지웅, "우리나라 배출권거래제의 시장 왜곡 요인과 정책적 함의", 「에너지경제연구」, 제14권 제2호, 2015

안상욱, "프랑스 원자력 에너지 운영 및 에너지 정책의 연속성: 독일과의 비교", 「유럽연구」, 제13권 제1호, 2013.

안영진, "독일의 기후변화에 대응한 에너지정책에 관한 고찰(I)", 「한국경제지리학회지」, 제16권 제1호, 2013

안정영, 오형나, "환경친화적 에너지정책과 국제경쟁", 「한국환경경제학회 하계학술대회 논문집」, 2014

오경택, "생물다양성 및 기후변화협상에 관한 미국의 정책 결정 과정 연구 -NGO와 산업계의 역할을 중심으로", 「21세기정치학회보」, 제14권 제3호, 2004

_____, "한국의 기후변화 외교", 「21세기정치학회보」, 제20권 제1호, 2010

오성은, "독일 재생에너지법제의 최근 동향: 2012년 재생에너지법(EEG)을 중심으로", 「경제규제와 법」, 제6권 제2호, 2013

오승규, "기후변화에 대한 프랑스 법의 대응", 「법학논총」, 24권 2호, 2017

오승규, 남상성, "프랑스의 재생에너지정책과 법제에 대한 검토", 「법과 정책연구」, 제16권 제2호, 2016

유정민, "에너지 전환을 위한 소통적 전력 계획의 모색", 「공간과 사회」, 제26

권 제1호, 2016.

유승직, 윤범석, "파리협정과 BAU 감축목표 이행에 대한 고찰", 「법학연구」, 제28권 제2호, 2018

유종민, 유재형, 김지태, 이종은, "한국 온실가스 감축정책의 효과: 배출권거래제 전후 비교", 「환경정책」, 제25권 제2호, 2017

유현종, "주택정책에 관한 사회적 의사결정과 공공선택적 접근: 개인의 선택과 정부규제에 대한 비판적 검토", 「행정논총」, 45권 2호, 2007

윤세종, 정홍범, 최지은, "저탄소 녹색성장 기본법에 대한 비판적 고찰", 「환경법연구」, 제32권 2호, 2010

윤순진, "지속가능한 에너지체제로의 전환을 위한 에너지 정책 개선 방향", 「한국사회와 행정연구」, 제14권 제1호, 2003

_____, "공공참여적 에너지 거버넌스의 모색-전력 정책에 대한 시민합의회의 사례에 대한 평가를 바탕으로", 「한국사회와 행정연구」, 제15권 제4호, 2005

_____, "영국와 독일의 기후변화정책", 「ECO」, 제11권 제1호, 2007

_____, "기후변화 대응을 둘러싼 사회 갈등 예방과 완화를 위한 거버넌스의 모색", 「국정관리연구」, 제4권 제2호, 2009

이광윤, "프랑스의 기후변화 대응법제", 「성균관법학」, 제20권 제3호, 2008

이동길, "신기후체제 관련 한국의 온실가스 감축목표 수립과정에서의 거버넌스 분석", 서울대학교 환경대학원(도시계획학 석사학위 논문), 2016

이명석, "거버넌스의 개념화: 사회적 조정으로서의 거버넌스", 「한국행정학보」, 제36권 제4호, 2002

이석재, "영국의 재생에너지 정책에 대한 정치적 과정 연구", 「유럽연구」, 제35권 제3호, 2017

_____, "영국의 기후변화정책에 대한 정치적 요소 연구: 재생에너지 의무할당제도에서 발전차액지원제도로의 전환을 중심으로", 연세대학교(정치학석사 학위논문), 2016.

이성근, "탄소감축과 기후변화에 대응하기 위한 프랑스의 관련 정책 및 도시계획 연구", 「한국생태환경건축학회 논문집」, 제12권 제1호, 2012

이수일, "전력수급기본계획의 정합성과 사회적 비용", 「한국개발연구」, 제34권 제2호, 2012

이승철, "후쿠시마 사태 이후 독일의 핵 에너지 포기 결정에 관한 연구", 서울대학교 (국제대학원 석사학위 논문), 2014

이영조, 최희경, "Niskanen의 관료의 예산극대화 행태모형에 대한 평가", 「한

국행정논집」, 제7권 제1호, 1995

이유현, 권기헌, "배출권거래제 도입의 정책형성과정 연구-옹호연합모형 (ACF)과 사회연결망분석(SNA)를 중심으로", 「한국정책학회보」, 제22 권 제3호, 2013

이유현, 서인석, "시민참여를 통한 절차적 에너지 정의의 모색: 프랑스의 에 너지 정책형성과정에 대한 사례 분석", 「분쟁해결연구」, 제16권 제3 호, 2018

이은국, "정치적 경기순환주기가설의 스펙트럼 분석: 한국의 사례", 「한국행 정학보」, 제33권 제3호, 1999

이은기, "한국과 미국의 에너지 관련법제의 변화-기후변화에 대응한 최근 에 너지입법을 중심으로", 「환경법연구」, 제34권 2호, 2012

이은빈, "정책수단으로서의 탄소세에 관한 연구", 서울대학교(법학석사학위 논문), 2015

이정은, 조용성, 이수철, "한국형 온실가스 배출권 거래제도 활성화를 위한 EU 및 일본 사례 비교 연구", 「한국기후변화학회지」, 제6권 제1호, 2015. 3.

이준서, "에너지전환 정책의 현황과 쟁점", 「환경법연구」, 제42권 제2호, 2020

이재협, "기후변화입법의 성공적 요소: 미국의 연방법률안을 중심으로", 「한 양대학교 법학논총」, 제26권 제4호, 2009

이재협, 이태동, "미국 하와이 주정부의 에너지 전환 법·정책 연구", 「환경법 연구」, 제38권 1호, 2016

이종영, "녹색성장과 산업법제의 대응", 「법제연구」, 제36호, 2009. 6. 30.

이현국, "공공선택 행정이론의 철학적 기초", 「한국행정학회 하계학술대회발 표논문집」, 2010. 6.

임서영, "기후변화정책 집행 실패요인 분석: 2020 온실가스 감축 로드맵 중 심으로", 연세대학교 행정대학원(공공정책전공 석사학위 논문), 2017

장성호, 김범수, 민택기, "초초임계압(USC) 화력발전기술 개발", 「대한기계학 회 춘추학술대회」, 2011. 6.

전대성, "정치인과 관료: 누가 한국중앙정부의 인력변동을 결정하는가", 「한 국행정학회 동계학술발표논문집」, 2014권, 2014. 12.

정연미, "독일 에너지정책 패러다임의 변화", 「경상논총」, 제34권 4호, 2016.

＿＿＿, "에너지효율화를 위한 독일 열병합발전법 개정의 법·정책적 함의", 「환 경정책」, 제26권 제1호, 2018. 3.

정하윤, "유럽연합의 기후변화 리더십에 대한 연구: 이해관계, 아이디어, 그 리고 제도를 중심으로", 「국제정치논총」, 제53집 3호, 2013. 9.

조승현, 김광휘, 고상진, "개발정책과 환경정책의 불균형 생산구조에 대한 공
　　공선택론적 분석", 「한국자치행정학보」, 제24권 제2호, 2010
조홍식, "환경법 소묘-환경법의 원리, 실제, 방법론에 관한 실험적 고찰", 「서
　　울대학교 법학」, 제40권 제2호, 1999
＿＿＿, "리스크 법-리스크관리체계로서의 환경법", 「서울대학교 법학」, 제43
　　권 제4호, 2002
＿＿＿, "민주주의와 시장주의", 「서울대학교 법학」, 제45권 제4호, 2004
＿＿＿, "우리나라 기후변화대책법의 전망", 「환경법연구」, 제30권 제2호,
　　2008
＿＿＿, "기후변화의 법정책-녹색성장기본법을 중심으로", 「녹색성장 법제Ⅰ」,
　　법제처, 2010.
＿＿＿, "환경법의 해석과 자유민주주의", 「서울대학교 법학」, 제51권 제1호,
　　2010
조홍식, 황형준, "녹색성장과 환경법제의 대응", 「법제연구」, 제36호, 2009
정연미, "독일 에너지정책 패러다임의 변화", 「경상논총」, 제34권 4호, 2016
정하윤, "유럽연합의 기후변화 리더십에 대한 연구: 이해관계, 아이디어, 그
　　리고 제도를 중심으로", 「국제정치논총」, 제53집 3호, 2013
조희정, "시민참여제와 민주주의: 합의회의와 공론화위원회를 중심으로", 「시
　　민과 세계」, 통권 32호, 2018
주인석, "독일의 '에너지 전환(Energiewende)' 정책과 연방-주정부간 협력과
　　갈등", 「국제정치연구」, 제19집 제2호, 2016
지종화, "벤처기업의 지대추구 과정에 관한 연구: 김대중 정부시기 5대 벤처
　　게이트를 중심으로", 「한국지방정부학회 학술대회자료집」, 2005
진상현, "에너지 효율개선 정책의 딜레마: 시장의 실패, 정부의 실패 그리고
　　반등효과", 「환경논총」, Vol. 47, 2008
＿＿＿, "한국 탄소 배출권 거래제의 규제포획에 관한 연구", 「환경정책」, 제
　　27권 제1호, 2019
차재호, "프랑스 에너지부문의 기후변화 대응 국가프로그램", 「에너지관리」,
　　2001년 1월호
한귀현, "신재생에너지법제의 최근 동향과 그 시사점", 「공법학회연구」, 제11
　　권 제2호, 2010
한진이, 윤순진, "온실가스 배출권 거래제도 도입을 둘러싼 행위자간 정책네
　　트워크-사회연결망 분석을 중심으로", 「한국정책학회보」, 제20권 제2
　　호, 2011

한택환, 임동순, "세계화와 정책 네트워크 관점에서 본 브렉시트 이후 EU 환경정책의 변화와 시사점 연구", 「EU학 연구」, 제23권 제2호, 2018

함태성, "녹색성장과 에너지법제의 대응", 「법제연구」, 제36호, 2009. 6. 30.

한희진, 안상욱, "기후변화 정책과 이해충돌: 프랑스 사례를 중심으로", 「유럽연구」, 제39권 제1호, 2021

허성욱, "정치와 법-법원의 법률해석 기능에 대한 실증적 고찰에 관하여", 「서울대학교 법학」, 제46권 제2호, 2005. 6.

_____, "공공선택론과 사법심사에 관한 연구-사법심사의 준거기준으로서 공공선택론의 함의에 관하여", 서울대학교(법학박사 학위논문), 2008

_____, "경제규제행정법이론과 경제적 효율성", 「서울대학교 법학」, 제49권 제4호, 2008

_____, "공법이론과 공공정책 I-공법이론 연구방법론으로서 공공선택론", 「법경제학연구」, 제6권 제2호, 2009

_____, "기후변화시대의 에너지법", 「경제규제와 법」, 제4권 제1호, 2011

_____, "기후변화시대의 불법행위법-기후변화대응 정책수단으로서 불법행위소송의 장·단점 및 발전방향에 관한 소고", 「사법」, 제21호, 2012

_____, "행정재량에 대한 사법심사 기준에 관한 소고-미국 행정법상 쉐브론 원칙과 해석규범의 기능과 상호관계를 중심으로", 「공법연구」, 제41집 제3호, 2013

_____, "규제행정의 규범적·실증적 목적으로서 경제적 효율성과 정치적 효율성: SSM 규제에 대한 효율성 분석을 중심으로", 「법경제학연구」, 제12권 제1호, 2015

_____, "환경법에서의 공법과 사법-공법상 환경기준의 사법상 효력에 관한 논의를 중심으로", 「환경법연구」, 제39권 제1호, 2017

_____, "공법(公法)과 법경제학-공법이론과 공공정책", 「법경제학연구」, 제15권 제1호, 2018

_____, "공법의 근본개념으로서 자유와 권리", 「공법연구」, 제48집 제4호, 2020

현준원, "저탄소 녹색성장 분야의 법제적 성과와 과제", 「2012년 녹색성장 법제 연구논문집」, 법제처, 2012

황형준, "지속가능한 에너지법의 이념과 기본 원리", 서울대학교(법학박사 학위논문), 2018

홍금우, 이민희, "기후변화협약이 산업에 미치는 영향 및 대응방안", 「한국비즈니스리뷰」, 제1권 제2호, 2008

홍윤표, "국회 예산심의과정에서의 정치적 배분과 예산집행", 서울대학교 (행정학박사 학위논문), 2020

Adela Maciejewski Scheer & Corina Höppner, "The public consultation to the UK Climate Change Act 2008: a critical analysis", *Climate Policy*, Vol. 10, Iss. 3, 2010.

Adrian Rinscheid, Rolf Wüstenhagen, "Germany's decision to phase out coal by 2038 lags behind citizens' timing preferences", *Nature Energy*, Vol. 4, September 16, 2019

Alina Averchenkova et al., "The influence of climate change advisory bodies on political debates: evidence from the UK Committee on Climate Change", *Climate Policy*, February 2021

Alexandra B. Klass, "Climate Change and the Convergence of Environmental and Energy Law", *Fordham Environmental Law Review*, Vol. 24, Issue 2, 2012-2013

Amy J. Wildermuth, "The Next Step: The Integration of Energy Law and Environmental Law", *Utah Environmental Law Review*, Vol. 31, Issue 2, 2011

Andrea Kollmann & Friedrich Schneider, "Why does environmental policy in representative democracies tend to be inadequte? A preliminary public choice analysis", *Sustainability*, Vol. 2 Issue 2, 2010

Anne Kruger, "The political economy of the rent-seeking society", *American Economic Review*, Vol 64, 1974

Brian Andrew, "Market failure, government failure and externalities in climate change mitigation: The case for a carbon tax", *Public Administration and Development*, December 28, 2008

Dieter Helm, "*Oxford Review of Economic Policy*", *Oxford Review of Economic Policy*, Vol. 26, Iss. 2, June 2010

Dieter Helm, Cameron Hepburn, Richard Mash, "Credible carbon policy", *Oxford Review of Economic Policy*, Vol. 19, No. 3, 2003

David Anthoff & Robert Hahn, "Government failure and market failure: on the inefficiency of environmental and energy policy", *Oxford Review of Economic Policy*, Volume 26, Number 2, 2010

Elinor Ostrom, "Polycentric systems for coping with collective action and global environmental change", *Glob. Environ. Change, Vol.* 20, 2010

_____, "Nested externalities and polycentric institutions: Must we wait for global solutions to climate change before taking actions at other scales?", *Econ. Theory*, Vol. 49, 2012

Elinor Ostrom & Vincent Ostrom, "Public Chocie: A Different Approach to the Study of Public Administration", *Public Administration Review*, Vol. 31, Issue 2, 1971

F. H. Buttel, "Ecological Modernization as Social Theory", *Geoforum*, Vol. 31 Issue 1, February 2000

Garrett Hardin, "The Tradegy of the Commons", *Science*, December 13, 1968

Gary S. Becker, "A Theory of Competition Among Pressure Groups for Political Influence", *Q.J. Econ.* Vol. 98

Gary Bryner, "Failure and opportunity: environmental groups in US climate change policy", *Environmental Politics*, Vol 17 Issue 2, 2008

Geoffrey Brennan & James Buchanan, "The normative purpose of economic 'science': Rediscovery of an eighteenth-century method", *International Review of Law and Economics*, Vol 1, Iss. 2, December 1981

George J. Stigler, "The Theory of Economic Regulation", *The Bell Journal of Economics and Management Science*, Vol. 2, No. 1, Spring 1971

_____, "Free Riders and Collective Action: An Appendix to Theories of Economic Regulation", *The Bell Journal of Economics and Management Science*, Vol. 5, No. 2, Autumn 1974

Gordon Brady, "Climate politics, strategic behavour, hold-outs, free riders, and rent-seekers", *Economic Affairs*, Vol 31 Issue 2, June 2011

Gordon Tullock, "The Welfare Costs of tariffs, monopoly, and theft", *Western Economic Journal*, No. 5, 1967

Gregory F. Nemet, Michael Jakob, Jan Christoph Steckel, Ottmar Edenhofer, "Addressing policy credibility problems for low-carbon investment", *Global Environmental Change*, Vol. 42, 2017.

Harri Kalimo & Lifset Reid, "Thinking under the Box - Public Choice and Constitutional Law Perspectives on City-Level Environmental Policy", *William & Mary Environmental Law and Policy Review*, Vol. 40, No. 1, Fall 2015

Jon Hovi, Detleft Sprinz, Arlid Underdal, "Implementing long-term climate policy: Time inconsistency, domestic politics, international anarchy", *Global*

Environmental Politics, Vol. 9, No. 3, August 2009

Jean-Marie Pontier, 전훈 역, "프랑스의 에너지정책, 에너지법 그리고 기후변화", 환경법연구, 제30권 제2호, 2008

Jody Freeman, "The uncomfortable convergence of energy and environment law", *Harvard Environmental Law Review*, Vol. 41, Issue 2, 2017

John C. Liu, Yoram Bauman, Yating Chuang, "Climate Change and Economics 101: Teaching the Greatest Market Failure", *Sustainability*, Vol. 11, No. 5, 2019

John S. Dryzek et al., "Environmental Transformation of the State: the USA, Norway, Germany and the UK", *Political Studies*, Vol. 50, 2002

Lincoln L. Davies, "Alternative Energy and the Energy-Environment Disconnect", *Idaho Law Review*, Vol. 46, Issue 2, 2010

Lionel Orchard & Hugh Stretton, "Public choice", *Cambridge Journal of Economics*, Vol. 21 Issue 3, May 1997

Louis-Gaëtan Giraudet, Bénédicte Apouey, Hazem Arab, Simon Baeckelandt, Philippe Begout, et al., "Deliberating on Climate Action: Insights from the French Citizens' Convention for Climate", ffhal-03119539, 2021

Marier Patrik, "The power of institutionalized learning: The uses and practices of commissions to generate policy change", *Journal of European Public Policy*, Vol. 16, No. 8, 2009

Merav Pront, "Green Growth or la Croissance Verte: Assessing the conditions for an energy transition from fossil fuels to renewables in France", Universiteit van Amsterdam (Thesis), July 2019

Neil Carter & Michael Jacobs, "Explaining radical policy change: The case of climate change and energy policy under the British labour government 2006-10", *Public Administration*, Vol. 92, Issue 11, 2014

Neil Carter & Mike Childs, "Friends of the Earth as a policy entrepreneur: 'The Big Ask' campaign for a UK Climate Change Act", Environmental Politics, Vol. 28, No. 6, 2018

Nicholas Stern, "The Economics of Climate Change", *American Economic Review*, Vol. 98, Iss. 2, May 2008

Patricia W. Ingraham Ingraham, "Play it Again, Dam: It's still not right: Searching for the right notes in administrative reform", *Public Administration Review*, Vol. 57, Issue 4, July 1997

Peter G. McGregor, J. Kim Swales, Matthew A. Winning, "A review of the role and remit of the committee on climate change", *Energy Policy*, Vol. 41, February 2012

Patrick Diamond, "Externalization and politicization in policy advisory systems: A case study of contestable policy-making 2010-2015", *Public Money & Management*, Vol. 40, No. 1, 2020

Peter Sommerville, "The continuing failure of UK climate change mitigation policy", *Critical Social Policy*, 2020

Randall G. Holcombe, "Make Economics Policy Relevant: Depose the Omniscient Benevolent Dictator", *The Independent Review*, Vol. 17, Iss. 2, October 2012

Raul P. Lejano & Rei Hirose, "Testing the assumptions behind emissions trading in non-market goods: the RECLAIM program in Southern California", *Environmental Science & Policy*, Vol. 8 Issue 4, August 2005

Richard L. Revesz, "Federalism and Environmental Regulation: A Public Choice Analysis", *Harvard Law Review*, Vol. 115, No. 2, Dec., 2001

Riley E. Dunlap & Araon M. McCright, "A widening gap: Republicatn and Democratic Views on Climate Change", *Environment: Science and Policy for Sustainable Development*, August 7, 2020

Steffen Brunner, Christian Flachsland, Robert Marschinski, "Credible commitment in carbon policy", *Climate Policy*, Vol. 12, No. 2, 2012

Sam Pelzman, "Toward a More General Theory of Regulation", *Journal of Law and Economics*, Vol. 19, August 1976

Scott Barrett, "Choices in the Climate Commons", *Science*, Vol. 362, December 14, 2018

Stephan Zhao & Alan Alexandroff, "Current and future struggles to eliminate coal", *Energy Policy*, Vol. 129, 2019

Steven P. Croley, "Theories of Regulation: Incorporating the Administrative Process", *Columbia Law Review*, Vol. 98, No.1, January 1998

Sven Rudolph, "Public Participation in Market-based Climate Policy: A Political Economy Perspective and the Cases of Japan and Germany", *Carbon & Climate Law Review*, Vol. 9, Iss. 4, 2015

Sven Rudolph & Friedrich Schnedier, "Political barriers of implementing carbon markets in Japan: A public choice analysis and the empirical evidence before and after the Fukushima nuclear disaster", *Environmental Economics and Policy Studies*, Vol 15, Issue 2, April 2013

Timothy M. Lenton, Johan Rockström, Owen Gaffney, Stefan Rahmstorf, Katherine Richardson et al., "Climate tipping points-too risky to bet against", *Nature* Vol. 575, Issue 7784, November 29, 2019, 59

Todd S. Aagaard, "Energy-Environment Policy Alignments", *Washington Law Review*, Vol. 90, Issue 4, December 2015

Vanessa Lara De Carvalho Araújo Chalmique Chagas, "The European Union Bubble: Differentiation in the Assignment of Greenhouse Gas Emission Targets", *Journal of European Integration*, Vol. 25 No. 2, June 2003

William A. Niskanen, "Bureaucrats and Politicians", *Journal of Law & Economics*, Vol. 18, No. 3. December 1975

(3) 보고서

감사원, 「감사결과보고서: 전력수급기본계획 관련 발전사업자 선정실태」, 2014. 11.

강만옥, 이상용, 「에너지, 전력부문 보조금의 환경친화적 개편 방안과 파급 효과 연구」, 한국환경정책·평가연구원, 2008

강만옥 외, 「탄소세 도입 및 에너지세제 개편방안 연구」, 한국환경정책·평가 연구원, 2011

공성용, 김이건, 김용건, 「배출권거래제도의 벤치마크 사례 국제비교 연구」, 한국환경정책·평가연구원, 2015

관계부처 합동, 「국가 온실가스 감축목표 달성을 위한 로드맵」, 2014. 1.

_____, 「제1차 기후변화대응 기본계획」, 2016. 12

_____, 「2030년 국가 온실가스 감축목표 달성을 위한 기본 로드맵 수정안」, 2018. 7. 18

_____, 「제3차 녹색성장 5개년 계획(요약본)」, 2019. 5

_____, 「제3차 녹색성장 5개년 계획(종합본)」, 2019. 5. 21.

_____, 「한국판 뉴딜 종합계획」, 2020. 7. 14.

국가기상위성센터 위성분석과, 「2020년 북극해빙 분석보고서」, 2020. 10.

국가기후환경회의, 「국민이 함께 만드는 숨 편한 대한민국: 국가기후환경회의 활동 보고서 2019. 4. - 2021. 4.」, 2021

국무조정실, 「2030 국가 온실가스 감축 기본로드맵 수정, 보완 작업 지원을 위한 연구용역」(최종보고서), 2018. 7. 31.

국회 대토론회, 「2030 온실가스 감축 로드맵 수정·보완, 쟁점을 논하다!」(자료집), 2018. 5. 23.

국회 산업자원위원회, 「에너지기본법안 검토보고서」, 2005. 2.

국회 산업통상자원위원회. 「전기사업법 일부개정법률안(이원욱의원 대표발의(의안번호: 제1916298호)} 검토보고서」, 2015. 10.

국회예산정책처, 「기후변화협약 종합대책 평가」, 2007. 10.

_____, 「한국 Post-2020 국가 온실가스 감축목표 평가 및 해외 배출권 확보방안 분석」, 2016

_____, 「지속성장을 위한 기후변화 대응전략」, 2020

국회 정무위원회, 「저탄소 녹색성장 기본법 일부개정법률안(2017. 6. 12. 김상희의원 대표발의(의안번호: 제207352호)} 검토보고」, 2017. 9.

_____, 「지속가능한 사회를 위한 녹색전환 기본법안 검토보고서」, 2021. 2.

국회 환경노동위원회, 「지구온난화방지대책에관한법률안· 지구온난화가스저감대책법안 검토보고서」, 2003. 6.

그린피스, 「살인면허: 신규 석탄화력 발전소의 건강피해」, 2016

기상청, 「2020 연 기후특성 보고서」, 2021. 2.

기후변화협약대책위원회, 「기후변화협약 대응 제2차 종합대책」, 2002. 6.

김남일, 「배출권비용의 전력시장 반영방안 연구」, 에너지경제연구원 기본연구보고서 20-07, 2020

김대진, 「전력시장 환경변화가 민자발전사에 미치는 영향과 시사점」, Energy Focus, 2013 여름호, 에너지경제연구원, 2013

김봉금, 「독일 에너지전환 정책의 추진 배경 및 전망」, 세계 에너지시장 인사이트, 제13-22호 2013. 6. 14.

김용건 외, 「주요국 온실가스 감축정책 동향 및 시사점」, 한국환경정책·평가연구원, 2012

김용건, 김이진, 「부처별 온실가스 감축 목표관리제 도입방안 마련 연구 – 범정부 온실가스 감축 이행 관리제 추진방향」, 녹색성장위원회, 2012

김은경, 「프랑스 '노란조끼' 운동의 특징 및 시사점」, 경기연구원 이슈&진단, 2019. 3.

김은정, 「지속가능발전을 위한 기후변화협약 이행방안 연구」, 한국법제연구원, 2017

김윤권, 「공공선택론에 입각한 역대정부의 성공 및 실패사례 연구」, 한국행

정연구원, 2010

김이진, 이상엽, 「신기후체제 시대 기후변화 대응정책 추진체계 연구」, 한국
      환경정책·평가연구원 정책보고서 2016-12, 2016

김이진, 이수철, 「국가 온실가스 감축 관련 국가계획 개선 방향 연구」, 한국
      환경정책·평가연구원(수시연구보고서 2013권 17호), 2013

김정해, 「기후변화대응을 위한 정부대응체체 구축: 녹색거버넌스 구축을 중
      심으로」, KPIA 연구보고서 2009-14, 한국행정연구원, 2009. 6.

김지영 외, 「국가에너지계획에 대한 전략환경평가 방안 연구」, 한국환경정
      책·평가연구원, 2014. 12.

김찬우, 「기후변화협상과 한국: 개도국 의무부담 논의와 대응방안」, 세계경
      제 Focus, 2001. 11.

김현희, 「프랑스의 녹색성장법제에 관한 비교법적 연구: '환경 그르넬법 1'의
      기후변화 대응을 중심으로」, 녹색성장연구 10-16-3, 한국법제연구원,
      2010. 7. 31.

노동운 외, 「배출권 거래제 관련제도 통합방안 연구」, 에너지경제연구원,
      2010. 8.

녹색성장위원회, 「녹색성장 5개년계획(2009~2013)」, 2009. 7.

대한민국 정부, 「대한민국 INDC 설명자료(안)」, 2015. 10.

_____, 「2030년 국가 온실가스 감축목표 달성을 위한 기본 로드맵」,
      2016. 12.

_____, 「제2차 기후변화대응 기본계획」, 2019. 10.

명수정, 문현주, 신용승, 전호철 외, 「주요국가 환경정책 트렌드 분석연구」,
      한국환경정책·평가연구원, 2017

박시원, 김승완, 「脫석탄 정책 및 법제연구」, 한국법제연구원, 2019. 10. 31.

박형준, 「규제협상의 적용방안에 관한 연구」, 한국행정연구원, 2007. 12.

법제처 정책연구과제보고서, 「저탄소 녹색성장을 위한 에너지 법제의 현황
      분석과 개선 방안 연구」, 2012. 11.

산업통상자원부, 「주요국의 에너지 정책 사례 및 시사점 연구(최종보고서)」,
      한국자원경제학회, 2017. 6.

_____, 「제8차 전력수급기본계획(2017~2031)」, 2017. 12. 29.

_____, 「제3차 에너지기본계획」, 2019. 6.

손인성, 「온실가스 배출권거래제 제1차 계획기간의 성과 분석」, 에너지경제
      연구원 기본연구보고서 19-9, 2019

손인성, 김동구, 「EU 배출권거래제 4기의 핵심 설계 변화 분석과 국내 배출

권거래제 3기에의 시사점」, 에너지경제연구원 수시연구보고서 20-02, 2020. 7.

송용주, 「독일 에너지전환 정책의 추이와 시사점」, KERI Brief 16-4, 한국경제연구원, 2016. 3. 22.

신고리 5·6호기 공론화위원회, 「숙의와 경청, 그 여정의 기록: 신고리 5·6호기 공론화 백서」, 2018. 1. 12.

심성희, 「배출권거래제의 최적 운영을 위한 사회여건 연구」, 에너지경제연구원 기본연구보고서 12-11, 2012. 11.

에너지경제연구원, 「프랑스 중장기에너지계획(PPE)의 수립 및 시행」, 세계 에너지시장 인사이트 제16-42호, 2016

_____, 「주요 국가의 친환경에너지 정책 추진과 신재생에너지 역할 변화」, 세계 에너지시장 인사이트 제18-1호, 2018. 8. 6.

우청원, 「독일 에너지전환(Energiewende) 정책의 명암」, 해외 혁신동향, 223호, 과학기술정책연구원, 2017

유럽연합, 「유럽연합 기후 정책 해설」, 2016

유항재, 「Post-2020 국가 온실가스 감축목표 평가 및 해외배출권 확보 방안 분석」, 국회예산정책처, 2016. 8.

윤영주, 「프랑스 에너지전환법안의 논의 과정과 주요 쟁점」, 세계 에너지시장 인사이트 제15-9호, 2015. 3. 13.

이상림, 「7차 전력수급기본계획하에서 배출권거래제가 전력시장에 미치는 영향」, 에너지경제연구원, 수시연구보고서 15-04, 2015

이상엽, 「에너지전환정책에 따른 2030 온실가스 감축 로드맵 수정 방향」, 한국환경정책·평가연구원 (정책보고서 2018-02), 2018. 6. 30.

이상엽, 김대수, 「국내 온실가스 배출권거래제 시행 효과 분석」, 한국환경정책·평가연구원 (연구보고서 2017-05), 2017

이상엽, 김대수, 정예민, 「에너지전환을 고려한 중장기(2050) 국가 온실가스 감축전략」, 한국환경정책·평가연구원, 기후환경정책연구 2018-01, 2018

이상준, 「우리나라 Post-2020 온실가스 감축목표 평가와 시사점」, 에너지경제연구원 Energy Focus, 2015 겨울호

이승원, 「기후위기에 대한 정부대응과 감사원의 역할」, 감사원 감사연구원 연구보고서 2020-017, 2020. 12.

이종연, 「공공인프라투자의 지역안배와 포크배럴」, KDI 정책연구시리즈 2014-10, 한국개발연구원, 2014. 12.

이준서, 「한국의 경제성장과 입법 발전의 분석 - 에너지 법제」, 한국법제연구원, 2013

이준서, 길준규, 「기후변화 대응을 위한 유럽연합의 재생에너지 법제와 정책 분석(I)」, 한국법제연구원, 2014

이종영, 「저탄소 녹색성장을 위한 에너지법제의 현황 분석과 개선방안」, 법제처, 2012. 11.

이필렬, 「독일의 재생가능에너지」, FES-Information Series, 2003

이혜경, 「파리 기후협정의 채택과 국내적 시사점」, 국회입법조사처, 2016. 1. 8.

임산호, 「프랑스 에너지전환법 제정배경과 기본원칙」, 세계 에너지시장 인사이트 제13-16호, 2013. 4.

임산호, 김정아, 박아현, 「프랑스 정부의 생태학적 에너지 전환 로드맵」, 세계 에너지현안 인사이트 제14권 제1호, 에너지경제연구원, 2014

장신규, 「화력발전 기술개발 동향」, 기계저널, 제48권 제4호, 2008. 4.

정민정·최정인, 「파리기후변화협정의 주요 내용과 국회의 대응방안」, 국회입법조사처, 2016. 4.

제베린 피셔, 잔드라 베트게, 「독일의 에너지 정책 : 친환경 산업 정책과 실용주의 기후 정책 사이에서」, FES Information Series, 2011

조광우, 「기후변화협약 대응체제 연구」, 한국환경정책정책·평가연구원 수탁과제 연구보고서, 2002. 4.

주간에너지이슈브리핑, 「영국 석탄발전 종료 가스·원자력 발전 전환 선언」, 2015. 11. 20.

지식경제부, 「제6차 전력수급기본계획」, 2013. 2.

지식경제부·환경부, 「제3차 배출권거래제 기본계획」, 2019. 12.

채여라, 「탄소 중립 VS 현상 유지…시나리오 별로 살펴보니」, 대한민국 정책브리핑, 2020. 12. 11.

채여라, 김용지, 김대수, 「온실가스 배출경로에 따른 기후변화 피해비용 분석」, KEI포커스 제8권 제13호(통권 67호), 2020. 7. 31.

채여라 외, 「미세먼지와 온실가스의 효과적 감축을 위한 기후, 대기, 에너지 정책 연계방안」, 환경정책평가연구원, 2018.

최현정, 「Post-2020 온실가스 감축목표의 문제점: 한국 INDC의 평가」, 이슈브리프 2015-11, 아산정책연구원, 2015. 8. 13.

한국법제연구원, 「독일 연방기후보호법과 그 입법이유서」, 2020

한국에너지공단, 「2018 신재생에너지백서」, 2019. 2.

_____, 「2018년 신재생에너지 보급통계 결과요약」, 2019. 11.

_____, 「2020 KEA 에너지 편람」, 2020

한국균형발전연구소, 「배출권거래제의 효율적 운영을 위한 정부조직 구성 및 운영방안 연구」(환경부 최종보고서), 2013. 9.

한국유럽학회, 「온실가스 감축 실천을 위한 EU 등 선진국 사례 연구」, 2009

한국은행, 「2020년 이후 글로벌 경제 향방을 좌우할 주요 이슈(1)」, 국제경제 리뷰 제2020-1호, 2020. 1. 2.

한국전력공사, 「한국전력통계 2021년도판」, 2021. 5. 28.

한국환경법학회, 「배출권거래제 법안에 관한 연구 최종보고서」(환경부 최종 보고서), 2009. 11.

한전경제경영연구원, 「獨 에너지전환 정책에 따른 전력산업의 위기」, MEMRI 전력경제 REVIEW 제9호, 2015

한전경영경제연구원, 「기후변화 대응을 위한 해외 탈석탄발전 동향 분석」, KEMRI 전력경제 Review, 2017년 제13호, 2017. 6. 26.

허가형, 「제6차 전력수급기본계획의 문제점 및 개선 과제」, 국회예산정책처, 2013. 4.

홍유식 외, 「주요국 기후변화대응 추진체계 조사(최종보고서)」. 2017. 5.

환경부, 「온실가스 배출권거래제 제3차 계획기간(2021~2025년) 국가 배출권 할당계획(안)」, 2020. 9.

_____,「(지속가능한 녹색사회 실현을 위한) 대한민국 2050 탄소중립 전략」, 2020. 12.

환경부, 「2021년 환경부 탄소중립 이행계획」, 2021. 3.

Alex Bowen & James Rydge, 「Policy paper: Climate change policy in the United Kingdom」, Center for Climate Change Economics and Policy, Grantham Research Institute on Climate Change and the Environment, August 2011

BMU, 「Climate Action Plan」, 2016

BMWi, 「Vierter Monitoring-Bericht "Energie der Zukunft"」, 2015

BMWi, 「Commission on Growth, Structural Change and Employment : Final Report」(ENG edition), January 2019

Climate Change Committee, 「Building a low-carbon economy-the UK's contribution to tackling climate change」, December 1, 2008

_____, 「Committee on Climate Change Framework Document」, 2010

_____, 「Statement on unabated gas-fired generation」, May

24, 2012

_____, 「The Sixth Carbon Budget: The UK's path to Net Zero」, December 2020

Climate Analytics, 「Transitioning towards a coal-free society: science based coal-phase put pathway for South Korea under the Paris Agreement.」, February 2020

DECC, 「Electricity market reform: policy overview」, May 2012

DBEIS, 「Coal generation in Great Britain: The pathway to a low-carbon future」, November 2016

DBEIS, 「Implementing the end of unbated coal by 2025: Government response to unabated coal closure consultation」, January 2018

David Hirst & Matthew Keep, 「Research Briefing: Carbon Price Floor(CPF) and the price support mechanism」, UK Parliament, House of Commons Library, January 8, 2018

EU Commission, 「Preparing for implementation of the Kyoto Protocol」, Commission Communication to the Council and the Parliament, May 19, 1999

European Climate Foundation, 「Climate Law in Europe: Good Practices in Net-Zero Management」, February 2020

Expertenkommission zum Monitoring-Prozess "Energie der Zukunft" Einleitung, 「Stellungnahme zum vierten Monitoring-Bericht der Bundesregierung für das Berichtsjahr 2014」, November 18, 2015

Expertenrat für Klimafragen, 「Bericht zur Vorjahresschätzung der deutschen Treibhausgasemissionen für das Jahr 2020」, April 15, 2021

German Institute for Economic Research, Wuppertal Institute for Climate, Environment, and Energy, Ecologic Institute, 「Phasing Out Coal in the German Energy Sector: Interdependencies, Challenges And Potential Solutions」, February 2019

Haut Counseil pour le Climat, 「Rapport annuel 2021-Renforcer l'atténuation, engager l'adaptation」, June 30, 2021

HM Government, 「The UK Low Carbon Transition Plan: National strategy for climate and energy」, 2009

_____, 「The Carbon Plan: Delivering our low carbon future: presented to Parliament pursuant to Sections 12 and 14 of the Climte Change Act

2008」, 2011

HM Parliament, 「Energy and Climate Change Select Committee. 4th Report. Electricity Market Reform」. Volume 1. Para 216, 2011

IEA, 「Re-powering Markets - Market design and regulation during the transition to low-carbon power systems」, 2016

___, 「Renewables information 2019」, August 2019

IPCC, 「제5차 평가보고서」, 2014

___, 「지구온난화 1.5℃ 특별보고서 요약보고서(국문판)」, 2018

___, 「Global warming of 1.5°C - An IPCC Special Report on the impacts of global warming of 1.5°C above pre-industrial levels and related global greenhouse gas emission pathways, in the context of strengthening the global response to the threat of climate change, sustainable development, and efforts to eradicate poverty」, October 2018

___, 「Climate Change 2021 : The Physical Science Basis (Summary for Policymakers)」, 2021

James Meadowcroft, 「Climate Change Governance : Background Paper to the 2010 World Development Report」, The World Bank, 2009

Ministère de la Transition écologique et solidaire, 「National Loaw Carbon Strategy Project: The ecological and inclusive transition towards carbon neutrality」(Project version), December 2018

Nils Meyer-Ohlendorf, Duwe Matthias, Katharina Umpfenbach, Keighley McFarland, 「The Next EU Climate and Energy Package-EU Climate Policies after 2020」, Ecologic Institute, Berlin, 2014

NRC, 「Recommendations for Enhancing Reactor Safety in The 21th Century」 July 12, 2011

Peter Howard, Derek Sylvan, 「Gauging Economic Consensus on Climate Change」, Institute for Policy Integrity, March 2021

Steven F. Hayward, Kenneth P. Green, Kevin A. Hasset, 「Climate change: caps vs. taxes」, Environmental Policy Outlook, No. 2, June 2007

The Chernobyl Forum, 「Chernobyl's Legacy: Health, Environmental and Economic Impacts」, March 2006

UNDP, 「Discussion Paper: Governance for Sustainable Development」, March 2014

UNEP, 「Emissions Gap Report 2019」, November 2019

____, 「Emissions Gap Report 2020」, December 2020
____, 「Global Climate Litigation Report : 2020 Status Review」, 2020
World Meteorological Organization, 「Statement on the State of the Global Climate in 2019」, 2020

(4) 신문기사 및 보도자료

관계부처 합동, "정부, 2030년 온실가스 감축목표 설정을 위한 4가지 감축 시나리오 제시" (보도자료), 2015. 6. 10.
국무조정실, "파리협정의 효과적 이행을 위한 기후변화 대응체계 강화"(보도자료), 2016. 2. 25.
_____, "신기후체제 출범에 따라 효율적 기후변화대응을 위한 국가차원의 중장기 전략과 정책방향 제시"(보도자료), 2016. 12. 6.
_____, "'포용적 녹색국가 구현'을 위한 「제3차 녹색성장 5개년 계획」 확정" (보도자료), 2019. 05. 20.
_____, "김부겸 국무총리, 2050 탄소중립 대전환 향한 닻 올린다" (보도자료), 2021. 5. 29.
국민일보, "거세지는 원전 역풍 ⋯ 석탄화력발전 시대로 U턴 하나", 2012. 9. 25.
그린피스 등, "2030 온실가스 감축 로드맵에 대한 시민사회 의견", 2018. 5. 14.
기획재정부, "온실가스 배출권의 할당 및 거래에 관한 법률 국회 통과"(보도자료), 2012. 5. 3.
녹색법률센터, "농민, 노동자, 청소년 등 기후위기로 인한 인권침해에 대해 국가인권위원회 진정 제기"(보도자료), 2020. 12. 16.
녹색성장위원회, "「온실가스 배출권 거래제도에 관한 법률안」 재입법예고 실시" (보도자료), 2011. 2. 25.
_____, "「온실가스 배출권거래제법」 시행령 공청회 자료", 2012. 8. 17.
뉴스토마토, "여야, 정부 6차 전력수급계획 난타", 2013. 2. 15.
대한민국 정부, "파리협정의 효과적 이행을 위한 기후변화 대응체계 강화" (보도자료), 2016. 2. 25.
_____, "탄소 중립 VS 현상 유지 ⋯ 시나리오 별로 살펴보니", 2020. 12. 11.
대한상공회의소 외, "국가 온실가스 감축목표 및 「저탄소 녹색성장기본법(안)」

에 대한 산업계 건의문", 2009. 10.

_____, "제17차 기후변화협약 당사국총회 결과에 따른 배출권거래제 도입 유보 요구에 대한 산업계 공동 건의문", 2011. 12. 29.

동아사이언스, "온실가스 배출권 거래제 도입연기 건의", 2010. 12. 8.

매일경제, "산업계 '배출권거래제 도입 시기상조 … 2015년 후 논의해야", 2011. 2. 7.

매거진 한경, "삼척서 대기업들 혈투 벌이는 내막, '민자 발전 쟁탈전 후끈 … 황금알 낳는 거위 떠올라", 2012. 12. 13.

매경이코노미, "[新 경제용어] 포크 배럴(Pork barrel)", 제1615호, 2011. 7. 20.

법제처, "한국, 2015년부터 배출권거래제 시행" (보도자료), 2012. 5. 11.

산업통상자원부, "국회예산정책처 "6차 전력수급기본계획, 법적요건 미비 및 발전설비 과투자 우려" 보도자료 관련"(보도설명자료), 2013. 4. 17.

서울신문, "국내 온실가스 2억 7630만t 감축해야", 2018. 7. 24.

아시아경제, "脫석탄 속도 … 정부, 내년 석탄발전사 '친환경 입찰제' 도입", 2021. 4. 23.

연합뉴스, "환경부 '전력수급계획 인정 못한다' 강경대응", 2013. 2. 25.

_____, "'지구기후 비상사태' 153개국 과학자 1만1천명 시국성명", 2019. 11. 6.

에너지데일리, "제6차 전력수급기본계획, 서두를 필요 없다", 2013. 2. 1.

에너지신문, "[국감] 3차 에기본 초안에 온실가스 감축량 3400만톤 미반영", 2018. 10. 11.

오마이뉴스, "'화전 대폭 증설' 6차 전력수급기본계획 실현가능성 논란, 2013. 2. 28.

이투뉴스, "[국내최초 민간 석탄화력발전 급물살]동부건설, 석탄화력발전소 건설",

_____, "민간업계 화력발전사업 참여 환영한다", 2010. 5. 24.

_____, "배출권거래제 시행령 공청회 무슨 얘기 나왔나", 2012. 8. 17.

전기신문, "[100대 사건_093] 9·15 순환정전 사태", 2012. 9. 17.

조선일보, "구체적 대책없이… 정부 '온실가스 2030년까지 3억t 감축", 2019. 10. 23.

주간경향, "[이슈와 논점]온실가스 배출권거래제도", 주간경향 916호, 2011. 3. 11.

중앙일보, " UN '한국 등 온실가스 감축목표 다시 내야', '말잔치 끝내고 약속 지켜라", 2021. 2. 26.

지식경제부, "제6차 전력수급기본계획(2013-2027)"(정책 브리핑), 2013. 2. 22.

청와대, "녹색위, 2020년 국가 온실가스 감축목표, 27% 또는 30%(배출전망치
　　대비) 감축 제안"(보도자료), 2009. 11. 5.
대한민국 정책브리핑, "온실가스 2020년까지 배출전망치 대비 30% 감축안
　　확정", 2009. 11. 17.
청와대, "2021년도 예산안 시정연설", 2020. 10. 28.
한국일보, "탈원전 추진 독일 '20년내 모든 석탄발전소도 폐쇄' ", 2019. 1. 27.
한명숙의원실, "한명숙의원, 기후변화대응기본법 대표발의" (보도자료), 2014.
　　11. 5.
환경부, "2030 온실가스 감축 로드맵 수정안 및 2018~2020 배출권 할당계획
　　확정" (보도자료), 2018. 7. 24.
＿＿＿, "2050 장기 저탄소 발전전략 포럼 검토안, 정부 제출"(보도자료), 2020.
　　2. 6.
＿＿＿, "2050년 탄소중립 실현을 위한 2021년 환경부 탄소중립 이행계획 발
　　표" (보도자료), 2021. 3. 2.
＿＿＿, "온실가스 배출량 2018년 이후 2년 연속 감소 예상"(보도자료), 2021.
　　6. 7.
＿＿＿, "탄소중립 세계 14번째 법제화 … 탄소중립기본법 국회 통과" (보도자
　　료), 2021. 9. 1.
AP News, "UK toughens its carbon target before Biden climate summit", April 21,
　　2021.
Atalayar, "Macron goes against the grain: renewables will never replace nuclear
　　power in France", May 7, 2021
BMU, "Renewable Energy Sources in Figures: National and International
　　Development," July 23, 2013
＿＿＿, "Commission on Growth, Structural Change and Employment takes up
　　work"(Press release), June 6, 2018
＿＿＿, "Federal government appoints expert council for climate issues" (Press
　　release), August 12, 2020
BMWi, "Gabriel zieht Bilanz zur Energiewende und bringt
　　Energieeffizienzstrategie Gebäude auf den Weg" (Press release),
　　November 18, 2015
Clean Energy Wire, "Media:majority Germans favor coal phaseout", February 27,
　　2015
＿＿＿＿＿, "Energiewende climate targets in 'serious danger'-govt

advisors", November 18, 2015

_____, "Ministry avoids concrete targets weekened climate action plan", September 8, 2016

_____, "Ministry projections highlight risk of Germany missing emissions goal", October 7, 2016

_____, "Lignite: The endgame has begun". November 7, 2016

_____, "Businesses demand 2030 sector targets for Climate Action Plan 2050". November 7, 2016

_____, "Reactions to Germany's Climate Action Plan 2050", November 14, 2016

_____, "Experts call for CO_2 price to retain Energiewende's credibility", December 15, 2016.

_____, "Germany set to widely miss climate targets, env ministry warns", October 11, 2017

Climate Home News, "Kyoto Protocol: 10 years of the world's first Climate Change Treaty", February 16, 2015

CNBC, "France's love affair with nuclear power will continue, but change is afoot", March 10, 2021

Diete Rucht, "Der Beteiligungsprozess am Klimaschutzplan 2050: Analyse und Bewertung" [The participation process for the Climate Protection Plan 2050: analysis and evaluation]", September 2016

DW.com, "Germany needs an exit plan from coal", June 30, 2015

_____, "France's citizen climate assembly: A failed experiment?", February 16, 2021

EMBER, "UK wind power pushes fossil gas to 5-year low", December 17, 2020

_____, "The Drax gas plant is dead. But other new gas projects are a headache for the COP26 team", February 15, 2021

European Commission, "European Green Deal: Commission proposes transformation of EU economy and society to meet climate ambitions"(Press release), July 14, 2021

European Council, "Presidency Conclusions - Dublin 25/26 June 1990", Council of the European Union, 1990

_____, "Communication on Community Strategy on Climate

Change(Council Conclusions)"(Press release), 1996
_____, "Conclusions on 2030 Climate and Energy Policy Framework",
    SN 79/14, October 23, 2014
European Parliament, "The European Parliament declares climate
    emergency"(Press release), November 29, 2019
Financial Times, "South Korea Pledges Emissions Cut", November 17, 2009
_____, "Macron dithers on nuclear power investment as issue divides
    France", July 19, 2021.
Friends of the Earth, "Government must say no to more gas plants that will drive
    up energy bills"(Press release), March 14, 2012
Greenpeace, "Klimaschutzplan 2050 kein Wunschkonzert der Wirtschaft-
    slobby"(Press release), September 24, 2016
Grace Alster, 「UK spent £350m on new gas power despite nearing fossil
    phase-out」, March 12, 2021
Holli Reebiek, "The Carbon Cycle", NSSA Earch Observatory, June 16, 2011
Leaders in Energy, "France's Energy Future with Macron at the Helm", August 6,
    2018
Le Monde, "150 Français tirés au sort, six mois de débat, la taxe carbone sur
    la table : la Convention citoyenne sur le climat se précise", May 19,
    2019
PV Magazine, "Macron delays reduction of nuclear share by a decade, but
    announces 45 GW solar target by 2030", November 27, 2018
Rafał Bajczuk, "The uncertain future of the coal energy industry in Germany",
    OSW(Center for Eastern Studies) Commentary, October 20, 2015
Reuters, "Germany to exit coal power 'well before 2050': draft document", May
    4, 2016
_____, "German economy minister blocks agreement on climate change plan",
    November 10, 2016
_____, "French parliament approves climate change bill to green the economy",
    May 5, 2021
RP Online, "Wir brauchen eine andere Stadtplanung" (Interview with Barbara
    Hendricks), December 24, 2015
S&P Global, "US Democrats propose carbon emissions border tax", July 20, 2021
S&P Global Platts, "UK targets carbon pricing to help deliver net-zero

emissions", March 17, 2021

The Guardian, "Stern: Climate change a 'market failure'", November 29, 2007

_____ , "UK government spells out plan to shut down coal plants", January 5, 2018

_____ , "France failing to tackle climate emergency, report says", June 25, 2019

UK Government, "Consultation Outcome: Coal Generation in Great Britain: The Pathway to the Low Carbon Future", November 9, 2016

UK Government, "UK enshrines new target in law to slash emissions by 78% by 2035"(Press release), April 20, 2021

_____ , "End to coal power brought forward to October 2024"(Press release), June 30, 2021

UNFCCC, "The Kyoto Protocol - A Critical Step Forward", 2015

_____ , "Achievement of the Clean Development Mechanism", 2015

(5) 웹사이트

극지연구소, "북극과 기후변화", http://www.arctic.or.kr/?c=1/3&cate=1&idx=284

지속가능발전위원회, 지속가능발전포털, http://ncsd.go.kr

에너지경제연구원, 집단에너지정보넷, http://kienergy.net/cmm/main/mainPage.do

에너지전환포럼, "탄소중립세미나: 영국의 기후변화대응 성과와 탄소중립 이행방안" 세미나, http://energytransitionkorea.org/post/42760

환경부, 한국환경공단, "기후변화홍보포털", https://www.gihoo.or.kr/portal/kr/change/international.do

BMU, "FAQ: What exactly does the role of the Expert Council look like?", https://www.bmu.de/faq/wie-sieht-nun-konkret-die-rolle-des-expertenrats-aus-warum-soll-er-nicht-beratend-taetig-werden-wie/

_____ , "Q&A: What is the role of the Expert Council on Climate Issues?", https://www.bmu.de/faq/welche-rolle-nimmt-der-expertenrat-fuer-klimafragen-ein/

BMWi, "Kohleausstieg und Strukturwandel", https://www.bmwi.de/Redaktion/DE/Artikel/Wirtschaft/kohleausstieg-und-strukturwandel.html

_____ , "Monitoring the Energy Transition", https://www.bmwi.de/Redaktion/EN/Artikel/Energy/monitoring-implementation-of-the-energy-refor ms.html

Bürgerrat Klima, "The Citizen Assembly on Climate", https://buergerrat-klima.de/english-information

Carbon Brief, "Countdown to 2025: Tracking the UK coal phase out", https://www.carbonbrief.org/countdown-to-2025-tracking-the-uk-coal-phase-out

Climate Action Tracker, "South Korea", https://climateactiontracker.org/countries/south-korea/

European Commission, "2020 Climate & Energy Package," http://ec.europa.eu/clima/policies/strategies/2020/index_en.htm

_____, "2030 Climate & Energy Framework", http://ec.europa.eu/clima/ policies/strategies/2030/index_en.htm

_____, "2050 long-term strategy", https://ec.europa.eu/clima/policies/strategies/2050_en

EU energy statistical pocketbook and country datasheets, https://ec.europa.eu/energy/en/data/energy-statistical-pocketbook

Ministère de la Transition écologique, "National Low-Carbon Strategy (SNBC)", https://www.ecologie.gouv.fr/strategie-nationale-bas-carbone-snbc

UK Government, "Consultation Outcome: Coal Generation in Great Britain: The Pathway to the Low Carbon Future", https://www.gov.uk/government/consultations/coal-generation-in-great-britain-the-pathway-to-a-low-carbon-future

UK Parliament, Select Committee on Trade and Industry Ninth Report, "Impact on Industry of the Climate change levy", https://publications.parliament.uk/pa/cm199899/cmselect/cmtrdind/678/67808.htm

US EPA 홈페이지, "Acid Rain Program", https://www.epa.gov/acidrain/acid-rain-program

US South Coast AQMD 홈페이지, "REgional CLean Air Incentives Market (RECLAIM)", http://www.aqmd.gov/home/programs/business/about-reclaim

UNFCCC, Status of Ratification of the Convention, https://unfccc.int/process-and-meetings/the-convention/status-of-ratification/status-of-ratification-of-the-convention

World Resources Institute, This Interactive Chart Shows Changes in the World's Top 10 Emitters, December 10, 2020, https://www.wri.org/insights/interactive-chart-shows-changes-worlds-top-10-emitters

박지혜

사단법인 플랜 1.5 변호사

서울대학교 법과대학 대학원, 법학박사(2021)
서울대학교 법학전문대학원, 법학전문석사(2017)
International Institute for Industrial Environmental Economics,
Lund University, Sweden, Master of Science(2004)
서울대학교 환경대학원 환경계획학과 수료(2003)
서울대학교 공과대학 조선해양공학과, 공학사 · 경영학사(2001)

기후위기 시대의 기후·에너지법

초판 인쇄   2022년 12월 22일
초판 발행   2022년 12월 29일

저 자   박지혜
펴낸이   한정희
펴낸곳   경인문화사
등 록   제406-1973-000003호
주 소   경기도 파주시 회동길 445-1 경인빌딩 B동 4층
전 화   (031) 955-9300   팩 스 (031) 955-9310
홈페이지 www.kyunginp.co.kr
이메일   kyungin@kyunginp.com

ISBN   978-89-499-6668-7 93360
값 26,000원

서울대학교 법학연구소 법학 연구총서

● 학술원 우수학술 도서

▲ 문화체육관광부 우수학술 도서